Liebe Caro,
vielen Dank f.
Praedikumszeit! Für Dich
weiterhin alles Gute von
dem Publiplikatoren

Berlin, 08.08.08

Mila

Kathi

Aelu

Christoph

Lena

Jessie

REDLINE WIRTSCHAFT

Al Ries | Laura Ries

PR IST DIE BESSERE WERBUNG!

REDLINE WIRTSCHAFT

Al Ries / Laura Ries
PR ist die bessere Werbung!
Frankfurt: Redline Wirtschaft 2005

ISBN 3-636-01255-X

http://www.redline-wirtschaft.de

Kein Teil des Werkes darf in irgendeiner Form (durch Fotokopie, Mikrofilm oder ein anderes Verfahren) ohne schriftliche Genehmigung des Verlages reproduziert oder unter Verwendung elektronischer Systeme gespeichert, verarbeitet, vervielfältigt oder verbreitet werden.

Alle Rechte vorbehalten
Aus dem Amerikanischen von Norbert Juraschitz
Originaltitel: »The Fall of Advertising and the Rise of PR«; erschienen bei Harper Business, An Imprint of HarperCollins Publishers Inc., New York
Published by arrangement with HarperCollins Publishers, Inc.
Copyright © 2002 by Al Ries and Laura Ries
Copyright © der deutschsprachigen Ausgabe 2005 by verlag moderne industrie, Redline GmbH., Frankfurt/M. Ein Unternehmen der Süddeutscher Verlag Huthig Fachinformationen.
Umschlaggestaltung: INIT, Büro für Gestaltung, Bielefeld
Coverabbildung: Getty Images, München
Satz und Gestaltung: Beate Soltész, Redline Wirtschaft, Wien
Druck: Druckerei Theiss, St. Stefan im Lavanttal
Printed in Austria

Conrad Ries Brown gewidmet,
unserem Sohn und Enkel,
der an dem Tag auf die Welt kam,
als wir das Manuskript vollendet hatten

Inhaltsverzeichnis

Einführung 11

Teil 1: Der Niedergang der Werbung 23
  1. Werbung und Autoverkäufer 25
  2. Werbung und Kunst 37
  3. Werbung und Kreativität 45
  4. Werbung und Preise 55
  5. Werbung und Bekanntheit 65
  6. Werbung und Umsatz 71
  7. Werbung und Dot.com 85
  8. Werbung und Glaubwürdigkeit 97
  9. Die Suche nach Alternativen 105

Teil 2: Der Aufstieg von Public Relations 111
  10. Der Einfluss von Dritten 113
  11. Neue Marken mit PR aufbauen 123
  12. Alte Marken wieder aufbauen 145
  13. Die eigenen Vorzüge etablieren 153
  14. Schrittweise die Marke ausbreiten 159
  15. Eine Marke im Bildungswesen aufbauen 169
  16. Eine geografische Marke aufbauen 175
  17. Eine Alkoholmarke aufbauen 183
  18. Das fehlende Glied 189
  19. Erweiterung einer Markenlinie: ja oder nein? 197
  20. Der Name ist Programm 209

Teil 3: Die neue Rolle der Werbung 221
21. Die Marke pflegen 223
22. Auf Kurs bleiben 237
23. Aus allen Rohren feuern 251

Teil 4: Die Unterschiede zwischen Werbung und Public Relations 263
1. Werbung ist der Wind. PR ist die Sonne. 265
2. Werbung ist räumlich. PR ist linear. 267
3. Werbung setzt auf den Knalleffekt.
   PR setzt auf langsamen Aufbau. 269
4. Werbung ist visuell. PR ist verbal. 271
5. Werbung erreicht alle. PR erreicht einige. 273
6. Werbung ist selbst gesteuert. PR wird von anderen gesteuert. 275
7. Werbung stirbt. PR lebt. 277
8. Werbung ist teuer. PR ist billig. 279
9. Werbung bevorzugt Linienerweiterungen.
   PR bevorzugt neue Marken. 281
10. Werbung bevorzugt alte Namen. PR bevorzugt neue Namen. 283
11. Werbung ist komisch. PR ist ernst. 285
12. Werbung ist nicht kreativ. PR ist kreativ. 287
13. Werbung ist unglaubwürdig. PR ist glaubwürdig. 289
14. Werbung ist Markenpflege. PR ist Markenaufbau. 291

Teil 5: Postskriptum 292
P.S. für das Management 295
P.S. für die Werbebranche 299
P.S. für PR-Experten 303

Stichwortverzeichnis 309

Advertising Age
Features

THE POSITIONING ERA COMETH

The changes that have come about in advertising strategies as a result of "the positioning era," how it came to be and what it means to us now are examined in this first in a three-part series by two agency principals, both alumni of General Electric's advertising and sales promotion department. Since their GE days, Mr. Ries was an account supervisor at Needham, Louis & Brorby and Marsteller Inc. before becoming president of Ries Cappiello Colwell, and Mr. Trout was a divisional ad manager for Uniroyal. He now is vp and director of marketing services for Ries Cappiello.

BY JACK TROUT AND AL RIES
Ries Cappiello Colwell

Today it has become obvious that advertising is entering a new era. An era where creativity is no longer the key to success.

The fun and games of the '60s have given way to the harsh realities of the '70s. Today's marketplace is no longer responsive to the kind of advertising that worked in the past. There are just too many products, too many companies, too much marketing "noise."

To succeed in our over-communicated society, a company must create a "position" in the prospect's mind. A position that takes into consideration not only its own strength and weaknesses, but those of its competitors as well.

Advertising is entering an era where strategy is king.

A Tale of Two Ads

If you had to pick an official date to mark the end of the last advertising era and the start of the new one, your choice would have to be Wednesday, April 7, 1971. In the *New York Times* that day was a full-page ad that seemed to generate very little excitement in the advertising community.

But then, an abrupt change in the direction of an industry isn't always accompanied by the blowing of bugles. You sometimes need the vantage point of history to realize what has happened.

The ad that appeared that spring morning in 1971 was written by David Ogilvy. And it's no coincidence that the architect of one era called the tune for the next.

In the ad, the articulate Mr. Ogilvy outlined his 38 points for creating "advertising that sells."

In first place on his list was a point Mr. Ogilvy called "the most important decision." Then he went on to say, "The results of your campaign depend less on how we write your advertising than on how your product is positioned."

• Blow the bugles, the positioning era has begun.

Five days later, in the *New York Times* and in ADVERTISING AGE, another ad appeared that confirmed the fact that the advertising industry was indeed changing direction. Placed by Rosenfeld, Sirowitz & Lawson, the ad listed the agency's four guiding principles.

In first place was, you guessed it. According to Ron Rosenfeld, Len Sirowitz and Tom Lawson, "Accurate positioning is the most important step in effective selling."

In the '50s, hard sell ads predominated.

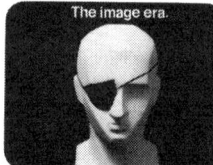
In the '60s, creativity came into vogue.

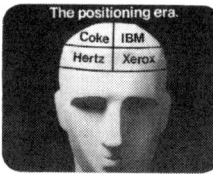
In the '70s, strategy will be king.

Suddenly the word and the concept was in everybody's ads and on everybody's lips. Hardly an issue of ADVERTISING AGE passes without some reference to "positioning."

You Can't Beat 'em Head-On

In spite of Madison Ave.'s current love affair with positioning, the concept had a more humble beginning.

In 1969, one of us (Jack Trout) wrote an article entitled "Positioning is a game people play in today's me-too marketplace," which appeared in the June, 1969, issue of *Industrial Marketing.* The article made predictions and named names, all based on the "rules" of a game called positioning.

One prediction, in particular, turned out to be strikingly accurate. As far as RCA and computers were concerned, "a company which has no hope to make progress headon against the position that IBM has established."

The operative word, of course, is "head-on." And while it's possible to compete successfully with a market leader (the article suggested several approaches), the rules of positioning say it can't be done "head-on."

Three years ago this raised a few eyebrows. Who were we to say that powerful, multi-billion-dollar companies couldn't find happiness in the computer business if they so desired?

Desire, alas, was not enough. Not only RCA, but also General Electric bit the IBM dust.

With two major computer manufacturers folding one right after another, the urge to say, "I told you so," was irresistible.

Last November, a follow-up article, "Positioning revisited: Why didn't GE and RCA listen?" appeared in the same publication.

We're an Over-Communicated Society

As GE and RCA found out, advertising doesn't work anymore. At least, not like it used to. One reason may be the noise level in the communications jungle.

The per-capita consumption of advertising in the U.S. is approaching $100 a year. And while no one doubts the advertiser's financial ability to dish it out, there's some question about the consumer's mental ability to take it all in.

Each day, thousands of messages compete for a share of the prospect's mind. And, make no mistake about it, the mind of the battleground. Between six inches of grey matter is where the advertising war takes place. And the battle is rough, with no holds barred and no quarter given.

The new ball game can prove unsettling to companies that grew up in an era where any regular advertising was likely to bring success. This is why you see a mature, sophisticated company like Bristol-Myers run through millions of dollars trying to launch me-too products against strongly dug-in competition. (If you haven't noticed, Fact, Vote and Resolve are no longer with us.)

To understand why some companies have trouble playing in today's positioning game, it might be helpful to take a look at recent communications history.

'50s Were the Product Era

Back in the '50s, advertising was in the "product" era. In a lot of ways, these were the good old days when the "better mousetrap" and some money to promote it were all you needed.

It was a time when advertising people focused their attention on product features and customer benefits. They looked for, as Rosser Reeves called it, the "Unique Selling Proposition."

But in the late '50s, technology started to rear its ugly

Das ist der erste von drei Artikeln, die den Lesern von Advertising Age das Konzept der Positionierung vorstellten. Er erschien in der Ausgabe vom 24. April 1972.

Einführung

Vor 30 Jahren schrieb Al gemeinsam mit Jack Trout für die Zeitschrift *Advertising Age* eine Artikelserie mit dem Titel »The Positioning Era Cometh« (Die Ära der Positionierung bricht an). Sie wurde ein voller Erfolg. Beinahe über Nacht wurde Positionierung zu einem Schlagwort unter Werbe- und Marketingleuten.

Würde heute eine ähnliche Serie verfasst, dann müsste der Titel »Die Ära der Public Relations bricht an« lauten. Denn wohin man auch schaut, kann man eine deutliche Verlagerung des Marketing-Schwerpunkts von der Werbung hin zu Public Relations feststellen.

Eine neue Marke lässt sich nicht mittels Werbung auf dem Markt einführen, weil Werbung nicht glaubwürdig ist. Eine Anzeige ist die eigennützige Stimme eines Unternehmens, das unbedingt sein Produkt an den Kunden bringen will.

Neue Marken können nur über Öffentlichkeitsarbeit oder Public Relations (PR) eingeführt werden. Mit Hilfe von PR-Arbeit haben Unternehmen die Möglichkeit, ihre eigene Story indirekt über Dritte, in erster Linie die Medien, zu vermitteln.

Public Relations ist glaubwürdig, Werbung nicht. PR erzeugt die positiven Wahrnehmungen, auf denen eine geschickt gesteuerte Werbekampagne aufbauen kann.

Bei unseren Beratungsgesprächen empfehlen wir unseren Kunden meist, jedes neue Marketingprogramm über Öffentlichkeitsarbeit zu starten und erst dann zur Werbung überzugehen, wenn die Ziele der PR-Arbeit erreicht sind. Für Manager, die stark von der Werbebranche beeinflusst sind, ist das eine geradezu revolutionäre Vorstellung. Für andere ist es eine ganz natürliche Entwicklung im Marketing.

Die Fortsetzung von PR-Arbeit

Werbung sollte nicht nur zeitlich der PR-Arbeit folgen, sondern auch inhaltlich. Sie ist eine Fortsetzung der PR-Arbeit mit anderen Mitteln und sollte erst dann eingesetzt werden, wenn ein PR-Programm allmählich ausläuft. Außerdem sollte der Slogan eines Werbeprogramms bei den Wahrnehmungen ansetzen, die das PR-Programm im Bewusstsein potenzieller Kunden erzeugt hat.

Und schließlich darf die Werbephase eines Marketingprogramms keineswegs voreilig eingeleitet werden. Eine Werbekampagne sollte nur für eine bereits etablierte Marke lanciert werden und nur von einem Unternehmen, das den damit einhergehenden Anforderungen auch gewachsen ist.

In der Werbebranche wird der PR manchmal nur eine untergeordnete Rolle zugewiesen. Demnach ist sie lediglich in Krisenzeiten nützlich oder eignet sich allenfalls dafür, die neueste Werbekampagne bekannt zu machen. Dabei ist gerade das Gegenteil der Fall.

Für die meisten Unternehmen ist PR-Arbeit heute viel zu wichtig, als dass sie der Werbung untergeordnet werden dürfte. In mancher Hinsicht haben die beiden Disziplinen die Rollen vertauscht. PR sitzt heute am Steuer und sollte ein Marketingprogramm lenken und führen. Deshalb der Titel unseres Buches: *PR ist die bessere Werbung!*

Werbung ist tot. Lang lebe PR

Aber wie kann Werbung tot sein, wenn man so viel davon zu sehen bekommt? Wo man auch hinblickt, überall ist Werbung.

Das ist wie bei der Malerei. Die Malerei ist ebenfalls tot, obwohl sie sich heute größerer Beliebtheit erfreut als je zuvor.

Was die Malerei angeht, so ist mit »Tod« nicht das Ende der Malerei selbst gemeint, sondern das Ende ihrer Funktion als Mittel zur Wiedergabe der Realität.

Die Jahre, die auf die Erfindung der Daguerreotypie durch Louis Jacques Mandé Daguerre folgten, könnte man »den Niedergang der Malerei und den Aufstieg der Fotografie« nennen. In gleicher Weise hat die Werbung ihre Funktion als Mittel für den Aufbau von Marken verloren und lebt als Kunstform weiter.

Das soll nicht heißen, dass Werbung wertlos ist. Der Wert von Kunst wird vom Betrachter festgelegt. Das bedeutet, dass eine Disziplin mit einer konkreten Funktion, wenn sie zur Kunstform wird, diese Funktion verliert und deshalb auch nicht mehr objektiv gemessen werden kann.

Der Wert einer Kerze

Wie misst man den Wert einer Kerze? Man kann ihn nicht an ihrer Helligkeit bemessen, weil die Kerze ihre Funktion, einen Raum zu beleuchten, verloren hat. Die Jahre, die auf Thomas Alva Edisons Erfindung der Glühlampe folgten, könnte man »den Niedergang der Kerze und den Aufstieg der Glühbirne« nennen.

Dennoch brennen jeden Abend auf der ganzen Welt Millionen von Kerzen. Bei einem romantischen Abendessen, beispielsweise, dürfen Kerzen auf dem Tisch nicht fehlen. Und es werden sogar Kerzen für bis zu 20 oder 30 Euro angeboten, viel teurer als eine Glühbirne. Im Gegensatz zur Glühbirne steht der Wert einer Kerze in keinem Verhältnis zu ihrer Helligkeit. So wie der Kamin und das Segelschiff hat auch die Kerze ihre eigentliche Funktion verloren und ist zu einer Kunstform geworden.

Jede Form von Kunst hat leidenschaftliche Verfechter, die bemüht sind, den Wert eines individuellen Kunstwerks hervorzuheben, weil es keine objektive Methode gibt, seinen Wert zu messen.

Der Wert einer Werbeanzeige

Werbung funktioniert nach demselben Muster. Die Verfechter der Werbung verteidigen ihr Werk voller Leidenschaft mit dem Argument, dass damit die Stärke einer Marke gefördert oder der Markenwert aufgebaut oder ein emotionales Band zu den Verbrauchern geknüpft oder die Verkäufer motiviert würden.

Bis zu einem gewissen Grad stimmt das alles auch, aber es lässt sich nicht objektiv messen, weil Werbung Kunst ist. Sie hat ihre kommunikative Funktion verloren.

Der Wert der Werbung wird vom Unternehmenschef, Geschäftsführer oder Marketingleiter bestimmt. Wie hoch würden Sie den Wert des Gemäldes veranschlagen, das im Konferenzsaal hängt? Die gleiche Logik, die Sie auf das Gemälde anwenden, kann auch auf die Werbung Ihres Unternehmens angewandt werden.

Unsere Meinung ist: Werbung ist das Geld nicht wert, das sie kostet – mit einer Ausnahme, und das ist eine wichtige Ausnahme: Werbung hat dann einen echten Wert, wenn sie einem funktionalen Zweck dient. Aber worin besteht dieser funktionale Zweck?

Werbung ist nicht dazu da, eine Marke aufzubauen, sondern eine Marke zu verteidigen, sobald sie einmal mit anderen Mitteln aufgebaut wurde, allen voran mit PR-Arbeit oder positiven Äußerungen Dritter.

Unterschätzen Sie keineswegs diese defensive Funktion. Die meisten Unternehmen geben viel zu viel Geld für den Versuch aus, Marken über Werbung aufzubauen (während sie dieses Geld für PR-Arbeit verwenden sollten), und viel zu wenig dafür, ihre Marken mit Werbung zu verteidigen, nachdem sie aufgebaut wurden.

Einen Markennamen schaffen und ihn verteidigen sind die beiden Hauptfunktionen eines Marketingprogramms. PR-Arbeit baut die Marke auf, Werbung verteidigt die Marke. Ironischerweise verwenden viele Werbeleute so viel Zeit und Energie für den Aufbau von Marken, dass sie sich emotional oft nicht mehr in der Lage fühlen, eine defensive Marketingkampagne zu führen.

Der Wert der Kreativität

Was hat es nun mit der Kreativität auf sich, dem Schlagwort der Werbegemeinde, solange wir denken können? Kreativität ist, nach einer allgemein bekannten Definition, die Suche nach dem Neuen und Anderen. Die Betonung liegt auf Originalität.

Aber mit dem »Neuen und Anderen« wird eine Marke nicht verteidigt. Um eine Marke zu verteidigen, muss man die wichtigsten Vorzüge der Marke »von neuem bestätigen«. Man muss eine Werbekampagne schalten, die bei den Verbrauchern »Anklang findet«. Die Verbraucher müssen denken: »Genau, dafür steht diese Marke.«

Kreativität ist das Letzte, was eine Marke benötigt, nachdem sie sich einmal im Bewusstsein festgesetzt hat. PR-Arbeit hingegen muss kreativ sein. PR-Arbeit muss etwas Neues und Anderes finden. PR-Arbeit muss originell sein. Am besten etabliert man eine Marke, indem man eine neue Kategorie schafft. Das wiederum erfordert eine höchst kreative Denkweise. Dies ist insofern ein revolutionäres Konzept, weil es dem herkömmlichen Denken völlig widerspricht.

Der herkömmliche Ansatz

Die meisten Produkte und Dienstleistungen werden nach folgender Strategie in vier Schritten vermarktet:

1. Das Unternehmen entwickelt ein neues Produkt oder eine Dienstleistung.
2. Das Unternehmen testet, ob das neue Produkt oder die Dienstleistung den Verbrauchern tatsächlich einen deutlichen Vorteil einbringt.
3. Das Unternehmen erteilt einer Werbeagentur den Auftrag, das neue Produkt oder die Dienstleistung mit einer Werbekampagne einzuführen, in der Regel mit einem »Knalleffekt«.
4. Im Laufe der Zeit wird das neue Produkt oder die Dienstleistung mittels Werbung zu einer starken Marke aufgebaut.

Diese vier Schritte sind in den Annalen der Wirtschaftsgeschichte geradezu legendär geworden: Entwicklung, Test, Werbung und Markenpolitik. In der Theorie ist an diesem vierstufigen Prozess nichts auszusetzen, einmal abgesehen von der unglücklichen Abkürzung ETWM.

In der Praxis weist dieses Modell jedoch ein schwaches Glied auf. Der entscheidende Schritt ist das Eindringen des Markennamens (und dessen, wofür er steht) in das Bewusstsein der Verbraucher. Man kann einen Markennamen nicht aufbauen, wenn die Botschaft nicht ins Bewusstsein eindringt.

Das schwache Glied ist die Werbung.

Werbung hat nicht mehr die Kraft, einen neuen Markennamen ins Bewusstsein zu bringen. Werbung ist bei den Verbrauchern nicht glaubwürdig. Sie reagieren darauf mit zunehmender Skepsis und neigen immer mehr dazu, die Botschaft abzulehnen.

Der PR-Ansatz

Ganz offensichtlich sind jedoch einige Produkte und Dienstleistungen in das Bewusstsein der Käufer eingedrungen und zu großen Marken geworden. Wie haben sie das geschafft?

Über Öffentlichkeitsarbeit.

Alle Marketingerfolge der letzten Jahre waren PR-Erfolge, keine Werbeerfolge. Um nur einige Beispiele zu nennen: Starbucks, The Body Shop, Amazon.com, Yahoo!, eBay, Palm, Google, Linux, PlayStation, Harry Potter, Botox, Red Bull, Microsoft, Intel und BlackBerry.

Nimmt man die Geschichte der großen Markennamen näher unter die Lupe, so stellt sich heraus, dass die These stimmt. In der Tat ist eine erstaunlich große Zahl sehr bekannter Markennamen fast ganz ohne Werbung aufgebaut worden.

Anita Roddick machte ganz ohne Werbung aus dem Body Shop eine weltweit bekannte Marke. Stattdessen hielt sie auf ihren Reisen durch die Welt Ausschau nach Zutaten für ihre natürlichen Kosmetikartikel – diese Suche zog einen endlosen Strom an Publicity nach sich.

Bis vor kurzem steckte auch die Kaffeehauskette Starbucks noch keine Unsummen in die Werbung. In den ersten zehn Jahren gab das Unternehmen insgesamt weniger als 10 Millionen Dollar für Werbung in den Vereinigten Staaten aus, eine lächerliche Summe für eine Marke, die heute jedes Jahr einen Umsatz von 1,3 Milliarden Dollar hat.

Wal-Mart wurde zur weltgrößten Handelskette und steigerte mit geringem Werbeaufwand seinen Umsatz auf fast 200 Milliarden Dollar. Eine Tochter von Wal-Mart, Sam's Club, kommt fast ohne Werbung auf einen durchschnittlichen Umsatz von 56 Millionen Dollar pro Filiale.

Bei den Arzneimitteln wurden Viagra, Prozac und Vioxx fast ganz ohne Werbung zu weltweit bekannten Marken.

Im Bereich der Spielwaren wurden die Beanie Babies, die Puppe Elmo aus der Sesamstraße und Pokémon fast ohne Werbung zu außerordentlich erfolgreichen Marken.

In der Hightech-Welt wurden Oracle, Cisco und SAP fast ganz ohne Werbung zu Milliarden Dollar schweren Unternehmen (und zu Milliarden Dollar schweren Markennamen).

Mittlerweile belegen erste Marktforschungen, dass PR-Arbeit beim Start einer Marke der Werbung überlegen ist. Nach einer aktuellen Studie zu 91 Verkaufsstarts neuer Produkte kamen bei sehr erfolgreichen Produkten eher PR-Aktivitäten zum Einsatz als bei weniger erfolgreichen. Die von Schneider & Associates in Auftrag gegebene Studie, die in Zusammenarbeit mit dem Zentrum für Kommunikationsforschung der Boston University und Susan Fournier, einer Lehrbeauftragten der Harvard Business School, erstellt wurde, gilt als die Erste ihrer Art.

»Wir stellten fest, dass die Rolle der PR-Arbeit zwar zu wenig genutzt wurde, aber von großer Bedeutung war, sobald sie zum Einsatz kam«, heißt es in der Studie.

Ungeachtet zahlloser Erfolge der PR-Arbeit herrscht in den Unternehmen immer noch die Wahrnehmung vor, dass Marketing nichts mit Public Relations zu tun habe.

Marketing heisst Werbung

Auf viele Manager trifft der Satz zu, dass sie Marketing mit Werbung gleichsetzen – nicht mit PR-Arbeit. »Massenmarketing erfordert ein Massenkommunikationsmittel, das wiederum Massenwerbung erfordert«, lautete die alte Grundregel. Wenn jemand ein Marketingprogramm ins Gespräch brachte, war der erste Gedanke immer: »Wo sollen wir dafür werben und wie viel Geld steht uns dafür zur Verfügung?«

Wer in eine große Buchhandlung geht, findet Bücher über Werbung unter der Überschrift »Marketing und Werbung«. In Wirklichkeit finden sich in der Abteilung mehrheitlich Bücher über Werbung. Schließlich wird sie als die Hauptaufgabe der Marketingabteilung eines Unternehmens wahrgenommen.

Sparen Sie sich die Mühe, nach der Abteilung »Marketing und Public Relations« Ausschau zu halten. PR-Bücher sind, sofern überhaupt welche vorhanden sind, unter all den vielen Werbebüchern in die Kategorie »Marketing und Werbung« eingeordnet.

Blickt man in die Unternehmen selbst, so ergibt sich ein ähnliches Bild wie in der Buchhandlung um die Ecke. In den meisten Unternehmen liegt der Schwerpunkt auf Werbung, während PR-Arbeit als eine untergeordnete Disziplin gilt, sofern sie überhaupt in Betracht gezogen wird.

Marketing heißt Werbung, und jeder weiß, was Werbung heißt.

Werbung heisst grosse Scheine

Das gilt insbesondere für den Fall, dass ein Unternehmen die Einführung einer neuen Marke in Erwägung zieht. Oft hängt die Entscheidung darüber, ob das Produkt nun lanciert werden soll oder nicht, von der Höhe der Werbekosten ab. Wenn selbst eine bescheidene landesweite Werbekampagne für ein neues Verbrauchsprodukt in den Vereinigten Staaten bis zu 50 Millionen Dollar kosten kann, werden solche Entscheidungen nicht auf die leichte Schulter genommen.

»Das wäre ein gutes neues Produkt«, haben schon viele Kunden zu uns ge-

sagt, »aber wir können uns die Einführungskosten einfach nicht leisten.« Ihr Denken richtet sich nach den Berichten, die sich in den Medien finden:
- Pepsi-Cola gibt 100 Millionen Dollar für den Start von Pepsi One aus.
- Andersen Consulting gibt 150 Millionen Dollar für die Einführung des neuen Namens Accenture aus.
- Bell Atlantic gibt 140 Millionen Dollar für die Einführung des neuen Namens Verizon aus.
- Bell South Mobility gibt 100 Millionen Dollar für die Einführung des neuen Namens Cingular aus.

In unserer mit Kommunikation überladenen Gesellschaft werden die Kosten für den Start einer neuen Marke als kostspieliges Unterfangen wahrgenommen, das man zu vermeiden hofft, indem man stattdessen die bereits etablierten Markenlinien ständig erweitert. Aus diesem Grund wimmelt es in Amerika nur so vor immer breiteren Markenlinien, während der Markt nach neuen Markennamen hungert.

Zum Beispiel sind neun von zehn Produkten, die im Supermarkt angeboten werden, reine Erweiterungen einer Marke, keine neuen Marken. Und für Drogerien, Kaufhäuser und alle Arten von Geschäften gilt genau das Gleiche.

Den Start einer neuen Marke mit Werbung gleichzusetzen, ist jedoch ein großer Marketingfehler. Der Werbung fehlt die wesentliche Zutat, die eine neue Marke benötigt, um den Durchbruch zu schaffen.

Werbung fehlt die Glaubwürdigkeit

Weshalb sollte irgendjemand eine Botschaft über eine Marke beachten, von der er noch nie gehört hat? Wo bleibt die Glaubwürdigkeit einer solchen Botschaft?

Wenn jemand bei Ihnen anrufen und zu Ihnen sagen würde: »Sie kennen mich nicht, Sie kennen meine Produkte nicht, Sie kennen mein Unternehmen nicht, aber ich möchte mit Ihnen einen Termin vereinbaren und versuchen, Ihnen etwas zu verkaufen«, dann würden Sie vermutlich sofort auflegen.

Wenn hingegen jemand bei Ihnen anruft und sagt: »Sie sind doch Kunde im Kaufhaus Saks Fifth Avenue und Saks gibt eine Cocktailparty, um eine neue Designermarke einzuführen«, sind Sie wahrscheinlich eher geneigt, hinzugehen. Das exklusive Kaufhaus Saks Fifth Avenue in San Francisco vermittelt Glaubwürdigkeit. Der Name ist Ihnen vertraut.

Öffentlichkeitsarbeit sorgt für die Referenzen, die einer Werbung Glaubwürdigkeit verschaffen. Solange eine neue Marke nicht mit bestimmten Referenzen in Verbindung gebracht wird, wird die zugehörige Werbung ignoriert.

Wer erfolgreich einen Markennamen aufbauen will, muss sowohl Public Relations als auch Werbung geschickt einsetzen. Es gilt die Grundregel: Schalten Sie nie eine Werbekampagne, bevor nicht alle Möglichkeiten für Public Relations ausgeschöpft wurden.

Zuerst Public Relations, dann Werbung

Werbung baut nicht Marken auf, das tut die Öffentlichkeitsarbeit. Werbung kann nur Marken pflegen und erhalten, die über PR-Arbeit aufgebaut wurden.

In Wirklichkeit kann Werbung kein Feuer in Gang bringen. Sie kann lediglich ein Feuer schüren, das bereits in Brand gesetzt wurde. Um eine Kampagne von Null auf ins Rollen zu bringen, braucht man die Glaubwürdigkeit, die nur Äußerungen Dritter verleihen können. Die erste Phase einer jeden Kampagne sollte daher PR-Arbeit sein.

Krieg und Marketing haben vieles gemeinsam. Armeegeneräle, die heutzutage einen Krieg mit den Waffen des letzten Krieges austragen wollen, unterscheiden sich nicht von den Marketingchefs, die die heutige Marketingschlacht mit Werbung gewinnen wollen, obwohl sie doch PR-Arbeit einsetzen müssten.

Gestern drehte sich alles um die Panzerung. Heute dreht sich alles um die Luftstreitmacht. Gestern drehte sich alles um Werbung. Heute dreht sich alles um PR.

Wenn der Öffentlichkeitsarbeit eine wichtige Rolle bei den meisten Verkaufsstarts neuer Produkte zukommt, an wen sollen sich Kunden in strategischen Fragen dann wenden? Immer mehr Firmenchefs zögern, ihre Werbeagenturen um Rat zu fragen, weil sie schon im Voraus wissen, welchen Rat diese ihnen geben werden. Also versuchen sie es allein, ohne Hilfe von außen. Oder sie bitten Berater wie uns, gemeinsam mit ihnen die Marketingstrategie auszuarbeiten, einschließlich der zugehörigen Öffentlichkeitsarbeit.

In Zukunft werden Kunden sich verstärkt an PR-Agenturen wenden, um die strategische Richtung für die Marke vorzugeben. Werbung hingegen wird gezwungen sein, dem Kurs der PR-Arbeit zu folgen.

Die PR-Branche wird somit ein enormes Wachstum erfahren. Ferner kann man davon ausgehen, dass Public Relations sowohl innerhalb wie auch außerhalb des Unternehmens einen höheren Stellenwert erhalten wird.

Das wird natürlich nicht ohne Wehgeschrei der Werbebranche ablaufen. Dabei geht es nicht nur um das viele Geld. Noch schmerzlicher dürfte die leitenden Angestellten der Werbeagenturen die Aussicht treffen, dass sie ihre traditionelle Rolle als Marketingpartner verlieren könnten.

Marketing ist in die Ära der Public Relations eingetreten.

TEIL I

DER NIEDERGANG DER WERBUNG

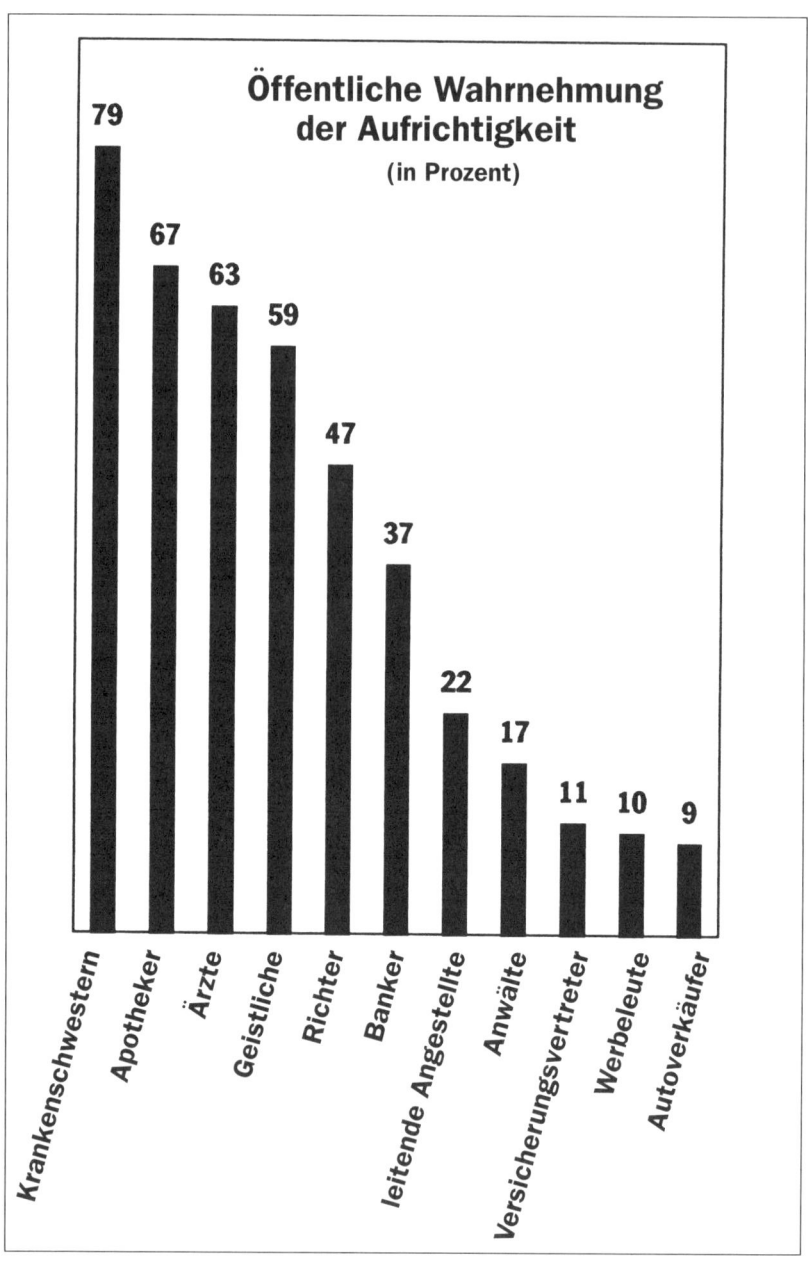

1. Werbung und Autoverkäufer

Vor nicht allzu langer Zeit kamen vier New Yorker Krankenschwestern ums Leben, als sie mit dem Auto vom Oberdeck eines fünfstöckigen Parkhauses abstürzten. Sämtliche New Yorker Zeitungen brachten die Story, die *New York Post* sogar auf der Titelseite. Gut 1.600 Trauergäste nahmen an der Begräbnisfeier in der St. Patrick's Cathedral teil, unter den Rednern war Bürgermeister Giuliani. Die Schlagzeilen hatten den Tenor: »Engel werden beflügelt, während 1.600 Abschied nehmen.«

Krankenschwestern sind Krankenschwestern. Werbefachleute hingegen sind Werbefachleute und dürften kaum eine ähnliche Anteilnahme erwarten – im Leben ebenso wenig wie im Tod. Wenn vier Werbefachleute nach einem Lunch mit drei Martinis von der Brooklyn Bridge abgestürzt wären, dann hätten die Schlagzeilen vermutlich gelautet: »Reklamefritzen fahren im Honda zur Hölle.«

Sehen wir der Wahrheit ins Auge. In einer aktuellen Gallup-Umfrage zur Aufrichtigkeit und Moral der Menschen in 32 verschiedenen Berufen landeten die Werbebranche und Werbeleute am unteren Ende, genau zwischen Versicherungsvertretern und Autoverkäufern. (Links ist ein Auszug aus der Liste abgedruckt, mit dem Prozentsatz der Befragten, die Menschen aus dem jeweiligen Beruf für aufrichtig hielten.)

Wenn niemand glaubt, was Versicherungs- oder Autoverkäufer einem erzählen, warum sollte dann jemand glauben, was in einer Werbeanzeige steht? Alle drei haben schließlich ähnliche Glaubwürdigkeitswerte.

Aber Werbung stößt nicht nur extern, in der Öffentlichkeit, auf Schwierigkeiten, sondern sie hat auch intern, in den Unternehmen, ein Problem.

Problem der Werbung innerhalb des Unternehmens

»Zu welcher Strategie rät Ihnen Ihre Werbeagentur?«, fragten wir neulich den CEO eines großen Kunden.

»Wir fragen unsere Agentur nie um Rat«, antwortete er. »Wir sagen ihr, was wir wollen.«

Die Ära der Werbung ist vorbei. Heute verlassen sich die wenigsten Kunden bei wichtigen strategischen Entscheidungen auf ihre Werbeagenturen. Die einstige Partnerschaft beim Marketing ist inzwischen zu einer Beziehung zwischen Kunde und Anbieter degeneriert. (In einer Studie der Patrick Marketing Group unter Marketingleitern haben nur drei Prozent der Befragten erklärt, dass sie den Aufbau und die Pflege des Markenimages an ihre Werbeagentur delegiert haben.)

Aus einer aktuellen Umfrage unter 800 leitenden Angestellten durch die American Advertising Federation (AAF) geht hervor, dass Public Relations höher eingestuft wird als Werbung. Die Führungskräfte wurden gefragt, welche Abteilungen den größten Anteil am Erfolg ihres Unternehmens hätten. Das Ergebnis sah so aus:

- Produktentwicklung . . . . 29 Prozent
- Strategische Planung . . . . 27 Prozent
- Public Relations . . . . 16 Prozent
- Forschung und Entwicklung . . . . 14 Prozent
- Finanzstrategien . . . . 14 Prozent
- Werbung . . . . 10 Prozent
- Rechtsabteilung . . . . 3 Prozent

Lediglich die juristische Abteilung lag in der AAF-Umfrage hinter der Werbung. Werbung mag zwar einen beträchtlichen Anteil am Budget eines Unternehmens verschlingen, doch der Status der Werbung hat in den Augen der Geschäftsleitung arg gelitten.

Was unternahm die AAF, um das schlechte Image der Werbeabteilungen aufzupolieren? Sie tat genau das, was viele Unternehmen tun, wenn sie in Schwierigkeiten geraten. Sie startete eine Werbekampagne, um das Image der Werbung unter Geschäftsleuten aufzubessern. Thema: »Werbung. Das Mittel, das große Marken erst zu großen Marken macht.«

Aber wenn jemand Produktentwicklung, strategischer Planung, Public Relations, Forschung und Finanzstrategien größeren Anteil am Geschäftserfolg einräumt als Werbung (genau das zeigt ja die Umfrage), warum sollte er dann einer Anzeige Glauben schenken, die dreist verkündet: »Werbung ist das Mittel, das große Marken erst zu großen Marken macht«?

Das ist der klassische Fall einer kognitiven Dissonanz. Man kann nicht eine geringe Meinung von der Werbung haben und zugleich einer Anzeige glauben, die behauptet, Werbung würde große Marken aufbauen. Außer natürlich, man hält große Marken für unwichtig. Das würde aber heißen, dass die American Advertising Federation jetzt zwei Probleme hätte: Werbung *und* Marken.

Das schwächste Glied in jeder Werbekampagne ist ihre Glaubwürdigkeit. Eine Werbebotschaft wird vom Durchschnittsverbraucher eher skeptisch aufgenommen. Werbung wird für das gehalten, was sie im Grunde auch ist: eine parteiliche Botschaft, für die ein Unternehmen, das ein Eigeninteresse am Kaufverhalten der Verbraucher hat, gezahlt hat.

DAS GOLDENE ZEITALTER DER WERBUNG

Das war nicht immer so. Nach dem Zweiten Weltkrieg war Werbung in der amerikanischen Wirtschaft *die* Wachstumsbranche. Bei Procter & Gamble, Hershey's, Coca-Cola, Campbell's und vielen anderen Konsumgüterherstellern gaben die Werbeleute den Ton an.

In manchen Hollywood-Filmen waren Werbeleute sogar die Helden. An erster Stelle wäre hier *The Hucksters* (deutsch: *Der Windhund und die Lady)* mit Clark Gable und Deborah Kerr zu nennen, oder *The Man in the Gray Flannel Suit (Der Mann im grauen Flanell)* mit Gregory Peck. (Es wurde allgemein angenommen, dass jeder, der einen grauen Flanellanzug trägt, in der Werbebranche tätig ist, dabei spielt Peck in Wirklichkeit die Rolle eines PR-Beraters.)

Nicht zuletzt durch die Einführung des Fernsehens nach dem Zweiten Weltkrieg explodierte das Werbevolumen geradezu. Bereits im Jahr 1972 lagen die jährlichen Werbeausgaben pro Kopf der Bevölkerung bei 110 Dollar. Heute beträgt die Vergleichszahl 865 Dollar. Wir leben ohne Zweifel in einer Gesellschaft mit einem Übermaß an Kommunikation, und sie wird kaum abnehmen. (Unter Berücksichtigung der Inflation würde die Zahl von 1972 bei 465 Dollar liegen.)

Was geschieht in fast allen Fällen, wenn etwas überdimensionale Ausmaße annimmt?

Volumen steigt, Effektivität sinkt

Mit dem Anstieg des Werbevolumens ging ein Absinken der Wirksamkeit einher. Jede Studie zum Werbeerfolg kommt zu dem gleichen Ergebnis. Je mehr Werbung in einem bestimmten Medium angeboten wird, desto ineffektiver ist jede einzelne Anzeige.

Eine Anzeige in einer dünnen Ausgabe wird in der Regel von mehr Menschen wahrgenommen und gelesen als eine Anzeige in einer dicken Ausgabe der gleichen Zeitschrift. Ein Werbespot in einer Fernsehshow mit wenig Spots wird in der Regel von mehr Menschen registriert als ein Werbespot in einer Show mit vielen Spots.

Nicht nur das Werbevolumen hat zugenommen, die Werbekosten sind sogar noch schneller gestiegen. Im Jahr 1972 kostete beispielsweise ein Werbespot von 30 Sekunden während der Super Bowl im American Football 86.000 Dollar und erreichte 56.640.000 Menschen. Kosten pro tausend Zuschauer: 1,52 Dollar.

Im Jahr 2001 kostete ein 30-Sekunden-Spot während der Super Bowl 2.100.000 Dollar und erreichte 88.465.000 Menschen. Kosten pro tausend Zuschauer: 23,74 Dollar oder fast das Sechzehnfache. (Unter Berücksichtigung der Inflation liegen die heutigen Kosten nur 3,7 Mal so hoch. Allerdings kann man eine Zunahme von 270 Prozent innerhalb von drei Jahrzehnten durchaus eine hohe Steigerung nennen.)

Zu den Sendekosten kommen noch die Produktionskosten hinzu, die ebenfalls nicht gerade billig sind. Laut Angaben der American Association of Advertising Agencies kostet die Produktion eines 30-Sekunden-Spots für das Fernsehen zurzeit durchschnittlich 343.000 Dollar.

Einige Produktkategorien sind sogar noch teurer. Die Produktionskosten eines Spots für Softdrinks oder Snacks liegen im Durchschnitt bei 530.000 Dollar. Bei Kleidung klettern die Kosten auf 1.053.000 Dollar.

Untersucht man die Werbedaten in allen Medien genauer, kann man exakt dieselben beiden Trends feststellen: steigendes Volumen, das auf Kosten der Werbewirkung geht, im Verein mit steigenden Kosten, die wiederum die Effizienz senken.

Durch diese beiden Trends hat sich die Werbung zu einer kostspieligen und schwer einschätzbaren Methode entwickelt, um Kunden und Geschäftsaussichten zu beeinflussen. (Wenn Sie das Gefühl haben, dass Ihr Unternehmen immer mehr für Werbung ausgibt und immer weniger davon hat, dann haben Sie vermutlich Recht.)

WERBUNG FÄLLT AUS DEM RAHMEN

Die meisten Produkte und Dienstleistungen tendieren in die entgegengesetzte Richtung. Im Laufe der Zeit sinken für gewöhnlich die Preise.

Vergleichen Sie einmal die Kommunikation mit dem Telefon mit der Kommunikation über Werbung. Im Jahr 1972, als der Telekommunikationsanbieter MCI den Betrieb aufnahm, kostete ein Ferngespräch durchschnittlich ca. 20 Cents pro Minute. Heute kostet es höchstens 7 Cents pro Minute.

Dasselbe gilt für Flugpreise, für Fastfood, Softdrinks, Elektrogeräte und Hunderte andere Produkte und Dienstleistungen. Langfristig fallen die Preise tendenziell (unter Berücksichtigung der Inflation), weil Konkurrenz das Geschäft belebt und Unternehmen lernen, ihre Kosten zu senken.

Im Jahr 1990 benutzten nur fünf Millionen Menschen in den Vereinigten Staaten ein Mobiltelefon, und im Monat zahlten sie durchschnittlich 81 Dollar dafür. Heute benutzen 110 Millionen Menschen Mobiltelefone und zahlen durchschnittlich 45 Dollar dafür.

In nur fünf Jahren ist der durchschnittliche Preis einer digitalen Kamera von 560 Dollar auf 370 Dollar gefallen, gleichzeitig stieg die Zahl der Pixel (ein Maßstab für die Qualität) drastisch an.

Das vielleicht beste Beispiel für den ständigen Preisverfall ist der Computer. Ein PC, den man heute für 1.000 Dollar kaufen kann, ist leistungsfähiger als der Großrechner, den man vor 30 Jahren für eine Million Dollar bekommen hätte.

Das Werbevolumen steigt immer noch

Aber trotz der höheren Preise und des niedrigeren Werbeerfolgs hat das Volumen nicht abgenommen. Jahr für Jahr steigen die Ausgaben für Werbung deutlich stärker als das Wirtschaftswachstum.

1997 lagen die Werbeausgaben in den USA um 7 Prozent über denen des Vorjahres, 1998 um 8 Prozent, 1999 um 10 Prozent und im Jahr 2000 wieder um 10 Prozent. (Wegen der Terroranschläge war das Jahr 2001 eine Ausnahme. Die Werbeausgaben gingen um 6 Prozent zurück – das war erst das zweite Mal in den letzten 40 Jahren, dass die Werbeausgaben geringer waren als im Jahr zuvor.)

Die gegenwärtigen Werbeausgaben in den USA betragen 244 Milliarden Dollar jährlich, das sind 2,5 Prozent des Bruttoinlandsprodukts (BIP). Damit liegt die Werbebranche nur noch knapp unter dem Budget des Verteidigungsministeriums, das im Haushaltsjahr 2000 291 Milliarden Dollar betrug.

Andere Länder schließen sich den Vereinigten Staaten im Klub der von Werbung übersättigten Gesellschaften an. Hongkong, Portugal, Ungarn, Griechenland und Tschechien geben schon jetzt einen höheren Anteil am BIP für Werbung aus als die Amerikaner. Dennoch entfallen allein auf Amerika immer noch 44 Prozent der weltweiten Ausgaben für Werbung.

Botschaften am Tag

Wie vielen Werbebotschaften ist der Durchschnittsverbraucher an einem durchschnittlichen Tag ausgesetzt? Diese Frage haben schon viele Kommunikationsexperten zu beantworten versucht, die Schätzungen reichten bis zu 5.000 pro Tag.

Aber was versteht man unter einer Botschaft? Ist das eine Kleinanzeige in einer Zeitschrift oder ein Fernsehspot? Wie vergleicht man eine Seite mit Zeitungsanzeigen (mit schätzungsweise 30 Kleinanzeigen), die sich jemand vielleicht eine halbe Sekunde lang ansieht, mit einem Fernsehspot mit einer Länge von 30 Sekunden? Heißt das, die Person, die beides wahrnimmt, ist 31 Werbebotschaften ausgesetzt?

Es gibt eine bessere Methode, den täglichen Werbekonsum pro Kopf zu schätzen. Die jährlichen Werbeausgaben in Höhe von 244 Milliarden Dollar ergeben Ausgaben in Höhe von 2,37 Dollar pro Kopf und Tag.

Für die meisten Menschen ist Werbung gleich bedeutend mit Fernsehwerbung. Die durchschnittlichen Kosten für einen Fernsehspot mit 30 Sekunden liegen bei ca. zehn Dollar pro Tausend oder einem Cent pro Person. Folglich ist der Durchschnittsverbraucher jeden Tag 237 Fernsehspots (oder dem Äquivalent in anderen Medien) oder im Jahr 86.500 Spots ausgesetzt.

Zweihundertsiebenunddreißig Fernsehspots sind eine ganze Menge. Das ist so, als würde man sich einen Spielfilm in voller Länge ansehen, der nur aus Werbesendungen zusammengesetzt ist. Und natürlich versteht man unter »pro Kopf« jeden Einzelnen, vom Kleinkind bis zum Bewohner eines Pflegeheims. Ein Mensch mit einem gehobenen Einkommen in den besten Jahren seines Lebens kann davon ausgehen, dass er vier oder fünf Mal so viel Werbung konsumiert.

Der Tapeteneffekt

In dem Maße, wie das Werbevolumen zugenommen hat, sind die Botschaften zu Tapete geworden. Werbeanzeigen umgeben uns vom frühen Morgen bis spät in die Nacht. Nicht nur das Volumen geht zu Lasten der Effektivität, sondern auch die Zahl der verschiedenen Botschaften, die auf den Einzelnen einstürmen. Das New Yorker Marktforschungsinstitut CRM verfolgt beispielsweise die Werbeausgaben für 9.000 verschiedene Marken.

Als Folge des Volumens und der Vielfalt blenden wir tendenziell alle Werbebotschaften aus. Eine Anzeige bemerken wir nur noch, wenn sie außergewöhnlich ist.

Die Tatsache, dass ein Objekt groß ist, heißt nicht unbedingt, dass es von irgendjemandem beachtet wird. Ein typisches Wohnzimmer hat, sagen wir, 36 Quadratmeter Tapete, das entspricht 190 Seiten der *New York Times*. Aber man kann stundenlang in einem fremden Wohnzimmer sitzen, ohne sich danach an irgendein Detail der Tapete an der Wand erinnern zu können.

(Falls Sie selbst Tapeten in Ihrem Haus haben: Wann ist zum letzten Mal ein Besucher hereingekommen und hat gesagt: »Oh, ist das aber eine schöne Tapete!«?)

Die 190 Seiten Anzeigen in der *New York Times* haben wahrscheinlich denselben Effekt: Man erinnert sich an kein einziges Detail aus 36 Quadratmetern Werbung.

Welcher Amerikaner weiß denn schon, wer Rosario Marin ist? Oder Mary Ellen Withrow? Dabei bekommen sie diese Namen jeden Tag auf der linken Seite ihrer Geldscheine zu sehen. Mary Ellen Withrow war unter Clinton Schatzmeisterin der Vereinigten Staaten, Rosario Marin unter der Bush-Administration. Geld ist wie Tapete. Abgesehen von den großen Zahlen in der Ecke registriert man kaum, was auf die Scheine aufgedruckt ist.

Im Allgemeinen zählt Werbung zu den Dingen, die gewohnheitsmäßig verdrängt werden. Wenn Sie sämtliche Anzeigen lesen würden, hätten Sie keine Zeit für anderes.

Es gibt natürlich Ausnahmen. Die Toilette läuft über, dann suchen Sie in den Gelben Seiten nach einem Installateur. Sie wollen in die Vorstadt ziehen und suchen in den Immobilienanzeigen nach einem neuen Haus. Sie wollen ausgehen und sehen nach, was am Wochenende im Kino läuft.

Abgesehen von diesen Ausnahmen fallen vielleicht 90 Prozent sämtlicher Werbeanzeigen in die Kategorie »allgemein«. Mit anderen Worten, sie sollen einen dazu bringen, eine bestimmte Marke zu kaufen. Das ist eine schwierige Aufgabe, keine Frage. Der Durchschnittsverbraucher glaubt, genug zu wissen, um selbst entscheiden zu können, welche Marke er kaufen soll.

Einseitige Botschaft

Noch wichtiger, der Durchschnittsverbraucher hat den Eindruck, dass die in Anzeigen enthaltenen Informationen einseitig sind. Anzeigen sagen längst nicht alles, nennen keine Alternativen und sind häufig irreführend. Kein Wunder, dass Werbeleute nur knapp vor den Autoverkäufern eingestuft werden.

Wer hält hier wen zum Narren? »Unser Produkt enthält mehr Vitamine, mehr Mineralien und mehr Proteine als jedes andere Produkt auf dem Markt.« Na klar, ein Prozent mehr.

»Unser Laster hat den längsten Radabstand, die längste Ladefläche und die breiteste Spur der ganzen Branche.« Na klar, einen Zoll länger und einen Zoll breiter.

Dann gibt es noch die stets beliebten, nichts sagenden Aussprüche wie: »Keine andere Batterie hält länger als Duracell.« Auf Deutsch: Alle halten gleich lang.

Vor Jahren, als es wenig oder gar keine Werbung gab, erzielte jede Werbeanzeige eine gewisse Wirkung. Anzeigen wurden von vielen gelesen und man sprach über sie. Die Menschen freuten sich darauf, die vierfarbigen Anzeigen in der Zeitschrift *Life* zu lesen oder sich die Spots in der Fernsehshow *Texaco Star Theater* anzusehen.

Aber man kann nicht in der Vergangenheit leben. Werbung ist inzwischen weder frisch noch aufregend. Es gibt einfach zu viel davon. Werbung ist nach Florida gezogen und in den wohlverdienten Ruhestand getreten.

Wie ist das möglich, wenn es heute mehr Werbung gibt als je zuvor? Sowohl insgesamt als auch pro Kopf gerechnet. Wie kann sich eine Kommunikationstechnik auf dem Höhepunkt ihrer Popularität befinden und dennoch kurz vor dem Aus stehen?

Anhand der Geschichte lässt sich dieses Phänomen erklären. Wenn eine Kommunikationstechnik ihren eigentlichen Zweck verliert, wird sie zu einer Kunstform.

Kunst und Werbung sind seit Jahrzehnten eng miteinander verknüpft. Illustrationen fallen unter den Begriff der künstlerischen Gestaltung, und die Menschen, die sie entwerfen, werden Artdirektoren genannt. Das abgebildete Buch von Bryan Holme veranschaulicht diese Verbindung.

2. Werbung und Kunst

Vor der Ära des Buchdrucks wurden Erzählungen in Reimform von einer Generation an die nächste überliefert. Es ist viel leichter, eine in Versen erzählte Geschichte an andere weiterzugeben als eine in Prosa. Homer schrieb (um 850 v. Chr.) seine Meisterwerke *Ilias* und *Odyssee* in Reimform.

Gedichte können sich heute durchaus einer ebenso großen Beliebtheit erfreuen wie zu Homers Zeiten. Der Unterschied liegt darin, dass Dichtung heute eine Kunstform ist. Sie hat ihre kommunikative Funktion verloren. Heutzutage würde kaum ein Autor auf die Idee kommen, ein Gedicht zu schreiben, nur um eine Information verbal weiterzugeben. Er verwendet meist Prosa, weil es durch den Buchdruck ohne weiteres möglich ist, den Text künftigen Generationen zu vermitteln.

Malerei wird eine Kunstform

Vor der Ära der Fotografie diente die Malerei dazu, Abbilder von Königen und Königinnen, Prinzen und Prinzessinnen zu schaffen, um sie so im ganzen Reich bekannt zu machen. Gemälde vermittelten außerdem der folgenden Generation Eindrücke davon, wie die Vorfahren ausgesehen hatten. Vor der Ära der Fotografie haben Rembrandt, Rubens, Raphael, Michelangelo, Leonardo da Vinci und andere berühmte Künstler unverändert realistisch gemalt.

(Gegenwärtig reagiert die Kunstwelt empört auf David Hockneys Theorie, dass die alten Meister bis ins erste Viertel des 15. Jahrhunderts zurück für ihre realitätsgetreuen Bilder optische Geräte zu Hilfe genommen hätten.)

Malerei ist heute ebenso beliebt wie zu Rembrandts Zeiten. Nur ist sie heute eine Kunstform und fast völlig losgelöst von der Realität. In dem Maße, wie die Fotografie allmählich die Rolle der visuellen Kommunikation übernahm, wurde die Malerei zunehmend abstrakter und zur Kunst.

(Eine Fotografie würde wohl niemand verkehrt herum aufhängen, aber die Mitarbeiter im New Yorker Museum of Modern Art ließen das Gemälde *Le Bateau* von Henri Matisse 47 Tage lang mit der Oberseite nach unten hängen, bis es jemand bemerkte.)

Ein überhöhter Preis ist einer der Indikatoren, dass eine Disziplin zu einer Kunstform geworden ist. Falls Ihr Ururgroßvater sein Porträt von einem Künstler für die Nachkommenschaft malen ließ, bezahlte er die Arbeit vermutlich nach Stunden, zu einem relativ geringen Stundenlohn. Heute, da Malerei eine Kunstform ist, gibt es nach oben hin keine Grenzen.

Vor rund zehn Jahren ging das *Porträt von Dr. Gachet* von Vincent van Gogh für 82,5 Millionen Dollar an einen japanischen Käufer. Wenn Dr. Gachet nur seinen Nachkommen hätte zeigen wollen, wie er aussah, dann hätte er ein Foto anfertigen lassen können und jemandem eine ansehnliche Summe erspart.

Kunst hat keine Funktion; deshalb kennt sie auch keine Grenzen, was ihren Wert angeht. Kunst ist das wert, was irgendjemand bereit ist, dafür zu bezahlen. Bemerkenswerterweise hängt dieser Preis in erster Linie von der Publicity eines Gemäldes in den Medien ab, nicht von der Intensität der Werbung von Auktionshäusern wie Sotheby's oder Christie's.

Die Bildhauerei diente einst dazu, Götter- oder Heiligenbilder anzufertigen. Heutzutage, wo nur noch die wenigsten Menschen an Götter aus Stein, Metall oder Holz glauben, ist die Bildhauerei zu einer Kunstform geworden. Ein Park wäre nicht vollständig, wenn er nicht ein angemessenes Sortiment an Objekten aus Metall oder Stein enthalten würde, aber niemand würde diese anbeten. Bildhauerei ist jetzt Kunst.

Werbung wird eine Kunstform

Die Werbung geht in die gleiche Richtung wie Bildhauerei, Malerei und Dichtung. »Werbung«, sagte der Kommunikationstheoretiker Marshall McLuhan, »ist die größte Kunstform des 20. Jahrhunderts.«

Nicht nur Gelehrte wie McLuhan, sondern auch Topleute der Werbebranche, die harte Arbeit leisten, stellen die Verbindung zur Kunst her. Der renommierte Werbetexter Mark Fenske, bekannt für seine Arbeit für Nike und andere Marken, sagt: »Werbung ist möglicherweise die mächtigste Kunstform der Welt.« Werbelegende George Lois nannte sein Hauptwerk *The Art of Advertising: George Lois on Mass Communications*.

Große Museen auf der ganzen Welt führen ständige Ausstellungen von Werbeanzeigen. Plakate für den Wodka Absolut werden wie Gemälde eingerahmt und aufgehängt. Eine Sammlung von Anzeigen für Seife von Ivory wird im Smithsonian Institute ausgestellt, Anzeigen für Coke sind in der Library of Congress zu finden, und das Museum of Modern Art besitzt eine Sammlung mit Fernsehwerbespots.

Amerikanische Fernsehsender stellen Sammlungen von Werbespots zusammen und strahlen sie in ihrem Programm aus. Bei CBS laufen die *Super Bowl's Greatest Commercials*, bei ABC die *Best Commercials You've Never Seen (And Some You Have)*, und bei PBS *Super Commercials: A Mental Engineering Special*.

Betreten Sie einmal die Räumlichkeiten irgendeiner Werbeagentur auf der Welt und sehen Sie sich die Wände an. Fast überall werden Sie glauben, Sie wären in einem Museum: ein Werbeplakat neben dem anderen, alle stimmungsvoll beleuchtet und teuer gerahmt.

Moment mal, könnten Sie jetzt denken. Die Agenturen stellen doch nur Beispiele ihrer eigenen Arbeit aus. Das mag schon sein, aber Anwälte rahmen auch nicht Kopien ihrer besten Plädoyers ein. Ebenso wenig stellen Ärzte Aufnahmen ihrer spektakulärsten Operationen aus. Wir haben noch nie in einer Werbeagentur die gerahmten Verkaufszahlen ihrer Kunden gesehen (und wir sind in vielen Agenturen gewesen).

Welche Rolle und Funktion hat Werbung eigentlich? Fragen Sie einmal einen Werbetexter oder einen Grafiker. Geht es darum, den Umsatz des Kunden um zehn Prozent zu steigern, oder geht es darum, einen Goldenen Löwen in Cannes zu gewinnen? Wenn sie ehrlich sind, werden sie in der Regel zugeben, dass es ihnen um die Trophäe geht.

Was ist denn so schlecht daran, wenn Werbung mit Kunst gleichgesetzt wird? Vieles, doch das Hauptproblem liegt darin, dass die Schöpfer solcher Werbeanzeigen sich mehr Gedanken darüber machen, was künftige Generationen von ihrem Werk halten werden, als darüber, was potenzielle Käufer von der Marke halten.

Auch immer mehr Verbraucher betrachten Werbung eher als eine Kunstform als ein Kommunikationsmittel. Wahrscheinlich hat schon öfter jemand zu Ihnen gesagt: »Gestern habe ich einen tollen Werbespot gesehen; ich bin beinahe geplatzt vor Lachen.«

Wenn man dann aber nachfragt, wie das Produkt denn hieß, für das geworben wurde, dann heißt es meistens: »Weiß ich nicht mehr.« Ist der Name wider Erwarten doch im Gedächtnis haften geblieben, dann erhält man oft ein entrüstetes Nein auf die Frage, ob er die Marke denn auch kaufen würde.

Die Menschen betrachten Werbung ganz ähnlich, wie sie einen Roman lesen oder eine Fernsehsendung ansehen. Sie lassen die Akteure, Situationen und Handlungsstränge über sich ergehen, ohne den geringsten Antrieb, irgendeinen Teil davon selbst auszuführen, schon gar nicht das Produkt zu kaufen. Es ist alles Kunst. (Böse Zungen behaupten, dass Buchführung bei Unternehmen wie Enron mittlerweile zu einer Kunstform geworden ist.)

Militär wird eine Kunstform

In unserer Gesellschaft ist die Grenze zwischen Funktion und Kunst fließend. Nehmen wir eine typische militärische Funktion: die Wachablösung.

In Korea war die Wachablösung um zwei Uhr morgens eine schlichte Zeremonie, die ca. 20 Sekunden dauerte.

»Ist dir irgendetwas aufgefallen, Al?«

»Nein, abgesehen davon, dass es hier draußen verflucht kalt ist.«

»Du kannst gehen. Ab in die Falle.«

Am Buckingham-Palast ist die Wachablösung eine umständliche Zeremonie, die ungefähr 20 Minuten dauert. Frage: Was bewachen die Wachen?

Nichts. Die Wachablösung am Buckingham-Palast ist zu einer Kunstform geworden.

Vor der Einführung der Muskete war das Schwert ein wichtiges Kriegsgerät. Es ist schon einige Jahrhunderte her, dass die Fechtkunst bei der Kriegführung eine Rolle spielte.

Ist das Schwert verschwunden? Keineswegs. Im Sezessionskrieg hatte jeder Offizier einen Säbel an seiner Seite. Im Gerichtsgebäude in Appomattox kapitulierte General Lee vor General Grand, indem er ihm seinen Säbel übergab. Noch heute erhält jeder Offiziersanwärter an der Militärakademie in West Point seinen Säbel. Das Schwert hat seine Funktion verloren und ist zu einem Kunstgegenstand geworden.

Man erkennt Kunst auch am ausgiebigen Gebrauch in der Alltagssprache. Obwohl das Schwert in der heutigen Gesellschaft keine Funktion mehr hat, lebt es noch in der Sprache weiter. Niemand sagt: »Wer zum Gewehr greift, soll auch durch das Gewehr umkommen« oder »Gewehre zu Pflugscharen«.

Pferde werden eine Kunstform

Vor der Einführung des Automobils war das Pferd das wichtigste Transportmittel. Ist das Pferd seit der Erfindung des Automobils verschwunden? Mitnichten. Heute gibt es in Amerika mehr Pferde als je zuvor, aber so gut wie kein einziges wird als reines Transportmittel genutzt. Es gibt Pferderennen, Springreiten und Pferdetouren für Urlauber. Das Pferd hat seine Funktion verloren und ist zu einer Kunstform geworden.

Über sieben Millionen Amerikaner sind in der Pferdebranche beschäftigt, einer Branche, die jährlich 112 Milliarden Dollar Umsatz erwirtschaftet. Das ist mehr als das Eisenbahngeschäft in Amerika, obwohl die Eisenbahn noch ein echtes Transportmittel ist.

Der Malerei nacheifern

Die Malerei ist die Kunst, mit der sich die Werbeleute am stärksten identifizieren. Artdirektoren (die im Grunde »Layout«- oder »visuelle« Direktoren sind) haben viele Werbekampagnen den Trends in der Malerei nachempfunden:

- **Minimalismus.** Die meisten Modeanzeigen benutzen diese Kunstrichtung, in der Mark Rothko Bahnbrechendes leistete. In einer achtseitigen, vierfarbigen Anzeige im *New York Times Magazine* kamen vor kurzem insgesamt nur zwei Worte vor. Das Wort *Nautica* auf Seite 1 und das Wort *Nautica* auf Seite 8.
- **Pop Art.** Viele Anzeigen für Spirituosen sind dieser Richtung nachempfunden. Die so genannten »Flasche und Glas-Anzeigen« erinnern den Verbraucher an die Campbell's-Suppendosen und Brillo-Schachteln von Andy Warhol. Tatsächlich stammt eine der berühmtesten Werbungen für Absolut von Warhol.
- **Abstrakter Expressionismus.** Werbeanzeigen für Supermärkte und Gebrauchtwagenhändler sind häufig fast genauso chaotisch wie ein Ölgemälde von Willem de Kooning. Offenbar wollen sie den Eindruck erwecken, sie würden alles verkaufen.
- **Surrealismus.** Hightech-Kampagnen kopieren häufig Salvador Dalis Stil. Die fliegenden Männer in einem aktuellen Werbespot für Microsofts Betriebssystem XP sind ein typisches Beispiel.
- **Sensationskunst.** Viele Anzeigenkampagnen ahmen das Werk von Damien Hurst nach, dem britischen Performancekünstler, der unter anderem ein Schwein in zwei Hälften teilte. Der Aufruf, sich für den Atlanta Addy Award von 2001 zu bewerben, hat überhaupt keinen Text, sondern nur ein Bild von einem Blinden mit dem Namensschild »Addy-Schiedsrichter«, der von einem Blindenhund geführt wird.

Berühmt werden

Markennamen in der Kunst folgen den gleichen Prinzipien wie Markennamen im Marketing. Man wird ein berühmter Künstler (oder ein berühmtes Produkt), wenn man als Erster eine neue Kategorie einführt. Im Laufe der Zeit geben die Kunstkritiker der neuen Kategorie einen Namen und assoziieren sie mit dem Maler, der hier den Vorreiter gespielt hat. Sensationskunst und Damien Hurst zum Beispiel. Hier einige andere Beispiele:

- Impressionismus – Claude Monet
- Pointillismus – Georges Seurat
- Expressionismus – Vincent van Gogh
- Cloisonnismus – Paul Gauguin
- Naive Malerei – Henri Rousseau
- Fauvismus – Henri Matisse
- Kubismus – Pablo Picasso
- De Stijl oder Neoplastizismus – Piet Mondrian
- Action Painting oder Aktionsmalerei – Jackson Pollock
- Kinetische Kunst – Alexander Calder

Ein Künstler wird bestimmt nicht berühmt, wenn er den Stil Picassos kopiert. Und ein Auto wird bestimmt nicht berühmt, wenn es dem Design eines Porsche nachempfunden ist. Beide sind Originale. Beide sind kreativ im eigentlichen Sinn des Wortes.

Womit wir bei dem meiststrapazierten und am wenigsten verstandenen Wort im Bereich des Marketing wären.

Momentan sind Tiere in der Werbebranche der große Renner. Wenn Sie die entsprechenden Spots gesehen haben, wissen Sie, dass Eisbären am liebsten Coca-Cola trinken und Echsen Budweiser.

3. Werbung und Kreativität

Wer (wie wir) jemals für eine Werbeagentur gearbeitet hat, weiß, dass *kreativ* das meistbenutzte Wort in diesen Unternehmen ist.

Es wird von einer Kreativabteilung gesprochen, von Kreativdirektoren, einem kreativen Ansatz, einer kreativen Strategie und der kreativen Plattform. Wenn etwas nicht kreativ ist, so die allgemeine Meinung, hat es in einer Werbeanzeige oder gar in einer Werbeagentur nichts verloren.

Was versteht man eigentlich unter einem kreativen oder schöpferischen Akt? Laut Wörterbuch und allgemeinem Sprachgebrauch bringt Kreativität etwas Ursprüngliches oder Neues und Anderes hervor.

Aber was ist, wenn etwas »Altes und Ähnliches« besser funktioniert als das »Neue und Andere«? Spielt keine Rolle, »Altes und Ähnliches« kommt nicht in Frage, weil es nicht kreativ ist. Dafür werden Werbeagenturen schließlich bezahlt. Für Kreativität, richtig?

Produkt und Kreativität

Aber wäre Kreativität nicht beim Produkt besser investiert als bei der Werbung? Geht es beim Aufbau einer Marke nicht in erster Linie darum, zu vermitteln, dass es sich bei dieser Marke um etwas nie Dagewesenes handelt, und weniger darum, dass es sich bei dieser Anzeige um einen bahnbrechenden neuen Werbestil handelt?

Würden Sie ein Produkt denn nicht mit geringerer Wahrscheinlichkeit kaufen, wenn Sie die Werbung für großartig, das Produkt selbst aber für mäßig halten? Und umgekehrt mit einer größeren Wahrscheinlichkeit, wenn Sie die Werbung für mäßig, das Produkt aber für großartig halten? Und stimmt es etwa nicht, dass die meisten Menschen meinen, Werbung sei bedeutungslos und nur etwas, mit dem man sich abfinden müsse, wenn man fernsehe oder Radio höre? Oder dass man viele Seiten überblättern müsse, um zu dem eigentlich Lesenswerten in Zeitungen und Zeitschriften zu gelangen?

Werbeagenturen richten ihr Augenmerk ganz auf die Kreativität und gehen daher davon aus, dass Marketing eher eine Schlacht der Werbeanzeigen ist als eine Schlacht der Produkte. Agenturen wollen den Werbekrieg gewinnen; weil das Preise, Anerkennung in den Medien und neue Aufträge verspricht.

Der Zoo an der Madison Avenue

Wie Künstler auf der Suche nach Anerkennung beeilen sich auch die Werbeleute stets, den neuesten kreativen Trend zu übernehmen. Vor ein paar Jahren waren Tiere der absolute Renner an der Madison Avenue, dem Mekka der amerikanischen Werbeagenturen. Als einer der ersten Inserenten zog der Batteriehersteller Energizer in den Zoo und suchte sich Häschen aus.

Damit war die Tierparade eröffnet. Coca-Cola nahm Eisbären. Budweiser wählte Ameisen, Frösche, Frettchen, Biber und am Ende Echsen. Budweisers Tochter Bud Ice hielt nach einem eigenen Tier Ausschau. Also fragten sie sich, welches Tier aller Wahrscheinlichkeit nach Eisbier trinken würde. Genau, Pinguine. Also nahm Bud Ice Pinguine.

Die amerikanische Post schnappte sich Adler, Merrill Lynch Stiere, Taco Bells Chihuahuas, Allstate Hirsche, Dreyfus Löwen, Yahoo! Delfine, American Tourister Gorillas, E*Trade Schimpansen, La-Z-Boy Waschbären, Cadillac Enten, Range Rover Elefanten, BMW Schildkröten. Schildkröten? Eine Schildkröte vermittelt die ultimative »Freude am Fahren«? Spitzengeschwindigkeit: drei Kilometer am Tag.

Neulich schaffte es ein Werbedesigner, auf einer zweiseitigen Anzeige für den Geländewagen Saturn Vue 23 verschiedene Tiere unterzubringen.

Sind Tiere in der Werbung nun gut oder schlecht?

Wie bei jeder Frage im Marketing muss die korrekte Antwort lauten: Es kommt darauf an.

Es kommt darauf an, wofür Sie werben wollen. Wenn Sie für einen Zoo werben, bieten sich Tiere geradezu an. Wenn Sie hingegen für ein Auto werben, wohl kaum.

Doch der kreative Geist denkt anders. Wenn kein anderer mit Tieren für Autos wirbt, dann dürften Tiere eine gute Idee sein. Und damit die Anzeige auch wirklich kreativ ist, muss sie ein Tier enthalten, das noch niemand verwendet hat. Deshalb Schildkröten für BMW.

Die Tierparade wird wohl noch eine Zeit lang anhalten. Mehr als 4.000 Säugetiere stehen zur Auswahl, angefangen bei der Zwergmaus, die ein paar Gramm wiegt, bis hin zum Wal, der bis zu 140 Tonnen auf die Waage bringt. Der Wal wird bereits von dem Versicherungskonzern Pacific Life beansprucht, aber die Zwergmaus wäre noch frei, wenn Sie Interesse haben.

Die Suche nach dem Neuen und Anderen

Al arbeitete vor Jahren einmal für Renault, als der französische Autohersteller versuchte, den Renault Dauphine als Alternative zum VW Käfer auszugeben. Der Werbeleiter präsentierte das Layout: ein Foto mit einer Größe von einem Quadratzoll des Autos auf einer sonst völlig weißen Zeitschriftenseite.

»Alle Autowerbungen«, bemerkte der Werbeleiter dazu, »benutzen große Aufnahmen von ihrem Auto. Wir werden es anders machen und kleine Fotos verwenden.« So denkt ein kreativer Geist.

»Das mag schon sein«, entgegnete Al, »aber der Dauphine sieht gut aus, und der Käfer ist hässlich. Das ist unser einziger Vorteil. Brauchen wir nicht eine große Aufnahme, um diesen Vorteil zu zeigen?«

Am Ende entschied sich die Mehrheit, wie üblich, für Kreativität, und die Anzeigen wurden wie geplant gedruckt. Die Verkaufszahlen entsprachen der Größe der Aufnahme, und der Dauphine verschwand kurz danach vom Markt.

Um ihre Kreativität anzuregen, halten Werbeleute häufig außerhalb der

Branche nach neuen und anderen Ideen Ausschau. Sie gehen in Museen und Kinos und suchen ständig nach dem Einzigartigen und Anderen.

Werbeleute halten Filme für eine besonders gute Inspirationsquelle. Werbeagenturen stellen für die Produktion von Fernsehspots häufig Filmemacher wie Spike Lee, Woody Allen, David Lynch, Errol Morris, die Coen-Brüder oder Guy Ritchie an (besser bekannt als Madonnas Gatte). Wenn Artdirektoren auf der Karriereleiter aufsteigen wollen, gehen sie oft nach Hollywood und machen Filme. (Unter anderen Spike Jonze, Michael Bay, David Fincher, Tarsen Singh.)

Die Filmindustrie wiederum ist selbst auf dem besten Weg, eine Kunstform zu werden. Ein »Kunstfilm« ist – fast schon per Definition – ein Film, den sich niemand ansieht, und die wenigen Menschen, die sich dorthin verirren, verstehen nicht, worum es überhaupt geht.

Die Spielzeugwerbung von Nissan

Viele Fernsehspots machen Anleihen bei der Filmindustrie. Erinnern Sie sich an die Spielzeugwerbung von Nissan vor einigen Jahren, die Doppelgänger von Barbie, Ken und GI Joe verwendete, dazu den Van-Halen-Song »You Really Got Me«?

Im Folgenden wird skizziert, wie ein kreativer Geist zu einem derartigen Fernsehspot gelangt: 1) Sämtliche Werbespots für Autos verwenden Aufnahmen, also werden wir lebensechte Animation verwenden. 2) Alle Werbespots für Autos verwenden echte Autos, also nehmen wir Spielzeugautos. 3) Alle Werbespots für Autos verwenden echte Menschen, also nehmen wir Puppen.

Lee Clow, der meistgefeierte Artdirektor der Werbebranche und der Kopf hinter der Nissan-Werbung, definierte einmal seine Auffassung von bahnbrechender, kreativer Arbeit als »Werbung, die die Spielregeln in einer Kategorie verändert. Für immer.«

Eine derartige Kreativität findet unter den »Kreativen« in der Tat viele Freunde. Der Spot wurde von *USA Today, Time, Rolling Stone,* der International Automotive Show und einer Reihe anderer Kommentatoren zur besten Anzeige des Jahres gewählt. Die Zeitschrift *Adweek* nannte die Nissan-Werbung »die meistdiskutierte Anzeigenkampagne des Jahres 1996«.

Mit Kreativität gewinnt man Preise, aber gewinnt man auch Käufer? Die Zahlen sind enttäuschend. Hier sind die Geschäftsergebnisse von Nissan und seinen Konkurrenten in dem Jahr, als die Spielzeugwerbung lief: Toyota verbesserte sich um 7 Prozent, Honda um 6 Prozent, die gesamte Branche um 3 Prozent. Und Nissan verschlechterte sich um 3 Prozent.

»Nissans Anzeigenkampagne kam überall gut an, nur nicht in den Ausstellungsräumen«, lautete die Schlagzeile einer Titelstory im *Wall Street Journal.* Das Unternehmen musste ebenfalls einen Schlag einstecken. Die Nissan Motor Corporation USA strich 450 Arbeitsplätze für Angestellte oder 18 Prozent seiner Belegschaft an Führungskräften. Und Nissans Vorstandsvorsitzender wechselte »unter Druck« zu einer Stelle bei Republic Industries.

Unterdessen zog sich Nissans Werbeagentur aus der Affäre, ohne dass ihr Ruf in Sachen Kreativität Schaden genommen hätte. Unglaublicherweise haben sie immer noch den Auftrag und halten es nicht für nötig, sich für die Markenwerbung zu entschuldigen. Clow schob alle Beschwerden über die mangelnde Effektivität der Nissan-Werbung beiseite, indem er hochnäsig erklärte: »Ich entwickle nicht die Autos.« (Ebenso wenig tragen Sie dazu bei, sie zu verkaufen, Herr Clow.)

Das ist wie ein Anwalt, der sagt: »Es ist mir egal, dass mein Klient den Prozess verloren hat, mein Plädoyer war hervorragend.«

DER BRUCE-WILLIS-ANSATZ

Werbung hat den Ruf eines »Klugscheißers«. Wenn Hollywood heute ein Remake der *Hucksters* drehen würde, dann bekäme mit Sicherheit Bruce Willis die Hauptrolle in dem Film.

Eine typische Werbeanzeige für den Bourbon Knob Creek: »Dad hinterließ Johnny das Haus in den Hamptons und die Ställe. Ich bekam seine letzte Kiste Knob Creek.« Dann die Pointe: »Dad hatte für Johnny noch nie viel übrig.«

In der Werbewelt bekommt Johnny das Haus in den Hamptons und die Ställe. In der realen Welt stünde Johnny ein äußerst unangenehmer Prozess ins Haus.

Hier sind die Schlagzeilen einiger aktueller »Klugscheißer-Anzeigen« für den amerikanischen Automarkt:

- »Rarely do you get to use the words *ingenious* and *muscle-bound* in the same sentence.« (Selten hat man Gelegenheit, die Wörter *genial* und *Muskelkater* im selben Satz zu gebrauchen.) Chevy Avalanche.
- »May cause avid use of accelerator.« (Kann begeisterten Gebrauch des Gaspedals auslösen. Nebenbei bemerkt: Selten hat man Gelegenheit, die Wörter *begeistert* und *Gaspedal* im selben Satz zu gebrauchen.) Nissan Altima.
- »As the garage door closes, you think to yourself: Phew, that was fun.« (Während das Garagentor zugeht, denkt man sich: Wow, das hat Spaß gemacht.) Lincoln LS.
- »It's like a monster in a horror movie. It keeps coming back meaner and stronger.« (Er ist wie ein Monster in einem Horrorfilm. Er kommt immer wieder zurück, noch gemeiner und stärker als zuvor.) Honda CR-V.
- »More upper than crusty.« (Eher gehoben als altbacken.) Volkswagen Passat.
- »It's like foie gras at cheeseburger prices.« (Das ist wie Gänseleberpastete zum Preis eines Cheeseburgers.) Hyundai.
- »The next thing you know, they'll be putting caviar in trail mix.« (Als Nächstes werden Sie hören, dass man Kaviar ins Studentenfutter mischt.) Jeep Grand Cherokee Overland.
- »It's a big fat juicy cheeseburger in a land of tofu.« (Er ist ein fetter, saftiger Cheeseburger in einem Land voller Tofu.) Dodge Durango.
- »We'll have to keep this introduction brief – the CR-V has plans for the weekend.« (Wir müssen uns bei der Einführung kurz fassen – der CR-V hat am Wochenende schon etwas vor.) Honda CR-V.

- »We didn't intend to make other trucks feel pathetic and inadequate, it just sort of happened.« (Es war nicht unsere Absicht, andere Trucks schlecht aussehen zu lassen, es ist einfach passiert.) Chevy Avalanche.
- »AVS, AHC, VSC. A really bad Scrabble hand or a really good suspension?« (AVS, AHC, VSC. Ein wirklich schlechter Scrabble-Spieler oder eine wirklich gute Federung?) Lexus LX 470.
- »Maybe the fountain of youth isn't a fountain at all.« (Durchaus möglich, dass der Quell der Jugend gar keine Quelle ist.) Audi A4.
- »Think of it as a four-thousand-pound guardian angel.« (Stellen Sie ihn sich als einen viertausend Pfund schweren Schutzengel vor.) Jeep Grand Cherokee.
- »Our 270-horsepower engine can beat up your ... wait, you don't have a 270-horsepower engine.« (Unser 270-PS-Motor schlägt Ihren ... Moment mal, Sie haben ja gar keinen 270-PS-Motor.) Chevy TrailBlazer.
- »Which style of massage do you prefer: Swedish, shiatsu, Reiki, or Lexus?« (Welche Art von Massage mögen Sie am liebsten: Schwedisch, Shiatsu, Reiki oder Lexus?) Lexus LS 430.
- »The most fun you can have in a car with the seats up.« (Das Höchste der Gefühle, das Ihnen ein Auto mit hochgestellten Sitzen bieten kann.) Hyundai Tiburon GT V6.
- »This is beyond feeling the road. This is heavy petting.« (Das ist mehr als die Straße fühlen. Das ist massives Petting.) Acura RSX Type-S.
- »The first car to be insulted by its own price tag.« (Das erste Auto, das von seinem Preisschild beleidigt wird.) Mitsubishi Lancer.
- »It has a black belt in performance.« (Er hat den Schwarzen Gürtel in Performance.) Nissan SE-R Spec V.
- »It defies everything, including description.« (Er trotzt allem, auch einer Beschreibung.) Cadillac Escalade EXT.
- »Millions of people are perfectly happy driving boring cars. What makes you so special?« (Millionen Menschen geben sich damit zufrieden, langweilige Autos zu fahren. Was ist an Ihnen so besonders?) Chevy Impala

- »You are a microscopic speck in the universe. You might as well be a microscopic speck with more power.« (Sie sind ein winziger Fleck im Universum. Ebenso gut könnten Sie ein winziger Fleck mit mehr Power sein.) Chevy Tahoe.
- »Bigger, wider, more luxurious. All of the blah, blah, blah. None of the blah.« (Größer, breiter, komfortabler. Das ganze Blabla. Kein Blabla.) Chevy TrailBlazer.
- »Raise the bar? It was much more in our character to plow through and cold-cock it in the jaw.« (Schranke hoch? Wir waren eher für die brutale Tour: Vollgas und durch.) Trucks von Chevrolet.
- »Some bugs die more noble deaths than others.« (Manche Käfer sterben einen nobleren Tod als andere.) Trucks von Dodge.
- »May promote feelings of superiority.« (Kann ein Gefühl der Überlegenheit verleihen.) Nissan Altima.
- »Explain again why traffic jams are bad.« (Erklären Sie mir noch einmal, was an Staus so schlecht sein soll.) Toyota Camry.
- »So agile it can make a lowercase U-turn.« (So wendig, dass er einen klein gedruckten U-Turn schafft.) GMC Yukon XL Denali.

Wer glaubt ernsthaft, irgendein Amerikaner erinnert sich noch an eine dieser Autowerbungen? Ich glaube es jedenfalls nicht. Warum sollte es auch so sein? Keine einzige Anzeige benutzt die Wörter, die gewöhnliche Menschen verwenden, wenn sie über Autos sprechen. Die Anzeigen sind eben »kreativ«.

Unsere »Lieblingsautowerbung«, die einem die Exzesse der Kreativität vor Augen führt, ist eine ganzseitige Zeitungswerbung für Infiniti. Auf dem Bild ist eine Echse auf dem Lenkrad eines Infiniti I35 zu sehen. Der Text besteht aus nur zwei Sätzen:

»Es gibt nichts Schöneres, als an einem kalten Tag in den I35 zu schlüpfen und ein warmes Lenkrad vorzufinden. Als ob es nicht schon reichen würde, das Lenkrad einer 255-PS-Limousine anzufassen.«

Wir fragen uns, ob ein warmes Lenkrad einen so großen Anreiz bietet, dass jemand 30.000 Dollar für einen Infiniti I35 hinblättert. Dabei enthalten viele Autoanzeigen durchaus echte Innovationen, allerdings versteckt hinter kreativer Besserwisserei.

Nehmen wir eine Anzeige für den GMC Sierra Denali. »Wir haben das Rad nicht neu erfunden. Wir dachten nur, dass alle vier die Lenkung übernehmen sollten.« Im Text findet sich dann die eigentliche Neuigkeit: »Der weltweit erste und einzige Pickup mit Vierradlenkung.«

Vierradlenkung könnte durchaus ein starker Anreiz für Käufer sein, aber die Idee muss von der Glaubwürdigkeit verschiedener Medienberichte unterstützt werden. Wie viele Fahrzeuge haben Vierradlenkung? Verringert die Vierradlenkung die Unfallgefahr? Was sagen die Behörden dazu? Wird in Betracht gezogen, Vierradlenkung für Neuwagen vorzuschreiben?

Werbeleute sprechen von Kreativität und von der »großen Idee«. Aber selbst wenn eine Anzeige eine große Idee enthält (und die Vierradlenkung könnte sich als solche entpuppen), dann geht die Botschaft in der Regel an potenziellen Käufern vorbei, die gar nicht erwarten, so etwas in der Werbung zu finden.

Damit Werbung Erfolg hat, braucht sie nicht Kreativität. Sie braucht Glaubwürdigkeit.

ADWEEK

Vol. XXXII No. 25   EASTERN EDITION   June 17, 1991 • $2.50

CLIO FREE FOR ALL

The Industry's Best Known Show Explodes Into a Frenzy In Which Attendees Raid Stage and Steal Awards

By Richard Morgan and Sherrie Shamoon

NEW YORK—Last week's Clio Awards show turned into a statue-grabbing frenzy. The audience, upset by an improvised presentation that featured the event's caterer as an emcee, finally stormed the stage.

Pandemonium ensued while Clio Awards president Bill Evans made his entry and quick exit almost unnoticed. His last words were that this

The audience, upset by an improvised presentation that featured the event's caterer as an emcee, stormed the stage.

week's show at Lincoln Center, to honor TV, cable and cinema commercials, would go on as planned.

Despite additional assurances from the Clio organization, there are even more rumors about this week's event than there were about last week's fiasco. Herein is ADWEEK's chronology of the biggest travesty ever to befall the ad-award biz.

Monday, June 10: Rumors about the Clios kicked in with a vengeance at The One Show, held at Lincoln Center. Most of the buzz centered on financial problems, although other reports were as wild as one's imagination.

Wednesday.*(Continued on page 34)*

Die allgemeine Gier nach Werbepreisen zeigte sich, als es 1991 bei der Clio-Award-Show um ein Haar zu einer Schlägerei gekommen wäre. Die Teilnehmer stürmten das Podium und schnappten sich die Trophäen.

PR IST DIE BESSERE WERBUNG

4. Werbung und Preise

Am 22. November 1963 stand bei dem alljährlichen Festessen anlässlich der Verleihung der Artdirectors Awards der Präsident des Klubs auf dem Podium und sagte: »Präsident Kennedy ist erschossen worden. Aber ich weiß, er hätte gewollt, dass wir weitermachen.«

Wenn man es in der Werbebranche zu etwas bringen will, dann sind Preise das A und O. Das gilt für Personen ebenso wie für Agenturen. Die Oscars der Werbung sind die Goldenen Löwen, die beim International Advertising Festival verliehen werden, das alljährlich in Cannes stattfindet. Wer einen Goldenen Löwen in Cannes gewinnt, ist im Werbedschungel König.

Wer in Cannes kein Glück hatte, für den gibt es noch die Andys, Addys, Clios, die One Show, den New Yorker Artdirectors Club, die Kelly Awards, die Best Awards der Zeitschrift *Advertising Age* und eine Fülle anderer nationaler und regionaler Preisverleihungen. Keine andere Branche verteilt so viele Preise wie die Werbeindustrie.

Die Bosse der Agenturen können es kaum erwarten, bis der alljährliche Gunn Report erscheint. Mit Hilfe eines komplizierten Punktesystems werden die Gewinner von 31 Fernseh- und Kinopreisverleihungen sowie 20 Wettbewerben für die Printmedien ermittelt. Insgesamt werden 17 Länder bei dem Report berücksichtigt. Im Jahr 2001 war Leo Burnett der große Gewinner, gefolgt von den Agenturen BBD&O und DDB.

Für einen Hochschulprofessor gilt die Regel: »Aufsätze veröffentlichen oder in der Versenkung verschwinden.« Für einen Artdirektor lautet sie entsprechend: »Preise gewinnen oder untergehen«. (Eine durchschnittliche Werbeagentur gibt mehr Geld für die Meldung zu Wettbewerben aus als für eigenständige Verbraucherforschung.)

Der Druck, Preise zu gewinnen, ist so groß, dass einige Agenturen Werbeanzeigen melden, die ausschließlich für den Wettbewerb produziert wurden. Diese »gefälschten« Anzeigen stellen die Organisatoren von Wettbewerben auf der ganzen Welt vor Probleme. »Werbewettbewerbe schreiten ein, um Flut von falschen Meldungen zu stoppen«, lautete die Schlagzeile eines kürzlich im *Wall Street Journal* erschienenen Artikels.

DER MILCHBART

Jahrelang fand keine Werbekampagne mehr Aufmerksamkeit als die Milchbart-Sendung »Haben Sie Milch?«, die vom National Fluid Milk Processor Promotion Board eingeführt wurde.

Berühmtheiten wie Bill Clinton, Kelsey Grammer, Naomi Campbell, Joan Rivers, Vanna White, Christie Brinkley, Lauren Bacall, Jennifer Aniston, Tony Bennett, Danny DeVito, Venus und Serena Williams, Patrick Ewing, Dennis Franz und John Elway waren mit einem Milchbart zu sehen. So gut wie alle mit Rang und Namen haben bei der Kampagne mitgemacht.

Als Teil der Popkultur ist die Kampagne unzählige Male verspottet worden. Sie wurde für praktisch alles nachgeäfft, parodiert und kopiert, von den Talkshows *Leno* bis zu *Letterman*, von Situationskomödien bis hin zu Spielfilmen, von Grußkarten bis zu T-Shirts. Die Ballantine Publishing Group gab sogar ein Buch zu dem Thema heraus: *The Milk Mustache Book* von Jay Schulberg. »Ein Blick hinter die Kulissen der beliebtesten Werbekampagne Amerikas«, lautete der Untertitel.

Wenn die Milchbart-Kampagne die beliebteste Kampagne Amerikas ist, warum ist Milch dann nicht das Lieblingsgetränk der Amerikaner? Der Milchverbrauch pro Kopf sinkt weiter und hat im Jahr 2001 den tiefsten Stand der Geschichte erreicht.

Laut Lee Weinblatt, dem Leiter einer Werbeforschungsfirma, schwärmen zwar alle von der Milchbart-Kampagne, aber die Verkaufszahlen gehen weiter zurück.

»Mädchen trinken vor allem deshalb keine Milch, weil sie ihrer Meinung nach dick macht. Keine einzige Anzeige spricht diesen Punkt an«, erklärt Weinblatt.

Haltung der Kunden

Was halten die Kunden von der Preismanie, die die Bosse von Werbeagenturen erfasst hat? Die Kunden stehen ihr offenbar mit gemischten Gefühlen gegenüber.

Das mittlere Management liebt Preise. »Hey, jemand hält unsere Anzeigen für großartig.« Und sie stellen die Trophäen und Medaillen ebenso stolz zur Schau wie ihre Pendants in den Agenturen. Sie halten Preise für Werbekampagnen auch für hilfreich beim Aufstieg auf der Karriereleiter, sei es innerhalb des eigenen Unternehmens oder in einem neuen.

Dem Spitzenmanagement hingegen sind Preise offenbar gleichgültig. Wir haben noch nie einen CEO sagen hören: »Unsere Anzeige hat letztes Jahr einen Preis gewonnen.« Entweder halten sie Preise für unwichtig oder sie sehen keine Verbindung zwischen dem Gewinn eines Preises und steigenden Verkaufszahlen – diese Verbindung erkennen wir im Übrigen auch nicht.

Wir beobachten jedoch bei den Topmanagern die wachsende Erkenntnis, dass Werbung ihre kommunikative Funktion verloren hat und zu einer Kunstform geworden ist. Kein CEO möchte als Philister erscheinen, und deshalb dulden die meisten die Werbung, ungefähr so wie sie den teuren Jahresbericht über sich ergehen lassen oder die kostspieligen Gemälde an den Wänden im Konferenzsaal und die bewegliche Plastik von Calder vor der Eingangstür dulden. Werbung mag vielleicht nicht viel ausrichten, aber sie schadet auch nicht.

Manche sind der Meinung, die Architektur stehe ebenfalls kurz davor, ihre Funktion zu verlieren und zu einer Kunstform zu werden. Nehmen wir das neue Guggenheim-Museum im spanischen Bilbao. Statt den Grundsätzen von Mies van der Rohe Folge zu leisten (Form folgt Funktion), halten sich viele Architekten heute an Frank O. Gehry (Form spielt keine Rolle, solange sie kreativ ist und die Aufmerksamkeit auf sich zieht).

Wohin man auch sieht, überall ist dasselbe Muster zu beobachten. Die Funktion von heute wird zur Kunst von morgen. Was in einem Museum zu sehen ist, mag in der Vergangenheit einem bestimmten Zweck gedient haben, aber es ist gestorben und wurde Kunst. Ein Mercer Raceabout von 1911 ist bestimmt ein prächtiger Anblick in einem Automuseum, aber er eignet sich kaum als Transportmittel.

Einige Angestellte sind auf ihre Werbeanzeigen ebenso stolz wie auf die Kunstsammlung ihres Unternehmens. Es gefällt ihnen, wenn jemand im Countryclub über den neuesten Werbespot für ihr Unternehmen spricht. Es gefällt ihnen noch besser, wenn einer der Werbesprüche in Seifenopern und Talkshows Einzug hält.

»Der schnellste Weg, eine Marke berühmt zu machen«, sagt die Werbeagentur DDB, »ist, ihre Werbung berühmt zu machen. Eine Welt, die Ihre Melodie summt oder Ihren Slogan wiederholt, wird bestimmt Ihr Produkt ausprobieren wollen.«

(Man beachte, wie das Gewicht vom Produkt auf die Werbung verlagert wurde. Wir dachten eigentlich, es gehe darum, das Produkt interessant zu machen, nicht die Werbung.)

Die Budweiser-Kampagne »Whassup?«

Kein Slogan ist so schnell berühmt geworden wie Budweisers »Whassup?« (auf Deutsch etwa: Was'n los?). Die »Whassup?«-Kampagne hat mehr Preise gewonnen als irgendeine Werbesendung in der Geschichte der Werbung, auch den Grand Prix for TV and Cinema in Cannes.

Die Zeitschrift *Advertising Age* berichtete über die Euphorie, die ausbrach, als die Preisverleihung in Cannes bekannt gegeben wurde: »Das halbe Dutzend Spots von DDB Worldwide in Chicago für Anheuser-Buschs Budweiser war unter den Festivalbesuchern so beliebt, dass das Publikum während der Vorführung noch lange, nachdem die Kategorie ›Alkoholische Getränke‹ bereits abgeschlossen war, den ansteckenden Slogan skandierte.«

»Er war frisch und unterhaltend, und jeder hat sich in ihn verliebt«, sagte ein TV-Richter. »Die Entscheidung fiel innerhalb von fünf Minuten und war nahezu einstimmig.«

Ein Jahr später gewann Budweiser in Cannes den Bronzenen Löwen für »What are you doing?« (Was tust du?), eine Yuppievariante der »Whassup?«-Kampagne. Und August Busch IV., Anheuser-Buschs Marketingchef, wurde wegen der »herausragenden und anhaltenden Qualität« der Budweiser-Kampagnen »in den vergangenen Jahren« zum Inserenten des Jahres gewählt.

Augenblick mal, haben »Whassup?« oder »What are you doing?« zum Verkauf von Budweiser-Bier beigetragen? Tatsache ist: Seit einem Jahrzehnt geht der Absatz von Budweiser in Amerika jedes Jahr zurück, von 50 Millionen Barrel im Jahr 1990 auf weniger als 35 Millionen Barrel im Jahr 2000. Was'n los, Budweiser?

Auf dem Weg nach oben ist hingegen Bud Light. Im vergangenen Jahrzehnt hat Bud Light seinen Absatz jedes Jahr gesteigert: von 12 Millionen Barrel 1990 auf 32 Millionen Barrel 2000. Und in absehbarer Zukunft wird Bud Light mit Sicherheit Budweiser übertreffen.

Warum verleiht man dann nicht der Werbung für Bud Light den Grand Prix? Immerhin hat diese Marke ihren Absatz kontinuierlich gesteigert — im Gegensatz zu Budweiser, das sich immer weniger gut verkauft.

Vielleicht verstehen wir ja auch einfach die Denkweise der Werbebranche noch nicht. Werbung ist Kunst. Sie hat mit den Verkaufszahlen nichts zu tun. Es geht nicht um Werbeziele, Wahrnehmungsveränderungen oder Umsatzergebnisse, es zählt einzig und allein, wie eine Anzeige auf die Richter wirkt.

(Die einzige Ausnahme sind die Effie Awards, die von der New Yorker Filiale der American Marketing Association verliehen werden. Wie Sie vielleicht schon geahnt haben, rühmen Werbeleute sich selten damit, einen Effie gewonnen zu haben, die Abkürzung für »Effektivität«.)

Aber vielleicht fördert Anheuser-Busch Bud Light mit höheren Werbeausgaben als die Hauptmarke Budweiser? Das Gegenteil ist der Fall. In den letzten fünf Jahren hat die Brauerei 50 Prozent mehr für Budweiser-Werbung ausgegeben als für Bud-Light-Werbung.

Absatz contra Gesprächswert

Welche Funktion hat Werbung eigentlich? Wenn man Werbeleuten zuhört, bekommt man selten die Worte *Absatz* oder *Verkaufszahlen* zu hören. Laut dem amerikanischen Werbeleiter von DDB besteht die eigentliche Funktion der Werbung darin, einen »talk value« oder Gesprächswert zu schaffen.

Dahinter steckt der Gedanke, Werbespots zu produzieren, über die Menschen bei der Arbeit sprechen oder die sie bei einer Party als Pointe anbringen. Und mit ein bisschen Glück hält diese Pointe sogar in die Umgangssprache Einzug.

Der Gesprächswert, ein von DDB geprägter Begriff, wird auch der »Letterman- oder Leno-Faktor[*]« genannt. Beim Entwurf einer Anzeige sollten sich Texter und Artdirektoren von DDB auch überlegen, ob der Slogan der Anzeige den Sprung in die Top Ten des Talkmasters David Letterman schaffen oder in einem gehässigen Kommentar seines Rivalen Jay Leno vorkommen könnte.

Die Kampagne »Just Do It« von Nike

Mit Ausnahme der Budweiser-Kampagne hat keine Anzeige einen höheren Gesprächswert erzielt als die von Nike. Der Slogan »Just Do It« ist Bestandteil des Vokabulars eines jeden Teenagers. Nikes Fernsehspots sind außerordentlich beliebt.

Gegenwärtig treten dort Vince Carter, Rasheed Wallace, Jason Williams und andere NBA-Stars auf, dribbeln mit einem Basketball und tanzen zu einem unter die Haut gehenden Rhythmus. Diese so genannten »hoop-hop«-Spots (nach dem umgangssprachlichen »hoopster« für Basketballer) gleichen eher einem Musikvideo als einem Werbespot.

Nike gelang es sogar, eine zwei Minuten lange Version eines Spots auf MTV auszustrahlen. Wie geht es also Nike selbst?

---

[*] Letterman mit seiner Late Show und Leno mit der Tonight Show with Leno sind die beiden bedeutendsten Talkmaster der USA. Insbesondere Leno ist für sein loses Mundwerk bekannt. NJ

Nicht allzu gut. Vor vier Jahren hatte Nike einen Anteil von 47 Prozent am Sportschuhmarkt. Heute liegt der Marktanteil bei 37 Prozent, und Nikes Aktienkurs fiel von 75 Dollar im Jahr 1997 auf 56 Dollar heute. »Just Do It« gilt offenbar für alles, außer für Nike-Schuhe kaufen.

Und wer profitiert von Nikes Rückgang? Reebok zum Beispiel. Sie schafften es. Sie rissen sich kurzerhand Allen Iverson, den brandneuen NBA-Star, unter den Nagel, damit er für Reebok Werbung machte.

Auch Skechers ist auf dem Vormarsch, die »Anti-Nike«-Marke, für die Britney Spears Werbung macht. Viele Teenager lieben sie wegen des respektlosen und zugleich modischen Images.

DIE HÄSCHEN-KAMPAGNE VON ENERGIZER

Die Energizer-Kampagne mit dem Häschen hatte ebenfalls einen hohen Gesprächswert. Das Häschen bestand den Test, indem es sowohl in der Show von Letterman wie auch in der von Leno genannt wurde, und das gleich mehrmals. Den Verkaufstest hingegen bestand das Häschen nicht. Gegenwärtig hält der Batteriehersteller Energizer einen Anteil von 29 Prozent am US-Markt, Duracell hingegen 38 Prozent.

Das eigentlich Komische an der Sache ist: Während so gut wie alle das Häschen kennen, wissen längst nicht alle, wer Energizer ist. Einige Leute meinen, es sei das Häschen von Duracell. Ein Kandidat in einer Quizshow verlor 100.000 Dollar, weil er genau das dachte. Die Anzeigenkampagne ist zwar ein großer Erfolg, die Marke hingegen lässt zu wünschen übrig.

Die Häschen-Kampagne hatte nicht zuletzt das Problem, dass die Marke Energizer nur die Nr. 2 ist. »Generische«, also gattungsbezogene Werbeslogans werden jedoch in der Regel mit der Nr. 1 assoziiert.

»Just Do It« wird mit Nike assoziiert, der Nr. 1 unter den Sportschuhen. »Whassup?« wird mit Budweiser assoziiert, der Nr. 1 unter den Bieren. Nach diesem Schema wird das Häschen häufig mit Duracell in Verbindung gebracht.

Angeln ohne Haken

Alle drei Slogans haben jedoch einen verhängnisvollen Fehler. Sie angeln ohne Haken. Potenzielle Käufer schnappen nach dem Köder, hängen aber nicht am Haken der Marke.

- Whassup? »Nichts, ich bin nur durstig. Ich mach' mal eine Pause und genehmige mir ein Heineken.«
- Just Do It. »Neulich hast du dir doch diese Iverson-Schuhe von Reebok gewünscht. Geh doch einfach in den Laden und kauf sie dir.«
- Das Häschen ist tot. »Wir brauchen neue Batterien. Hol' mir doch eine Packung Duracell.«

Die Geschichte der Werbung enthält eine Fülle von bekannten Kampagnen, die der Marke überhaupt nicht genutzt haben. Sie werfen zwar einen verbalen Köder aus, versäumen es aber, einen Haken aufzusetzen.

- »Yo quiero Taco Bell« und der Chihuahua. (Der Umsatz ging zurück, die Agentur wurde entlassen.)
- »The heartbeat of America« für Chevrolet. (Chevrolet gab seine Führungsposition an Ford ab.)
- »Es gibt Dinge, die kann man sich nicht für Geld kaufen, für alles andere gibt es MasterCard.« (MasterCard fällt noch weiter hinter Visa zurück.)

Diese und Hunderte andere Werbesprüche sind regelrechte Ohrwürmer. Sie mögen einprägsam sein, dem potenziellen Käufer sogar die Marke in Erinnerung rufen, aber sie motivieren die Öffentlichkeit nicht, die Marke zu kaufen. Sie angeln ohne Haken.

Die Alka-Seltzer-Kampagne

Im Laufe der Jahre ist keine Werbung so oft gelobt worden wie die Fernsehspots von Alka-Seltzer: Die frisch verheiratete Frau, die beabsichtigt, »weiche Austern« für ihren Mann zu kochen. Der sprechende Magen, der seinen Besitzer schimpft, weil er Pfefferoni-Pizza isst. Der Schauspieler, der Schwierigkeiten hat mit dem Satz: »Mamma mia, ist das ein scharfes Fleischklößchen.« Der Vielfraß, der stöhnt: »Ich kann gar nicht glauben, dass ich das alles allein aufgegessen habe.«

Advertising Age hat die Alka-Seltzer-Kampagne auf Platz 13 unter den besten Werbekampagnen aller Zeiten gereiht.

Der »Mamma mia«-Spot wurde in einer Umfrage von MTV Networks zur komischsten Fernsehwerbung aller Zeiten gewählt.

Und wie steht es um Alka-Seltzer heute? Eindeutig ein Pflegefall. »Trotz einiger der besten Werbesendungen in der Geschichte der Werbung«, hieß es in der Zeitschrift *Forbes*, »geht es dem spritzigen Alka-Seltzer nicht allzu gut.«

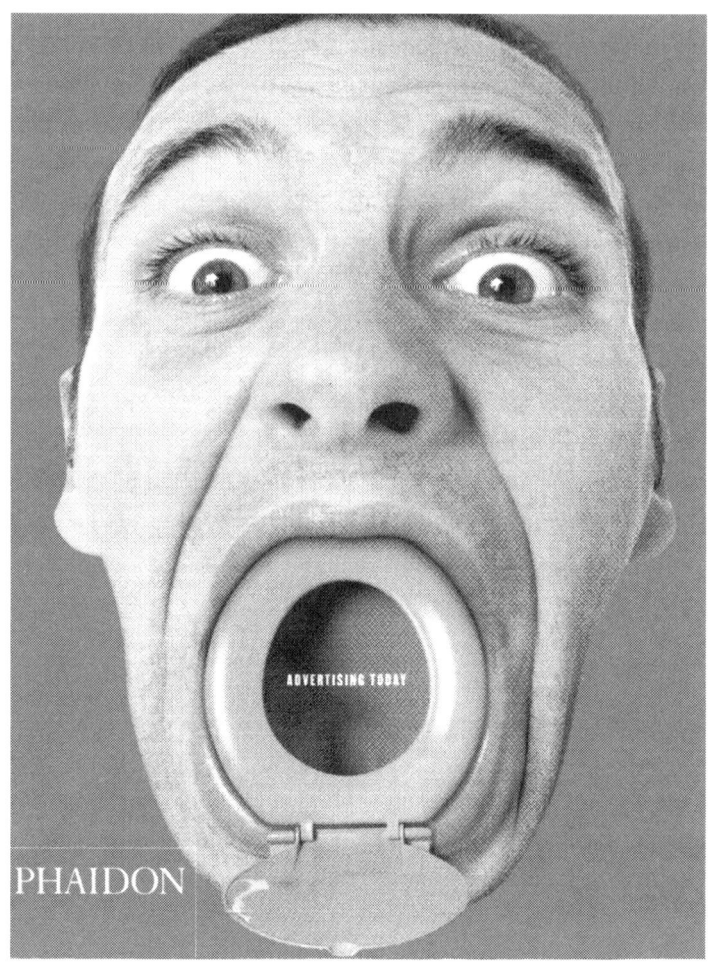

Die Tendenz vieler Anzeigen, den Betrachter zu schockieren, um sich ins Bewusstsein einzuprägen, wird von dem kürzlich erschienenen Buch Advertising Today symbolisch dargestellt. Auf dem Cover hält ein Mann eine Klobrille in seinem Mund.

5. Werbung und Bekanntheit

Ein Glaubensgrundsatz der Branche lautet, dass das Hauptziel einer Werbesendung darin besteht, den Bekanntheitsgrad einer Marke zu steigern. Und was würde sich besser dafür eignen, die Bekanntheit zu steigern, als eine Werbekampagne, die die Aufmerksamkeit auf sich lenkt?

»Hauptsache, Aufsehen erregen«, scheint das Motto der Werbegemeinde zu lauten. Dabei ist unmotivierte Aufmerksamkeit völlig nutzlos. Wenn Volvo ein Auto gegen eine Stahlwand krachen lässt, dann zieht der Crashtest die Aufmerksamkeit auf sich, aber er festigt zugleich das Volvo-Image eines sicheren Autos. Wenn eine Anzeige nur Aufmerksamkeit erregen will und keine Motivation enthält, dann ist damit nicht viel gewonnen.

Die Werbefritzen geben sich große Mühe, die Aufmerksamkeit auf ihre Anzeigen zu lenken. Nissan verwendete Puppen. IBM griff zu einem Landstreicher. Pets.com schuf aus einer Socke eine Handpuppe. Taco Bell stellte einen Chihuahua an. Embassy.Suites warb den Kater Garfield. Outpost.com mietete Springmäuse, die aus einer Kanone geschossen wurden. Xerox grub Leonardo da Vinci aus, um für seine Kopiergeräte zu werben.

Wenn das Einzelfälle für Exzesse in der Werbung wären, dann mochte das ja noch angehen. Aber das sind sie nicht. Jeden Abend können Sie diese Werbeorgien im Fernsehen mitverfolgen. (Mag ja sein, dass Werbesendungen unterhaltsamer sind als viele Shows, aber verkaufen sie irgendetwas?)

Sehen wir uns den Bekanntheitsgrad und die Rolle, die das Erregen von Aufmerksamkeit dabei spielt, einmal näher an.

Das gesamte Markenspektrum abdecken

Nehmen wir die beiden Endpunkte des Spektrums: Marken, von denen niemand etwas gehört hat, und Marken, die jeder kennt. Die Wiedererkennung von Marken folgt offenbar einer umgekehrten Glockenkurve. Die meisten Marken drängen sich an dem einen oder anderen Ende der Kurve, die Mitte ist der tiefste Punkt.

Jeder Amerikaner kennt Taco Bell. Niemand kennt das Transportunternehmen Outpost.com. Das Gleiche gilt etwa für Länder. Jeder hat schon einmal von Afghanistan gehört, kaum jemand von Turkmenistan. Suchen Sie einmal ein Land oder eine Marke, die einen Wiedererkennungsgrad von 50 Prozent hat. Das ist gar nicht so einfach.

Werbeagenturen empfehlen häufig für Marken mit einem geringen Bekanntheitsgrad Aufsehen erregende Kampagnen. Dahinter steckt anscheinend die Strategie: Wir müssen potenziellen Käufern zuerst mitteilen, wer wir sind, bevor wir ihnen vermitteln, welche Vorteile es für sie hätte, mit uns ins Geschäft zu kommen.

Aber wenn jemand noch nie von dem Unternehmen gehört hat, weshalb sollte er dann der Botschaft des Unternehmens Beachtung schenken? Er erinnert sich an die Springmäuse, aber nicht an Outpost. (Wenn Sie gestern Abend bei einer Feier George Bush getroffen hätten, dann würden Sie sich vermutlich Ihr Leben lang an dieses Ereignis erinnern. Aber wenn Sie den Schriftsteller George Burke bei derselben Feier getroffen hätten, dann wäre die Wahrscheinlichkeit viel größer, dass Sie ihn vergessen.)

Für das Fernsehen gilt genau das Gleiche. Man erinnert sich an die Marken, die man kennt. Man erinnert sich nicht an Marken, die man nicht kennt. Es macht sich auch niemand die Mühe, sich die Namen der Marken zu merken, die man nicht kennt.

Es ist frustrierend. Ein sehr berühmter Werbeleiter sagte einmal über unsere Agentur, als sie noch in den Kinderschuhen steckte: »Sie können nicht gut sein, wenn ich noch nie von Ihnen gehört habe.« Entweder man ist berühmt oder nicht; offenbar gibt es dazwischen nichts.

Wie gelangt man jedoch vom einen Ende des Spektrums zum anderen? Es wird zunehmend schwieriger, mit Hilfe von Werbung von einem Extrem zum anderen zu wechseln. Zwei Dinge sprechen dagegen. Werbung allein ist nicht glaubwürdig. Und eine Marke, von der noch niemand etwas gehört hat, ist ebenfalls nicht glaubwürdig: »Sie können nicht gut sein, wenn ich noch nie von Ihnen gehört habe.«

Public Relations hingegen kann beide Probleme lösen. Die Botschaft ist glaubwürdig, weil sie aus einer scheinbar unvoreingenommenen Quelle stammt. Darüber hinaus erwartet man von den Medien auch, dass sie einem etwas über Dinge erzählen, von denen man noch nie gehört hat. Dazu sind Nachrichten schließlich da.

Wie machen wir Turkmenistan bekannt? Bestimmt nicht über Werbung.

(Es kann durchaus vorkommen, dass Werbung eine unbekannte Marke zu einer Mini-Berühmtheit macht. Die Entenkampagne für das Versicherungsunternehmen AFLAC ist ein Beispiel hierfür. Ob AFLAC von der Werbung profitieren wird, steht auf einem ganz anderen Blatt. Die meisten Menschen kennen die Ente, wissen aber nicht, was AFLAC tut oder wofür es steht.)

Nehmen wir nun an, Ihre Marke befindet sich am anderen Ende des Spektrums. Jeder hat schon davon gehört. Welchen Sinn hat eine Aufmerksamkeit heischende Werbesendung für eine Marke, die ohnehin schon jeder kennt? Sie wird den Bekanntheitsgrad Ihrer Marke nicht steigern, der mit 90 oder 95 Prozent vermutlich seinen Höchststand erreicht hat.

Viele Anzeigen für Marken am oberen Ende des Spektrums wollen nur Aufsehen erregen und enthalten keinerlei Botschaft. Die »Freestyle«- oder »Hoophop«-Spots für Nike sind hierfür ein Beispiel. Welchen Sinn hat solche Werbung? Es kann nicht darum gehen, den Bekanntheitsgrad der Marke zu steigern, weil Nike schon sehr bekannt ist.

Das Wahrzeichen der Kreativität

Aufsehen ohne Botschaft ist das Kennzeichen wahrhaft »kreativer« Werbung. Wenn man alles weglässt, was den Unterhaltungswert eines Spots beeinträchtigen könnte, dann kreiert man ein »reines« Kunstwerk der Werbung. Das sind zugleich die Anzeigen, die Preise gewinnen.

Der Chef der kreativsten Werbeagentur der Welt pries einmal eine Fernsehwerbung an, die seine Agentur für die Supermarktkette Bayless produziert hatte. Der Spot bestand aus zwei Szenen.

Szene eins zeigte eine Rolle Klopapier, dazu den Text: »Meine Damen und Herren, Toilettenpapier. Momentan bieten wir Ihnen, nur für begrenzte Zeit, Bayless Toilettenpapier zum Sonderpreis an. Und ...«

Szene zwei, dieselbe Rolle mit einer Papphröhre daneben: »In jeder Rolle Toilettenpapier steckt eine Papphröhre für Sie. Absolut kostenlos! [Schlusswort] Der neue Bayless.«

Der Spot gewann in Cannes einen Silbernen Löwen und beweist »einmal mehr, dass große Ideen nicht unbedingt ein großes Produktionsbudget benötigen«, sagte der Chef der kreativsten Werbeagentur der Welt.

Das ist natürlich urkomisch, wird aber höchstwahrscheinlich im Wohnzimmer völlig ignoriert werden. Kennen Sie irgendjemanden, der nach diesem Spot sagen würde: »Los, gehen wir zu Bayless. Dort ist Toilettenpapier gerade im Angebot«? Wir nicht. (So einen Spot hätte vermutlich nur Andy Warhol geliebt.)

Eine Werbung für Toilettenpapier kann man nicht mit der Begründung rechtfertigen, dass sie den Supermarkt, der die Anzeige bringt, berühmt machen soll. Bayless ist in Arizona, wo seine Filialen liegen, bereits berühmt.

Was ist die Ursache? Was die Wirkung?

Werbeleute rechtfertigen Aufmerksamkeit heischende Anzeigen häufig mit der Begründung, dass sie das Produkt bekannt machen. Dabei ist in Wirklichkeit das Gegenteil der Fall.

Der Chihuahua machte nicht Taco Bell berühmt. Taco Bell machte den Chihuahua berühmt. Das Häschen machte nicht Energizer berühmt. Energizer machte das Häschen berühmt. Der Pillbsbury Doughboy machte nicht Pillsbury berühmt. Pillsbury machte den Doughboy, einen Küchenjungen aus Teig, berühmt. Die Sockenpuppe machte nicht Pets.com berühmt. Das Geld von Pets.com machte die Sockenpuppe berühmt. Baby Bob machte nicht FreeInternet.com berühmt. Das Geld von FreeInternet.com machte Baby Bob berühmt.

Was ist hier Ursache, was Wirkung? Symbole in Werbeanzeigen machen in den seltensten Fällen Marken berühmt. Aber berühmte Marken machen umgekehrt häufig die Symbole berühmt.

Wie steht es mit den Marken, die in der Mitte des Bekanntheitsgrades liegen und rund 50 Prozent potenziellen Käufern bekannt sind? Können diese nicht mit Hilfe von Werbeanzeigen die 90-Prozent-Marke überspringen?

Durchaus möglich. Aber in Wirklichkeit tendieren diese mittleren Marken ohnehin in die eine oder andere Richtung. Entweder bewegen sie sich bereits auf das obere Ende des Spektrums zu oder sie sind bereits auf dem Abstieg. Werbung wird für den Aufstieg einer Marke nicht benötigt und wird eine Marke auf dem absteigenden Ast vermutlich nicht retten.

Es gibt sehr wenig halbberühmte Berühmtheiten, und es gibt sehr wenig halbberühmte Markennamen. Entweder man ist es oder man ist es nicht.

Ein cleverer Einfall, einen lügenden Autoverkäufer dazu zu verwenden, Autos zu verkaufen. Joe Isuzu wurde berühmt, die Autos von Isuzu allerdings nicht. Der Absatz ging zurück und die Agentur wurde entlassen.

6. Werbung und Umsatz

Die Branche munkelte schon vom Fluch des Clio. Eine Agentur, die für einen Kunden einen Clio Award gewann, verlor denselben Kunden mit großer Wahrscheinlichkeit im Jahr darauf.

Preisgekrönte Anzeigen brachten offenbar in den seltensten Fällen die Umsatzsteigerungen mit sich, die sich die Kunden erhofft hatten.

DIE STORY VON JOE ISUZU

Bei all dem Wirbel, der um beliebte Werbekampagnen gemacht wird, schlagen sich die wenigsten in Verkaufszahlen nieder, die der allgemeinen Hysterie auch nur annähernd entsprechen würden. Welcher Amerikaner erinnert sich nicht an Joe Isuzu, den lügenden Autoverkäufer aus den Achtzigern?

Der von David Leisure gespielte Joe ging im Juli 1986 erstmals auf Sendung. Im Jahr danach stieg der Absatz von Isuzu ... um kümmerliche 1,7 Prozent. Von da an ging es nur noch bergab.

Im Jahr 1988 fiel der Absatz um 38 Prozent, 1989 um 34 Prozent gegenüber dem Vorjahr und 1990 um 64 Prozent gegenüber dem Vorjahr.

Im Jahr 1991 entließ American Isuzu Motors die Agentur, die für die Joe-Isuzu-Kampagne verantwortlich zeichnete. 1992 kündigte Isuzu an, dass es die PKW-Herstellung einstellen werde.

So kann es gehen. Die Werbeoperation war gelungen, doch der Patient war tot.

Viele Werbeleute rechtfertigen Isuzus relative Erfolglosigkeit, indem sie auf die allgemeine Bekanntheit verweisen, die durch die Kampagne erreicht wurde.

Joe Isuzu verkaufte zwar PKWs, aber vielleicht trug seine Bekanntheit dazu bei, Isuzu-Lastwagen zu verkaufen. Aber sehen wir uns die Zahlen an: In dem Jahr, in dem Joe Isuzu die Bühne betrat, erreichte Isuzu den Höchststand an Autoverkäufen in den Vereinigten Staaten (PKW und LKW zusammen). Gesamtabsatz von 1986: 127.630.

So viele Fahrzeuge verkaufte Isuzu seither nie wieder in den USA. Gegenwärtig liegen die Verkaufszahlen bei jährlich unter 100.000 Fahrzeugen. Was wird American Isuzu Motors in dieser Situation wohl tun? Richtig geraten. Sie greifen wieder auf Joe Isuzu zurück.

»In Anbetracht der sinkenden Verkaufszahlen und des geringen Images«, schreibt Bruce Horowitz in der *Chicago Sun-Times*, »kehrt American Isuzu Motors zu einer der bekanntesten Werbe-Ikonen aller Zeiten zurück.«

Weshalb sollte ihn das Unternehmen in Anbetracht der Umsatzverluste wieder einstellen? Das ergibt keinen Sinn, es zeigt aber, wie stark das herkömmliche Denken der Werbung die Marketinggemeinde immer noch beherrscht.

Werbung im herkömmlichen Sinn hat nicht das Ziel, das Produkt berühmt zu machen. Werbung im herkömmlichen Sinn verfolgt das Ziel, die Werbung berühmt zu machen. An Stelle eines hohen Umsatzes möchte die herkömmliche Werbung einen hohen Gesprächswert erreichen.

Joe Isuzu mag ja ganz nett sein, aber wer würde wohl im echten Leben einem lügenden Autoverkäufer ein Auto abkaufen? Wieso sollte irgendjemand ein Auto von einem Autohersteller kaufen, der einen lügenden Autoverkäufer im Fernsehen bringt? Wo ist die Motivation?

Nur der Köder, kein Haken.

Das Argument, die Produkte wären alle gleich

Als Rechtfertigung für den Fernsehauftritt Joe Isuzus wird ferner angeführt, die Produkte wären ohnehin alle gleich. Vor allem in Warengruppen wie Bier, Autos und Turnschuhen gilt die Meinung, alle Marken wären gleich und somit praktisch austauschbar. Traditionell verfolgt Werbung für solche gleichartigen Produkte nicht den Zweck, zu informieren – was gäbe es schon zu sagen? –, sondern zu unterhalten.

Diese Denkweise ist in den kreativen Räumlichkeiten vieler Werbeagenturen weit verbreitet. Die Kreativen sind schnell bei der Hand, wenn es darum geht, »gleichartige Produkte« in fast allen Kategorien, an denen sie arbeiten, zu entdecken. Es ist eine weitere Ausrede, unterhaltsame Anzeigen zu produzieren, und zwar von Menschen, die ohnehin lieber Filme als Werbespots drehen würden.

Das Argument der gleichartigen Produkte hat jedoch einen Fehler. Viele Produkte mögen sich durchaus sehr stark ähneln, aber nur wenige werden als gleichartig wahrgenommen.

Bud Light und Miller Lite mögen vielleicht in der Flasche gleichartige Produkte sein, aber in den Köpfen der Verbraucher sind sie definitiv nicht gleichartig. Bud Light ist das Bier »mit dem gewissen Etwas« für die jüngere Generation. Miller Lite ist das Bier »der alten Zeiten« für die Älteren.

Marketing hat nichts mit Produkten zu tun. Marketing hat mit Wahrnehmungen zu tun. Für ein erfolgreiches Werbe- oder PR-Programm muss man viel mehr erreichen als einen hohen Gesprächswert. Man muss sich mit den tückischen Wahrnehmungen in den Köpfen potenzieller Käufer auseinandersetzen.

Mit Hilfe von Öffentlichkeitsarbeit oder Public Relations kann man diese Wahrnehmungen viel effektiver beeinflussen als mit Werbung.

Zum Teil lässt sich das Scheitern der Werbung, das Zünglein an der Waage zu spielen, mit einer Selbstüberschätzung erklären, nämlich der Auffassung, dass die Lösung für jedes Marketingproblem stets »mehr Werbung« lautet.

So erging es zum Beispiel einem Kunden, der eine Reihe von ernsten Problemen hatte. Die Produktionsstätten des Unternehmens waren veraltet, das Produkt wurde zu teuer verkauft, und die Kunden wanderten zu anderen Marken ab. »Was sollen wir tun?«, fragte der Kunde den Chef seiner Werbeagentur.

Antwort: »Ich würde Fernsehwerbung empfehlen.«

Wenn man nur einen Hammer in seinem Werkzeugkasten hat, dann sieht eben jedes Problem wie ein Nagel aus. Warum sollte das anders sein, wenn man eine Werbeagentur leitet?

Wenn Qualität (sprich Kreativität) in der Werbung nichts ausrichtet, dann vielleicht die Quantität. Vielleicht hat ein Unternehmen Erfolg, indem es seinen Werbeaufwand steigert. Sehen wir uns einmal an, wie es einigen großen Inserenten in letzter Zeit ergangen ist.

Die Chevrolet-Story

Seit Jahren ist Chevrolet die am stärksten beworbene Marke in Amerika. Letztes Jahr gab General Motors 819.200.000 Dollar an Werbung für die Marke Chevrolet aus, 67 Prozent davon für Fernsehwerbung.

Was bekam General Motors für diese 819 Millionen Dollar? Ist Chevrolet die am häufigsten verkaufte Automarke? Nein, das ist Ford. Ist Chevrolet vielleicht die am meisten verkaufte Lastwagenmarke? Nein, das ist Ford.

Tatsache ist, General Motors gab um 39 Prozent mehr für Chevrolet-Werbung aus als die Ford Motor Company für Ford-Werbung. Dennoch schlägt Ford die Marke Chevrolet um satte 33 Prozent.

So mancher mag jetzt vielleicht denken, dass die Leute bei Chevrolet wohl nicht so viel Geld in die Werbung stecken würden, wenn sie nichts brächte. (Genau wie die US-Regierung nicht Jahr für Jahr 20 Milliarden Dollar an Subventionen für ihre Farmer ausgeben würde, wenn das Programm keinen Zweck hätte.)

Schließlich handelt es sich nicht um eine Eintagsfliege. Fünf Jahre nacheinander hat Chevrolet mehr für Werbung ausgegeben und weniger verkauft als Ford.

Vor fünf Jahren verkaufte Ford 28 Prozent mehr Fahrzeuge als Chevrolet. Dann startete die Werbeoffensive von Chevrolet. Innerhalb von fünf Jahren gab Chevrolet 3,4 Milliarden Dollar für Werbung aus im Vergleich zu 2,9 Milliarden bei Ford.

Wenn man mehr für Werbung ausgibt als seine Konkurrenten, dann heißt das aber noch lange nicht, dass man auch mehr verkauft als sie. Heute hat Ford seinen Vorsprung gegenüber Chevrolet von 28 Prozent auf 33 Prozent ausgebaut.

Noch eindrucksvoller ist der Vergleich der Werbekosten pro verkauftes Fahrzeug. Im laufenden Jahr gibt Chevrolet 314 Dollar pro verkauftes Fahrzeug aus, im Vergleich zu 170 Dollar bei Ford.

Was würden Sie also tun, wenn Sie die Chevrolet-Abteilung von General Motors leiteten? Das Werbebudget erhöhen oder senken?

Die AT&T-Story

Das zweithöchste Werbebudget hatte letztes Jahr die Telekommunikationsmarke AT&T. Sie wurde mit 711 Millionen Dollar für Werbung unterstützt. Wie steht es also um AT&T? Überhaupt nicht gut.

Das strauchelnde Telekommunikationsunternehmen hat die Absicht, sein Telefongeschäft an eine andere »Baby Bell«, wie die Nachfolger des Fernmelderiesen Bell genannt werden, zu verkaufen. Außerdem plant es, seinen Kabeldienst mit Comcast zu verschmelzen.

Die *New York Times* meint dazu: »Im Fall von AT&T ist der Versuch, sein Telefongeschäft zu verkaufen, zu dem das größte Fernsprechunternehmen zählt, ein weiterer Beleg dafür, dass das Unternehmen wegen einer verfehlten Geschäftsstrategie und eines langwierigen Preiskriegs bei Ferngesprächen nur noch ein Schatten seiner selbst ist.«

Vielleicht, aber nur vielleicht, hat AT&T auch eine verfehlte Werbestrategie.

Die General-Motors-Story

Lassen wir individuelle Marken wie AT&T und Chevrolet einmal beiseite. Sehen wir uns General Motors insgesamt an. Im Jahr 1994 wechselte Ronald Zarrella von dem Kontaktlinsenhersteller Bausch & Lomb als Marketingchef zu GM. Sein

Auftrag bestand darin, dem weltgrößten Konzern die Disziplin des Markenmanagements beizubringen.

Der neue Marketingchef von General Motors wollte laut *USA Today* die herkömmliche Überzeugung der Autobranche, dass »das Produkt König sei«, komplett zunichte machen. Ron Zarrella sagte, die Zukunft von GM hänge ebenso sehr von einem guten Marketing ab wie von guten Produkten: »In dieser Branche herrscht die Ansicht, das Produkt sei alles – und das stimmt nicht.«

Getreu seiner Herkunft als Markenmanager schaltete Zarrella als Erstes den Werbeturbo ein:

- 1995 war General Motors mit 2,1 Milliarden Dollar der drittgrößte Inserent in Amerika.
- 1996 war General Motors mit 2,4 Milliarden Dollar der zweitgrößte Inserent in Amerika.
- 1997 war General Motors mit 3,1 Milliarden Dollar der größte Inserent in Amerika.
- In den Jahren 1998, 1999 und 2000 war General Motors mit 3,0 Milliarden, 4,1 Milliarden und 3,0 Milliarden Dollar ebenfalls der größte Inserent in Amerika.

Und was bekam General Motors für das viele Geld?

- 1995 ging der Marktanteil von General Motors von 34,0 Prozent auf 33,9 Prozent zurück.
- 1996 ging der Marktanteil von General Motors auf 32,3 Prozent zurück.
- 1997 ging der Marktanteil von General Motors auf 32,1 Prozent zurück.
- 1998 ging der Marktanteil von General Motors auf 30,0 Prozent zurück.
- 1999 ging der Marktanteil von General Motors auf 29,6 Prozent zurück.
- 2000 ging der Marktanteil von General Motors auf 28,1 Prozent zurück.

Als Ron Zarrella GM im Jahr 2001 verließ und wieder zu Bausch & Lomb zurückkehrte, hatte sich der Kreis geschlossen. »Das Produkt ist alles in dieser Branche«, sagte er.

Das ist merkwürdig. Werbung ist nicht alles, und das Produkt ist nicht alles, aber es gibt etwas, was alles ist. Und die wenigsten Manager scheinen das zu erkennen.

Wahrnehmung ist alles. Es geht allein um die Frage, wie man es schafft, im Kopf des Verbrauchers eine positive Wahrnehmung zu erzeugen. Und Werbung hat in dieser Hinsicht wenig Ruhmreiches vorzuweisen.

Wal-Mart gegen Kmart

In den meisten Fällen werden hohe Werbebudgets mit Unternehmen in Verbindung gebracht, die in großen Schwierigkeiten stecken.

Vergleichen wir die Supermarktketten Wal-Mart und Kmart. Wer gibt mehr für Werbung aus?

Hätten Sie gedacht, dass das Kmart ist? Im letzten Jahr gab Kmart 542 Millionen für Werbung in Amerika aus, Wal-Mart hingegen 498 Millionen Dollar.

Wenn man die Einnahmen vergleicht, so ergibt sich jedoch ein ganz anderes Bild. Letztes Jahr konnte Kmart im Inland 37 Milliarden Dollar an Einnahmen verbuchen, im Vergleich zu 159 Milliarden bei Wal-Mart, mehr als das Vierfache.

In Anbetracht der Tatsache, dass Kmart inzwischen Konkurs angemeldet hat, was würden Sie tun, um die Einzelhandelskette wieder flott zu machen? Etwa die Werbeausgaben erhöhen?

Nimmt man Wal-Mart näher unter die Lupe, so spricht noch mehr gegen hohe Werbeausgaben. Zu den Geschäftsbereichen von Wal-Mart zählt Sam's Club, eine Tochterfirma, die so gut wie überhaupt keine Werbung macht. Während eine normale Wal-Mart-Filiale im Durchschnitt einen Jahresumsatz von 46 Millionen Dollar erzielt, kommt eine Sam's-Club-Filiale auf 56 Millionen Dollar Jahresumsatz.

Es fällt einem schwer, Argumente für Werbung zu finden, wenn die meisten Unternehmen mit großen Werbeausgaben Probleme haben, diejenigen mit kleinem Werbebudget hingegen nicht.

Werbeausgaben gleichen in mancher Hinsicht den Gerichtskosten. Beide können als negative Indikatoren gelten. Ein Unternehmen mit hohen Gerichtskosten ist nicht unbedingt auf dem Weg nach oben.

Die Target-Story

Auch die Discounterkette Target zählt zu den großen Inserenten. Im Gegensatz zu Kmart hat Target jedoch von einer gehörigen Portion günstiger Publicity profitiert. Oprah Winfrey hat die Läden in schlechtem Französisch »Tarjé« genannt. Der Umsatz steigt und die Kette streicht hohe Gewinne ein.

Target hat die Publicity-Trommel gerührt, indem es den Architekten Michael Graves dazu brachte, das Design für einige Haushaltswaren und Dekorgegenstände zu entwerfen. Sie kauften ferner den Modedesigner Mossimo auf und ließen ihn eine Textilreihe entwerfen. Und schließlich bietet Target topaktuelle Marken wie Küchengeräte von Calphalon an.

Die Kunden bezeichnen das Warenangebot als »günstigen Schick«. Ob Targets Erfolg nun auf die Werbung oder Public Relations (und die Mund-zu-Mund-Werbung) zurückzuführen ist, steht noch offen. Wir plädieren für PR.

(Wie bei vielen heutigen Marketingprogrammen besteht ein Missverhältnis zwischen der Werbung und der Kundenwahrnehmung. Targets Werbung konzentriert sich im Wesentlichen auf visuelle Symbole und verwendet das Logo von »Target« (eine Zielscheibe); die Zielgruppe der Werbung, die Kunden, hingegen sprechen von breiten Gängen, ordentlichen Auslagen und aktuellem Warenangebot. Keiner würde je sagen: »Ich gehe wegen des hübschen Warenzeichens dorthin.«)

Die Sears-Roebuck-Story

Die Supermarktkette Sears, Roebuck ist ein weiteres Beispiel für einen großzügigen Werbeinserenten, der in Schwierigkeiten steckt. Letztes Jahr gab Sears für seine Markenpalette 1,5 Milliarden Dollar für Werbung aus, ungefähr drei Mal so viel wie Wal-Mart, Kmart oder Target. Die inländischen Einnahmen von Sears liegen jedoch noch unter den Einnahmen Kmarts.

Allerdings profitiert man auch von etlichen angenehmen Nebeneffekten, wenn man zu den großen Inserenten zählt. Die Marketing- und Werbemanager werden hofiert wie die größten Spieler in Las Vegas: sei es durch Arbeitsessen, Einladungen oder Vergnügungen nach eigener Wahl. Wenn die Super Bowl ausgetragen wird, gibt die National Football League eine Party für mehrere tausend Inserenten und Mitbeteiligte, die ihrer Stellung als teuerste Sendezeit durchaus gerecht wird. Nach dem Besuch einer solchen extravaganten NFL-Party hat man fast ein schlechtes Gewissen, wenn man sich nur einen Spot für 2 Millionen Dollar gekauft hat.

In der Werbung gibt es, genau wie in Las Vegas, viele Spieler, aber nur wenige Gewinner. Wenn die Werbebranche jährlich in Newport, Rhode Island, eine Konferenz veranstalten würde, könnte man versucht sein zu fragen: »Wo sind denn die Jachten der großen Inserenten?«

GENERAL MOTORS GEGEN GENERAL ELECTRICS

Vergleichen wir zwei andere Unternehmen: General Motors und General Electric. General Motors steht auf der Liste der *Fortune 500* auf Platz 3, General Electric auf Platz 5.

Was die Werbeausgaben angeht, liegt General Motors deutlich voran. Die 3,0 Milliarden Dollar, die GM letztes Jahr in den USA in die Werbung steckte, sind mehr als doppelt so viel wie die 1,3 Milliarden Dollar von GE.

Große Werbeinserenten sind nicht unbedingt große Geldverdiener. Obwohl der General-Motors-Umsatz um 42 Prozent höher lag als der von GE, verbuchte GM einen Nettoerlös von nur 4,5 Milliarden Dollar im Vergleich zu 12,7 Milliarden Dollar bei General Electric.

Große Werbeinserenten haben auch nicht unbedingt einen höheren Marktwert. General Motors, der größere Inserent, hat einen Börsenwert von 27 Milliarden Dollar, während General Electric, der sparsamere Inserent, einen Börsenwert von 405 Milliarden Dollar hat, also das Fünfzehnfache.

Vergleichen wir die beiden Jacks an der Spitze. John F. Smith Jr., den Chairman von General Motors, und John F. Welch Jr., den ehemaligen Chairman und CEO von General Electric.

Jack Welch ist der Star der Geschäftswelt, vielleicht der bekannteste CEO in Amerika. Für sein Buch *Jack: Straight from the Gut* (deutsch: *Was zählt. Die Autobiographie des besten Managers der Welt)*, erhielt Welch einen Vorschuss in Höhe von 7 Millionen Dollar, das Werk schaffte auf Anhieb den Sprung in die Bestsellerlisten.

Jack Smith hingegen, der Chairman von General Motors, hat nicht nur einen Allerweltsnamen, sondern auch einen entsprechend geringen Bekanntheitsgrad.

Die Coca-Cola-Story

Bei Coca-Cola, einer langjährigen Säule der Werbebranche, steht es in der Werbeabteilung nicht zum Besten. Das Unternehmen tauscht mit einer gewissen Regelmäßigkeit das Management, die Werbeagenturen und die Werbekampagnen aus.

KO, das Kürzel an der Börse für Coca-Cola, hat die Konkurrenz in den vergangenen Jahren nicht wirklich k.o. geschlagen. Seit dem Tod des Ex-CEO Roberto Goizueta im Jahr 1997 ist der Marktwert des Unternehmens von 145 Milliarden auf heute 119 Milliarden Dollar gefallen.

In den letzten fünf Jahren wies die Werbung für Coca-Cola zwei Fehler auf: kein Wirbel und kein Kick. Niemand spricht über Coke-Werbung (der Wirbel), und die Anzeigen enthalten keine Motivation, das Produkt zu kaufen (der Kick).

Obwohl Werbeleute angeblich kundenorientiert denken sollten, sind sie oft erstaunlich weltfremd. Ein Kolumnist, der vielleicht berühmteste Werbekritiker der Welt, der für die berühmteste Werbezeitschrift der Welt schreibt, nannte einen aktuellen Coca-Cola-Slogan das beste Schlusswort in der Geschichte der Softdrinks, wenn nicht gar des Marketings.

Moment mal. »Always« soll das beste Schlusswort der Marketinggeschichte sein? Haben Sie schon jemanden sagen hören: »Gib mir ein Always«? Oder: »Ich nehme einen Rum und ein Always«? Und was soll »Always« eigentlich heißen? Dass die Kunden immer Coca-Cola trinken? Genau das Gegenteil trifft zu. Wenn Cola-Trinkern das Coca-Cola ausgeht, dann nehmen 99 Prozent von ihnen gern auch ein Pepsi-Cola an. Das ist die Realität.

Coca-Cola ist von einem sinnlosen Werbeslogan zum nächsten gewechselt. Von »Always« zu »Enjoy« und »Life tastes good«. Im Juli 2001 musste Coca-Cola peinlicherweise fast eine Million Dollar an den Lebensmittelkonzern Parmalat Canada zahlen, weil es mit »Life tastes good« denselben Slogan verwendete, den Parmalat für seine Buttermarke Lactantia belegt hatte. Zwei Monate später, nach den Terroranschlägen, strich Coca-Cola die »Life tastes good«-Kampagne völlig.

Werbung ist in mancher Hinsicht ein Spiel, bei dem man nur verlieren kann. Wenn der Slogan (wie meistens der Fall) sinnlos ist, dann hilft er der Marke nicht. Wenn der Slogan aber einen konkreten Sinn hat, dann wird er vom potenziellen Käufer nicht geglaubt.

Das ist die Achillesferse der Werbung. Nur weil man etwas Sinnvolles und Motivierendes in einer Anzeige von sich gibt, heißt das nicht, dass der Käufer einem das auch abnimmt.

Die McDonald's-Story

Nehmen wir McDonald's, die Marke mit den vierthöchsten Werbeausgaben. In den letzten fünf Jahren gab McDonald's in den USA mehr als 3 Milliarden Dollar für Werbung aus.

Der Umsatz von McDonald's hielt jedoch nicht einmal mit der Inflationsrate Schritt. Im selben Zeitraum stieg der durchschnittliche Umsatz pro Einheit von 1,4 Millionen Dollar gerade mal auf 1,5 Millionen Dollar, ein Anstieg von nur 1,7 Prozent pro Jahr. Werbung trägt scheinbar kaum dazu bei, dass bei McDonald's mehr Big Macs über die Theke gehen.

Erst neulich hat der CEO Jack Greenberg vor einer Versammlung des Franchise-Unternehmens erklärt, dass »das Marketing Probleme aufweist« und dass das Unternehmen daran arbeite, diese zu lösen.

Das größte Versagen der Werbung in den letzten Jahren hat jedoch nichts mit den großen Unternehmen und ihren hohen Werbebudgets zu tun. Es hat mit kleinen Unternehmen auf einem aufstrebenden Markt zu tun.

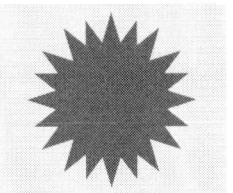

Viele Dot.com-Unternehmen, darunter Pets.com, versuchten, mit gewaltigen Werbebudgets Marken aufzubauen. »Weil Haustiere nicht fahren können«, lautete der Slogan, aber der Umsatz war miserabel und die Site wurde geschlossen.

7. Werbung und Dot.com

Der Internetboom Ende der Neunzigerjahre stellte viele Dot.com-Neugründungen vor ein großes Problem. Wie konnte zu einer Zeit, wo bereits jeder ins Netz ging, eine einzelne Site so viel Publicity auf sich ziehen, dass der Name wiedererkannt wurde?

Viele Internetfirmen versuchten das Problem mit Hilfe von Werbeanzeigen zu lösen. Da wir ohnehin nicht genügend Publicity für unsere Dot.com-Firma bekommen, so dachten sie wohl, führen wir die Site mit einem hohen Werbeaufwand ein.

Warum sollte man bei Pets.com etwas für seine lieben Haustiere kaufen?

Pets.com war eine Website, die alles Mögliche für Hunde- und Katzenbesitzer anbot. Nicht gerade das, was man eine packende PR-Idee nennen würde. Also wandte sich Pets.com verständlicherweise an die Werbegemeinde um Hilfe.

Pets.com stellte einen Marketingmanager von Procter & Gamble und eine Werbeagentur mit dem besten kreativen Ruf in der Branche an. Getreu seinen Anfängen schuf die Agentur die Sockenpuppe, die *Advertising Age* die »erste ehrliche Werbeberühmtheit, die in Dot.com-Land geschaffen wurde«, nannte.

Die Sockenpuppe war ein durchschlagender Erfolg. Sie räumte Preise ab und erntete Ruhm bei Verbrauchern, Medien, Fachpresse und Marketingexperten. Die Sockenpuppe marschierte bei Macy's Thanksgiving Parade mit, trat in CNN und in *Good Morning America* auf und wurde in *Entertainment Weekly*, *Time* und *People* vorgestellt. Vor kurzem ging eine Original-Sockenpuppe bei einer Auktion für 20.100 Dollar an einen Geschäftsmann aus San Francisco.

Eine Sache fehlte jedoch zum Glück: der Umsatz. In knapp über sechs Monaten gab Pets.com mehr als das Dreifache seiner 22 Millionen Dollar an Einnahmen für Marketing aus. Bei einer derartigen Bilanz dauerte es nicht lange, bis Pets.com die Segel strich und Konkurs anmeldete.

Das Vertrauen der Agentur zu ihrer Werbekampagne blieb jedoch ungebrochen. »Geschäftsmodelle, Marktbedingungen, Nasdaq, Risikokapital – darauf habe ich keinen Einfluss«, sagte der Leiter der Werbeagentur von Pets.com. »Das hat nichts mit dem Erfolg der Werbung zu tun. Werbeagenturen werden angestellt, um Marken aufzubauen, und dieses Ziel haben wir mehr als erfüllt.«

Wir haben dieses Ziel mehr als erfüllt? Wir haben eine erfolgreiche Marke geschaffen? Was ist denn eigentlich eine Marke? Der Leiter der kreativsten Agentur der Welt verwechselt die Werbung mit dem Produkt. Die Sockenpuppe ist nicht die Marke. (Wenn sie das wäre, hätte die Website Sockenpuppen zum Verkauf angeboten.) Pets.com ist die Marke.

Eine Marke ist ein Name, der im Bewusstsein des potenziellen Käufers für etwas Positives steht. Volvo steht für »Sicherheit«. BMW steht für »Freude am Fahren«. Aber wofür stand Pets.com? Eine Marke ohne eine positive Positionierung ist eine Marke, die den Verbraucher nicht dazu anregt, irgendetwas zu kaufen. Außerdem hatten die meisten Haustierbesitzer Schwierigkeiten herauszufinden, ob die Sockenpuppe nun zu Pets.com, Petstore.com oder Petopia.com gehörte.

Warum sollte ich mein Katzenfutter bei Pets.com kaufen? Die Firma hätte zuerst diese Frage beantworten und dann versuchen müssen, dem Tierbesitzer die Antwort darauf klar zu machen. Das ist freilich keine leichte Aufgabe, schon gar nicht eine Aufgabe für die Werbung. Die Antwort der Werbeagentur darauf lautete, dass man bei Pets.com kaufen müsse, »weil Haustiere nicht fahren können«.

Lächerlich, natürlich, aber das ist die Kreativität der Werbebranche in Reinform.

Warum sollte ich Bücher bei Amazon.com kaufen?

Als Amazon.com startete, hatte der Versand eine einfache Antwort auf diese Frage: »Auf sämtliche Hardcover-Ausgaben 30 Prozent Rabatt.« Und über Öffentlichkeitsarbeit, nicht über Werbung, vermittelte Amazon die Idee mit dem Rabatt von 30 Prozent.

Gewiss, nachdem die Marke Amazon.com etabliert war, startete der Versand noch ein großes Werbeprogramm. Aber nicht die Werbung baute die Marke auf, sondern PR. Die Werbung verstärkte lediglich die Markenposition, die bereits über PR etabliert worden war.

Auf den Internet-Friedhöfen wimmelt es vor Markennamen, die versuchten, diesen Prozess umzukehren: die versuchten, mit Hilfe eines immensen Werbeaufwands bekannt zu werden, ohne zuerst die Firmenphilosophie über PR-Arbeit zu verbreiten.

Die Tragödie von eToys

Ein weiterer hoch gehandelter Fehlschlag war eToys. Die 1997 gegründete Firma eToys gab schon bald volle 60 Prozent ihrer Einkünfte für Werbung aus. Im Mai 1999 ging die Firma an die Börse und erreichte bereits am ersten Tag einen Marktwert von 7,7 Milliarden Dollar, um 35 Prozent mehr als ihr großer Konkurrent Toys »R« Us. In der Weihnachtszeit gab eToys im selben Jahr 20 Millionen Dollar für ein gigantisches Werbeprogramm aus.

Fünfzehn Monate später war das Unternehmen bankrott. Einst für Milliarden gehandelt, erhielt eToys nur rund 10 Millionen Dollar für Inventar, Ausrüstung, Möbel, Immobilien, Warenzeichen und Webadresse.

Ein anderer Spielzeugversand versuchte ebenfalls, über Werbung eine Internetmarke aufzubauen: Toysmart. Die Site Toysmart.com hielt sich nur 482 Tage, obwohl sie für rund 50 Millionen Dollar eine Sperrminorität an die Walt Disney Company verkauft hatte. Mit einem Teil des Geldes wurde eine 21 Millionen Dollar teure Werbekampagne finanziert, in der »pädagogisch wertvolles Spielzeug«

angepriesen wurde. Dafür war allerdings die Zeit noch nicht reif. Die Website von Toysmart hätte zuerst eine jahre- oder gar jahrzehntelange Öffentlichkeitsarbeit nötig gehabt, um sich als der einzige Ort zu etablieren, der weder zerstörerisches Spielzeug noch die neueste Modewelle à la Pokémon in sein Angebot aufnahm. Eine solche Botschaft braucht die volle Unterstützung der Medien, wenn mit ihr ein Markenname aufgebaut werden soll.

Das Desaster von Value America

Value America, das Internetkaufhaus, war auch ein Dot.com-Unternehmen, das mittels Werbung Einzug in die Köpfe der Verbraucher halten wollte. Die im Oktober 1997 gegründete Website hatte große Pläne. Ende des Jahres prahlte sein Gründer, ValueAmerica.com werde in den kommenden 18 Monaten 150 Millionen Dollar für Werbung ausgeben.

Sechs Monate später brachte Value America ganzseitige Anzeigen im *Wall Street Journal,* der *New York Times* und *USA Today*. Die Site warb auch in Handelszeitschriften, im Radio und sogar im Fernsehen auf den meisten großen Märkten. Allein 1999 gab die Website rund 60 Millionen Dollar für Werbung aus. Im selben Jahr erwirtschaftete Value America einen Umsatz von 183 Millionen Dollar sowie einen Verlust von 144 Millionen Dollar.

Mit der dicken Brieftasche einen schwachen Namen zu pushen ist eine tödliche Kombination. Das funktioniert nur, wenn man ein Monopol hat. Sobald ernst zu nehmende Konkurrenten auf dem Markt vertreten sind, braucht man den treffendsten Namen, der einem einfällt, und dann muss man sich sein Werbebudget aufheben, bis man die eigene Glaubwürdigkeit unter Beweis gestellt hat.

Ende 1999 übernahm ein neues Management Value America. Der erste Schritt bestand darin, ein neues Logo, ein neues Design für die Website und einen neuen Namen zu präsentieren. ValueAmerica.com sollte künftig VA.com heißen (es schien sie nicht zu stören, dass VA.com ebenso gut die Veterans Administration oder der Staat Virginia hätte sein können).

Im August 2000 war das Unternehmen bankrott.

Weitere Dot.com-Katastrophen

Die meisten Leser haben vermutlich schon wieder vergessen, dass Dot.com-Unternehmen einen immensen Werbeaufwand betreiben, um ihre Markennamen aufzubauen. Zwei Drittel aller Werbespots, die während der Super Bowl 2000 ausgestrahlt wurden, waren Anzeigen für Dot.com-Unternehmen.

In einem einzigen Jahr (2000) gab Art.com 18 Millionen Dollar für Werbung aus, AutoConnect.com 15 Millionen, CarsDirect.com 30 Millionen, Drugstore.com 30 Millionen, Homestore.com 20 Millionen, Living.com 20 Millionen, Petstore.com 10 Millionen, RealEstate.com 13 Millionen und Rx.com 13 Millionen Dollar.

Erinnert sich jemand an eine Anzeige dieser Dot.com-Unternehmen? Erinnert sich überhaupt jemand an diese Dot.com-Unternehmen?

»Das Werbebombardement der Dot.coms im vergangenen Jahr schadete dem Ruf der Werbung unter den CEOs des Landes enorm«, schrieb Rance Crain, der Chefredakteur von *Advertising Age*. »Die Dot.com-Anzeigen waren so sinnlos, so dumm, so geschmacklos, dass sie den Glauben der Unternehmensbosse an den Nutzen der Werbung für ihre eigene Marke erschütterten.«

Worin bestand das Problem der Dot.com-Unternehmen? Sinnlose, dumme und geschmacklose Werbung? Oder vielleicht war das Problem, dass sie sich ganz auf Werbung verließen, um einen Markennamen aufzubauen, obwohl sie besser PR dafür genutzt hätten.

Ein Hauptproblem an dem Werbestart mit dem »Knalleffekt« von Value America war die fehlende Flexibilität. Mit einem langsamen Start, der von Publicity unterstützt wird, kann man nach und nach viel erreichen. Obwohl auf der Website buchstäblich alles zum Kauf angeboten wurde – von Bürogeräten und Büchern über Zubehör für Haustiere, Kleidung und Spezialitäten bis hin zu Autos und Elektrogeräten –, stammten grob geschätzt 85 Prozent der Einnahmen von Value America aus dem Verkauf von Computern und Software. Value America hätte eher einen Namen wie CompUSA gebrauchen.

(Niemand kann in die Zukunft sehen. Einmal sprachen wir mit einem Unternehmer in Großbritannien, der eine Kette von Antiquariaten gegründet hatte.

Er ging davon aus, dass er zu 80 Prozent Belletristik und zu 20 Prozent Sachbücher verkaufen würde.

Seine Zahlen erwiesen sich als sehr genau, nur die Kategorien waren vertauscht. Er verkaufte zu 80 Prozent Sachbücher und zu 20 Prozent Belletristik.)

WAL-MART GEGEN VALUE AMERICA

Vergleichen wir Wal-Mart, die weltgrößte Handelskette, einmal mit Value America. Sam Walton eröffnete seinen ersten Discountladen Wal-Mart 1962 in Rogers in Arkansas. Acht Jahre später ging Wal-Mart mit 18 Filialen und einem Umsatz von 44 Millionen Dollar an die Börse.

In diesen acht Jahren sorgte Sam Walton dafür, dass seine Wal-Mart-Filialen eine Flut von Publicity erhielten, gab aber kaum etwas für Werbung aus. Erst nachdem Wal-Mart über die Publicity zu einem Markennamen für Haushaltswaren geworden war, konnte das Unternehmen seine Werbedollars effizient einsetzen.

Es geht nicht darum, ob ein schneller Start (Value America) besser ist als ein langsamer Start (Wal-Mart). Ein Unternehmen sollte so schnell starten, wie es ihm die Publicity erlaubt. Man kann den Prozess nicht beschleunigen.

Hätte Value America Erfolg haben können, indem es Wal-Marts langsame Strategie nachahmte? Wohl kaum. Worin bestand die Perspektive für PR-Arbeit? Es handelte sich um eine Website, die alles zum Verkauf anbieten wollte, vom Badezusatz bis hin zum Kakaopulver, von der Zahnbürste bis zum Hightech-Fernseher. Im Gegensatz zu Amazons einfacher Botschaft, 30 Prozent Rabatt auf Hardcover-Bücher, hatte Value America keine Botschaft, die eine große Publicity verdient hätte. Dies war einfach eine Website unter vielen, die versuchte, alles zu verkaufen.

Wer heutzutage eine neue Marke einführen will, braucht eine Botschaft, die in den Medien Beachtung findet. Ohne Publicity wird eine neue Marke scheitern, ganz gleich, wie gut das Produkt oder die Dienstleistung ist. Es reicht nicht aus, das bessere Produkt oder die bessere Dienstleistung anzubieten. Man braucht auch eine bessere PR-Idee.

In manchen Fällen reicht nicht einmal eine gute PR-Idee aus. In seiner kurzen Dauer zog Webvan, die Website für Lebensmittelbestellungen und Lieferungen, viel Publicity auf sich. 99 Prozent davon war sogar positiv.

Aber wie kann ein Unternehmen Geld verdienen, wenn es Lebensmittel zu Supermarktpreisen verkauft und dazu noch die Lieferung frei Haus kostenlos anbietet? Eine dumme Idee, die von großer Publicity unterstützt wird, bleibt dennoch eine dumme Idee ohne Zukunft.

Einmal berieten wir zwei Internetfirmen, die gegen den elementaren Grundsatz »Zuerst PR, dann Werbung« verstießen. Beide wurden von großen Unternehmen mit dicker Brieftasche unterstützt. Und beide erwiesen sich als Marketingkatastrophen.

Der Abgang der WingspanBank.com

Der erste Kunde war WingspanBank.com, der im Juni 1999 eine Flut von Zeitungs-, Radio- und Fernsehanzeigen startete.

Starten Sie keine Werbekampagne, warnten wir, bevor Sie die Glaubwürdigkeit der Internetbank über die Medien vermittelt haben. Ungeachtet unserer Warnrufe gab die Bank, nach den damaligen Pressemeldungen, 100 bis 150 Millionen Dollar aus, um die Site einzuführen.

Das war keine gute Idee. Von allen Dienstleistungsbetrieben braucht gerade eine Bank am dringendsten das Vertrauen der Kunden, wenn sie Erfolg haben will. Mit einem Restaurant oder einer chemischen Reinigung könnte man auf diese Weise Glück haben, aber nicht mit einer Bank.

»Die Bank One Corporation räumt ein, dass ihre hochgelobte Wingspan-Bank.com ein Fehlschlag war«, berichtete das *Wall Street Journal*, »und beabsichtigt, die zwei Jahre alte reine Internetbank in ihr übriges Angebot im Online-Banking einzugliedern.«

Schade. Es besteht immer noch die Chance, eine Internetbank mit geringen

Servicekosten und höheren Zinssätzen für Ersparnisse zu etablieren, aber das geht nicht über Werbung. Das geht nur über Public Relations.

Der Fall von HomePortfolio.com

Der zweite Kunde war der Internet-Möbelhändler HomePortfolio.com. Nach einer ganztägigen Beratung, einschließlich der Standardempfehlung, das Programm über PR einzuführen, schienen die beiden Gründer es eilig zu haben. Und tatsächlich bemerkten wir einige Wochen später ganzseitige Zeitungs- und Zeitschriftenanzeigen, die für die Site warben.

Fünfzehn Monate später beendete HomePortfolio.com sein Einzelhandelsgeschäft und wurde zu einem Softwareanbieter für den Online-Möbelmarkt. Das war kein kleiner Fisch. HomePortfolio.com erhielt über 50 Millionen Dollar an Startkapital.

Unserer Meinung nach waren die WingspanBank und HomePortfolio ausgezeichnete Ideen, die dem auf Werbung fixierten Denken zum Opfer fielen. Als Marketingberater können wir hier nicht unsere konkreten Ratschläge aufzählen, aber Sie können sicher sein, dass sie in erster Linie mit PR zu tun hatten. Zuerst muss man die PR-Schlacht gewinnen, bevor man einen Anzeigenkrieg eröffnen kann.

Aber wie gewinnt man die PR-Schlacht?

Schaffen Sie eine neue Kategorie im Kopf der Verbraucher, die Sie als Erster besetzen können. Achten Sie als Nächstes darauf, dass die neue Kategorie potenzielle Käufer auch dazu animiert, von der alten Kategorie zur neuen zu wechseln.

Das ist leichter gesagt als getan. Die Marketinglehre spricht sich üblicherweise gegen die Einführung einer neuen Sparte aus. Ein Marketingexperte wird in der Regel zuerst folgende Frage stellen: »Wie groß ist der Markt?«

Eine neue Kategorie hat aber noch überhaupt keinen Markt, sie muss sich ihn erst schaffen.

Der Zusammenbruch von Garden.com

Nehmen wir das Beispiel Garden.com, noch eine Website, die ungefähr im gleichen Zeitraum wie HomePortfolio.com aufblühte, verwelkte und abstarb. Wie groß ist der Markt für Gartenartikel?

Gartenarbeit ist, wie sich herausstellt, das beliebteste Hobby in Amerika. Die Branche hat einen Jahresumsatz von 47 Milliarden Dollar, fast doppelt so viel wie das Buchgeschäft. Wenn Garden.com nur einen Anteil von 5 Prozent des Gartenmarktes erreicht hätte, dann hätte es jährliche Einnahmen von 2,3 Milliarden Dollar verzeichnen können, mehr als das Buchgeschäft von Amazon.com.

Bei derart viel versprechenden Zahlen wundert es nicht, dass Garden.com 106 Millionen Dollar Risikokapital erhielt. Alles vergeblich. Im November 2000 wurde die Site geschlossen. Eine Frage wurde nie beantwortet: Weshalb sollte ich meine Gartengeräte bei Garden.com kaufen?

Allgemein wird davon ausgegangen, dass diese und andere Dot.com-Unternehmen von schlechten Werbestrategien zu Grunde gerichtet wurden. Aber das ergibt keinen Sinn. Weshalb sollte eine Werbeagentur sich sagen: »Das ist ein Dot.com-Unternehmen, dem setzen wir eine bescheuerte Anzeige vor«?

Viel wahrscheinlicher ist, dass die Werbung für Dot.com-Unternehmen nicht besser oder schlechter war als Werbung allgemein. Da es sich jedoch durchweg um neue Markennamen handelte, war Werbung das denkbar ungeeignetste Mittel.

Erfolgreiche Dot.com-Unternehmen

Während viele Dot.com-Unternehmen dichtgemacht haben, geht es anderen blendend. Die erfolgreichen Websites besetzten allesamt als Erste eine neue Sparte und boten zusätzlich einen starken Anreiz, der viel günstige Publicity auf sich zog.

* **America Online** war nicht der erste Internetservice-Provider, aber er

hielt, dank großzügiger PR-Unterstützung, als erster ISP Einzug in die Köpfe der Verbraucher. Außerdem führte AOL am 1. Dezember 1996 eine Flatrate ein, ein sehr starker Anreiz. (Anfangs wurde der Dienst für 19,95 Dollar im Monat angeboten. Gegenwärtig kostet er 23,90 Dollar.)

- **Amazon** war nicht der erste Online-Buchversand (das war Powells.com), aber Amazon wurde als Erster von den Kunden wahrgenommen. Und er bot den Rabatt von 30 Prozent als starken Anreiz an.
- **Monster** war vermutlich nicht die erste Jobvermittlungssite im Internet, aber sie wurde als Erste von den Interessenten registriert. Darüber hinaus sind die 800.000 offenen Stellen, die auf der Site angeboten werden, ein starker Anreiz.
- **EBay** war die erste Online-Auktionssite. Bei 29 Millionen eingetragenen Nutzern und Millionen von angebotenen Produkten liegt der Anreiz in der Größe und Stärke der Website.
- **Priceline** war die erste »Gebots«-Site für Flugtickets und Hotelzimmer. Als Anreiz dient hier die erhebliche Ersparnis, die man durch die Nutzung der Site erzielen kann.
- **Travelocity** und **Expedia** waren nicht die ersten Online-Reisebüros, aber sie wurden als Erste von den Kunden registriert. Interessant sind die Preis- und Routenvergleiche, die auf den Sites angeboten werden.

Wie groß ist der Markt? Wer sich nach einer neuen Sparte umsieht, die er als Erster belegen kann, sollte gewiss nicht mit dieser Frage anfangen.

Vielmehr sollte er sich fragen: Welche neue Sparte kann ich schaffen? Hat sie Aussicht auf positive Publicity? Welchen Anreiz kann ich potenziellen Kunden bieten, damit sie die neue Sparte wählen?

Der Vorstoß in einen bestehenden Markt ist deshalb so schwierig, weil der Markt bereits besetzt ist. Der Cola-Markt, der Bier-Markt, der Wodka-Markt, das sind alles große Märkte, aber sie werden in Amerika bereits von so bekannten Markennamen wie Coca-Cola, Budweiser und Smirnoff beansprucht.

Wenn Sie in einer neuen Kategorie als Erster Fuß fassen und einen mächtigen Anreiz bieten, können Sie sicher sein, dass die Werbegemeinde sich bei Ihnen melden und Ihnen ihre Hilfe anbieten wird. An diesem Punkt müssen Sie sich das größte Manko der Werbung klar vor Augen halten.

Werbung hat zu wenig Glaubwürdigkeit, um eine negative Publicity auszugleichen. Die Käufer von Autoreifen glaubten dem Reifenhersteller Firestone nicht, als dieser erklärte, dass er »es richtig mache«.

8. Werbung und Glaubwürdigkeit

Das Restaurant um die Ecke, das neben dem Eingang mit »erlesenen Spezialitäten« wirbt, hat das Problem der Glaubwürdigkeit. Der Milliarden-Dollar-Konzern, der 2 Millionen Dollar für einen Spot während der Super Bowl ausgibt, hat genau das gleiche Problem, auch wenn er es vielleicht nicht wahrhaben will.

Übertriebene Behauptungen und übersteigerte Mengenangaben tragen dazu bei, dass die Effektivität einer Anzeige sinkt, dabei ist Glaubwürdigkeit das A und O. Ganz gleich, wie kreativ die Anzeige sein mag, ganz gleich, wie geeignet das Medium ist, um die Frage der Glaubwürdigkeit kommt man nicht herum.

Eine Werbebotschaft wird generell als einseitig, unausgewogen, eigennützig wahrgenommen, eher am Unternehmen als am Kunden orientiert. Glauben Sie etwa, was Sie in Anzeigen lesen? Die wenigsten Menschen tun das. Als Folge lesen die meisten Menschen Anzeigen gar nicht und schenken auch den Werbespots im Radio und Fernsehen keine Beachtung.

Doch damit nicht genug. In gewisser Hinsicht impliziert jede Werbebotschaft genau das Gegenteil von dem, was der Inserent beabsichtigt hat. In manchen Fällen ist diese »Implikation des Gegenteils« so stark, dass die Anzeige dem Inserenten tatsächlich eher schadet als nützt.

Nehmen wir an, ein Fischkonservenhersteller schaltet eine Anzeige, in der es heißt: »Tests haben bewiesen, dass der Verzehr von Prima Fisch absolut unbedenklich ist.« Was würde ein Leser danach denken?

»Bestimmt sind Menschen krank geworden, nachdem sie Prima Fisch gegessen haben, sonst würden sie nicht so eine Anzeige schalten.«

»Es richtig machen«

Wer hat unter der Schlagzeile »Making It Right« mit folgendem Text inseriert: »Wir machen es richtig. Sie haben unser Wort. Wenn Sie Reifen kaufen, dann kaufen Sie nicht einfach Gummi und Stahl ... Sie wollen die Sicherheit, dass Ihre Reifen Sie an Ihren Zielort bringen – sicher. Ihre Sicherheit ist unser vorrangiges Anliegen«?

Das war weder Goodyear noch Goodrich oder Michelin. Diese Hersteller hatten es nicht nötig, Anzeigen zur Sicherheit ihrer Reifen zu produzieren. Die Öffentlichkeit hatte keinen Grund, an der Sicherheit ihrer Reifen zu zweifeln.

Vielmehr schaltete Firestone die »Making It Right«-Werbekampagne. Aber wegen des Medienrummels um die unzähligen geplatzten Firestone-Reifen dürften die meisten Leser sich das schon gedacht haben.

»Probleme mit Reifenprofil haben Rückruf von 6,5 Millionen Firestone-Reifen zur Folge«, lautete die Schlagzeile eines Beitrags in der *New York Times*. »In Anbetracht von 50 Klagen, 46 Toten, 80 Verletzten und einer polizeilichen Ermittlung erklärte das Unternehmen, dass es die 6,5 Millionen Reifen, die noch im Gebrauch sind, kostenlos ersetzen werde.«

In der Werbegemeinde muss doch eine enorme Naivität herrschen. Nach 50 Klagen, 46 Todesfällen, 80 Verletzten und einer polizeilichen Ermittlung wollen sie die Probleme Firestones lösen, indem sie eine Werbekampagne starten, die besagt, dass man sich wegen der Sicherheit der Firestone-Reifen keine Gedanken machen müsse, weil die Firestone-Leute »es richtig machen«?

Die Anzeige impliziert natürlich genau das Gegenteil. »Sie sind bestimmt besorgt um die Sicherheit der Firestone-Reifen, sonst würden sie nicht Millionen Dollar für eine Werbekampagne zu dem Thema ausgeben.«

»Qualität hat Vorrang«

Seit mehr als einem Jahrzehnt erklärt Ford: »Quality is Job 1«. Glauben die Kunden, dass Autos von Ford eine höhere Qualität aufweisen als die der Konkurrenz? Die Meinungsforscher sagen nein. Unter den großen Autoherstellern belegt Ford in puncto Qualität den letzten Platz.

Laut der aktuellen Umfrage von J.D. Power & Associates zu 14 verschiedenen PKW- und LKW-Kategorien war keine einzige Fordmarke bei »Qualität ab Werk« in der Spitzengruppe. In derselben Umfrage lag die Marke Ford beim »Kundendienst« unter dem Durchschnitt. Ford lag auch bei »Zufriedenheit« nicht unter den Top Ten.

Die Botschaft (Qualität) mochte zwar richtig sein, aber der Überbringer (Werbeanzeige) ist falsch. Werbung ist nicht glaubwürdig. Einer Werbeanzeige wird niemand Glauben schenken, weil Verbraucher sie als voreingenommen empfinden. Werbung ist die Stimme des Verkäufers. Für den potenziellen Käufer mangelt es der Werbung an Objektivität. Ein Verbraucher hat keine Möglichkeit, eigenständig die Korrektheit der Behauptungen in der Anzeige zu überprüfen.

Es hat schon so viele unsinnige Behauptungen in Anzeigen gegeben, dass die meisten Menschen Werbung generell für Schaumschlägerei halten. In einem Prozess, in dem es um übertriebene Behauptungen geht, verteidigen die Unternehmen sich in der Regel mit dem Hinweis, Übertreibungen als »die übliche Schaumschlägerei in der Werbung« zu bezeichnen.

»Ihre Sicherheit ist für uns oberstes Gebot«

Als etliche Ford Explorer sich wegen geplatzter Reifen überschlagen hatten, reagierte Ford genauso naiv wie Firestone. Das Unternehmen brachte eine Anzeige, in der es hieß: »Ihre Sicherheit ist für uns oberstes Gebot. Sie haben meine persönliche Garantie, dass wir alle bei Ford nicht ruhen werden, bis jeder zurückgerufene Reifen ausgetauscht ist.« Die Anzeigen wurden von Jacques Nasser unterschrieben, dem Präsidenten und CEO der Ford Motor Company. (Kürzlich wurde Herr Nasser selbst entlassen.)

Was hätten Ford und Firestone denn tun sollen?

Nichts. Sie können nur darauf hoffen, dass die Reifenkäufer im Laufe der Zeit vergessen werden. Und sie werden vergessen, wenn Firestone lange genug wartet. Zeit heilt alle Wunden. In dieser Situation Anzeigen zu schalten, ist wie Öl ins Feuer gießen. Es verschlimmert das Problem, indem es die Reifenkäufer daran erinnert, dass das Unternehmen Probleme mit der Sicherheit hat.

Sobald ein Flugzeug einer Fluggesellschaft abstürzt, sagt die Linie sofort sämtliche Anzeigen ab, in der Regel mindestens einen Monat lang. Sie bringt ganz bestimmt keine Anzeige, in der es heißt: »Wir verdoppeln unsere Wartungsbemühungen.«

Die Implikation des Gegenteils

Nicht nur Firmenchefs, sondern auch Berühmtheiten, Filmstars und sogar Politiker versäumen es häufig, die Konnotationen dessen zu berücksichtigen, was sie sagen. Als Richard Nixon, der einzige Präsident der Vereinigten Staaten, der jemals zurücktrat, sagte: »Ich werde nicht zurücktreten«, da wussten alle in Amerika, dass er es tun würde.

Und was dachten die Menschen wohl, als Nixon sagte: »Ich bin kein Schwindler«? Ganz genau.

Was dachten die Menschen wohl, als George Bush Sr. ankündigte: »Hört meine Worte, keine neuen Steuern«? Genau.

Was dachten die Menschen wohl, als Bill Clinton erklärte: »Ich hatte keine sexuellen Beziehungen zu dieser Frau ... Monica Lewinsky«? Genau.

Was dachte die Finanzwelt wohl, als Präsident Fernando de la Rua der ganzen Welt versicherte, dass Argentinien bei seinen Schuldenzahlungen nicht in Verzug geraten würde? Genau. (Und sie hatten Recht.)

Was impliziert eine Anzeige, in der es heißt: »Ausverkauf. 50 Prozent Nachlass auf alle Waren in unserem Laden.«

Genau. Die Leute denken, der Laden würde die Kunden ausnehmen, weil die regulären Preise völlig überteuert wären.

Die Implikationen der Werbung

Welche Implikationen hat eine Anzeige für Fluglinien, die große Einsparungen verspricht, wenn Sie zwei Wochen im Voraus buchen und übers Wochenende bleiben?

Genau. Die Leute denken, Fluglinien würden ihre Kunden ausnehmen, indem sie viel zu hohe reguläre Preise verlangen.

Was haben Autokäufer sich wohl gedacht, als Oldsmobile folgende Werbekampagne startete: »Das ist doch nicht der Oldsmobile Ihres Vaters«?

Genau. Die würden das nicht sagen, wenn alte Leute nicht Oldsmobile fahren würden. »Ich will nicht denselben Wagen fahren, den mein Alter fährt.« Der Absatz fiel um 15 Prozent.

Die Kampagne von Oldsmobile hatte alles, was man von einer guten Werbekampagne allgemein erwartet. Sie war ein kreativer Erfolg, über sie wurde geredet, sie wurde zu einem Teil der Alltagskultur. Sie erreichte alles, mit einer Ausnahme: Autos verkaufen.

Wie denken Sie über König Fahd von Saudi-Arabien? Die Saudis geben Millionen für eine Werbekampagne aus, die ihren Ruf aufpolieren soll, darunter zwölfseitige, vierfarbige Anzeigen in den Wochenzeitungen.

Auf dem Titel ein Zitat von George Bush, Sr.: »Ein außerordentlich kooperativer, entschlossener Monarch mit Grundsätzen. Er ist ein wunderbarer Mensch. Ich habe ihn persönlich kennen gelernt und schätze ihn sehr.«

Wie denken Sie über König Fahd? Die meisten Menschen halten ihn für einen totalitären Alleinherrscher eines diktatorischen Staates. Werden die zwölfseitigen Anzeigen an dieser Wahrnehmung etwas ändern? Das bezweifeln wir.

Was geschieht, wenn Sie jemanden treffen, den Sie schon jahrelang nicht mehr gesehen haben, und diese Person sagt: »Du siehst großartig aus«?

Genau. Sie denken bei sich: Ich sehe bestimmt furchtbar aus.

Und was dachten die meisten Manager wohl, als der Vorsitzende der American Association of Advertising Agencies sagte: »Immer mehr Kunden verlieren den Glauben an die elementarsten Grundsätze unseres Geschäfts: gute Werbung produzieren, mehr Waren verkaufen, starke Marken aufbauen, mehr Gewinne erzielen«?

Genau. Der Werbebranche muss es ganz schön dreckig gehen.

Der Vorsitzende fügte seinem Gedankengang hinzu: »Werbung wird nicht als das angesehen, was sie meiner Meinung nach ist: das allermächtigste Mittel, ein lukratives Umsatzwachstum zu erzielen und den Markenwert zu steigern, was wiederum die Ertragslage des Kunden drastisch verbessert.«

Hört meine Worte: Werbung ist das mächtigste Mittel, ein lukratives Umsatzwachstum zu erzielen und den Markenwert zu steigern.

Genau. Der Werbebranche muss es wirklich dreckig gehen.

Wenn Werbeleute die Bedeutung der Werbung anpreisen, dann gehen sie in dieselbe Falle, in die auch die Werbung selbst gegangen ist. Ihre Worte implizieren genau das Gegenteil.

»Die Werbung steckt in Schwierigkeiten. Wir müssen unsere Kunden wieder davon überzeugen, dass Werbung immer noch das mächtigste Mittel ist, eine Marke aufzubauen.«

Die Werbebranche hat in den Chefetagen amerikanischer Unternehmen in der Tat einen schlechten Ruf. Genau deshalb halten die führenden Vertreter des Verbandes der Werbeagenturen Vorträge zu diesem Thema und genau deshalb inseriert die American Advertising Federation ihre Kampagne »große Marken«.

Man merkt, dass die Werbebranche in Schwierigkeiten steckt, wenn die Anzeigen selbst viel Aufhebens darum machen. Die aktuelle Reihe von Werbesendungen für Nextel mit Dennis Franz ist ein gutes Beispiel. Franz spielt in der Serie *NYPD Blue* den ständig schlecht gelaunten Detective Andy Sipowicz.

»Ich mache keine Werbesendungen«, brüllt Herr Franz in sein Nextel-Telefon. »Die sind unaufrichtig und verlogen. Sie erwarten doch nicht von mir, dass ich ein Produkt anpreise, das ich nicht einmal benutze? Vergessen Sie es, da mache ich nicht mit.« (Der einzige Hinweis, dass es sich um eine Nextel-Anzeige handelt, ist ein Fernseher auf der Anrichte, auf dem im Hintergrund ein Werbespot für Nextel zu sehen ist.)

Ein weiteres Anzeichen dafür, dass die Werbebranche tief im Schlamassel steckt, ist die Verlagerung der Ressourcen von Werbeanzeigen zu Reklameaktionen (für Verbraucher und Handel). Bei den Verpackungsgütern, einer langjährigen Hochburg der Werbung, fiel der Anteil der Werbung am Marketingbudget von 60 Prozent im Jahr 1977 auf etwa 30 Prozent heute.

Folglich muss dringend nach Alternativen Ausschau gehalten werden.

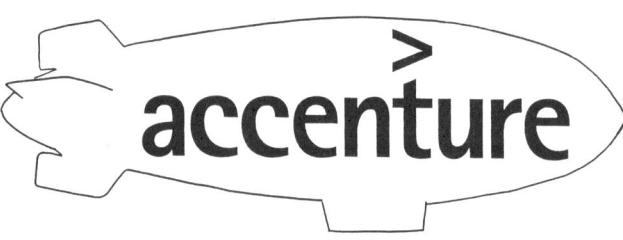

Wo man auch hinschaut, selbst am Himmel, überall ist Werbung zu sehen. Accenture, Budweiser und Mazda sind nur einige der Unternehmen, die Zeppeline als Alternative zu den traditionellen Medien einsetzen.

9. Die Suche nach Alternativen

Ein weiteres Anzeichen dafür, dass die traditionelle Werbung in Schwierigkeiten steckt, ist die intensive Suche nach alternativen Medien. Manche Auftraggeber versuchen vom üblichen Kommunikationsweg – über Print- und Rundfunkmedien – abzugehen und kommen auf die verrücktesten und wunderbarsten Einfälle, um ihre Werbedollars auszugeben.

Zeppeline sind momentan der große Renner. Nach der Pionierarbeit von Goodyear und MetLife benutzen mittlerweile viele Unternehmen Werbezeppeline. Accenture, Budweiser, CDW, Computer Centers, Horizon Blue Cross/Blue Shield, Hood, Monster.com, Izod, Mazda und Sanyo sind nur einige Beispiele für Werbezeppeline.

Für rund 3 Millionen Dollar im Jahr kann jedes Unternehmen seine Botschaft auf eine Reklametafel in der Luft platzieren. Werbezeppeline werden nicht nur in den USA eingesetzt. Auf der ganzen Welt verwenden Unternehmen Zeppeline, etwa Fagor in Spanien, Liebherr in Deutschland und StarHub in Singapur.

Neben der Möglichkeit, einen Werbezeppelin über einem Stadion fliegen zu lassen, kann man auch direkt dem Stadion seinen Firmennamen verleihen. Die folgende Liste enthält einige Beispiele für aktuelle Namenspatrone, die betroffenen Mannschaften, die Laufzeit und den Preis:

* Adelphia Coliseum, Tennessee Titans, 15 Jahre, 30 Millionen Dollar
* CMGI Field, New England Patriots, 15 Jahre, 115 Millionen Dollar
* Compaq Center, San Jose Sharks, 15 Jahre, 49 Millionen Dollar
* Enron Field, Houston Astros, 30 Jahre, 100 Millionen Dollar (Vor kurzem zahlten die Astros 2,1 Millionen Dollar für die Auflösung dieses Vertrags.)
* Ericsson Stadium, Carolina Panthers, 10 Jahre, 20 Millionen Dollar

- FedEx Field, Washington Redskins, 20 Jahre, 205 Millionen Dollar
- Heinz Field, Pittsburgh Steelers, 20 Jahre, 457 Millionen Dollar
- Invesco Field, Denver Broncos, 20 Jahre, 120 Millionen Dollar
- MCI Center, Washington Wizards, 20 Jahre, 44 Millionen Dollar
- Pacific Bell Park, San Francisco Giants, 24 Jahre, 50 Millionen Dollar
- Philips Arena, Atlanta Hawks, 20 Jahre, 200 Millionen Dollar
- PSINet Stadium, Baltimore Ravens, 20 Jahre, 105 Millionen Dollar (Als PSINet Bankrott ging, kauften die Ravens das Namensrecht für 5,9 Millionen Dollar zurück.)
- Qualcomm Stadium, San Diego Chargers, 20 Jahre, 18 Millionen Dollar
- Reliant Stadium, Houston Texans, 30 Jahre, 300 Millionen Dollar
- Safeco Field, Seattle Mariners, 20 Jahre, 80 Millionen Dollar
- Savvis Center, St. Louis Blues, 20 Jahre, 72 Millionen Dollar
- Staples Center, Los Angeles Lakers, 20 Jahre, 100 Millionen Dollar

Wer nicht das ganze Stadion kaufen will, kann gegen eine ansehnliche Summe seinen Firmennamen auch in den Namen eines Spiels aufnehmen lassen. Gegenwärtig gibt es in Amerika die AXA Liberty Bowl, Capital One Citrus Bowl, Chick-fil-A Peach Bowl, Culligan Holiday Bowl, FedEx Orange Bowl, SBC Cotton Bowl und die Tostitos Fiesta Bowl, um nur einige zu nennen.

Der nächste logische Schritt ist die Benennung der Teams selbst. Dem Vernehmen nach soll Federal Express 120 Millionen Dollar dafür geboten haben, dass das neue NBA-Team in seiner Heimatstadt Memphis Express genannt wird. Selbstverständlich wollten sie, dass das Team in den Farben von FedEx auftritt, Orange und Purpur. Die NBA verweigerte das, aber Firmennamen für Sportmannschaften werden früher oder später mit Sicherheit kommen. Ironischerweise wurde das erste Team der National Basketball Association in Fort Wayne, die Pistons, die mittlerweile in Detroit sitzen, damals nach dem Unternehmen Zollner Piston benannt.

Hinzu kommen noch die »Teamärzte«. Einige Pharmakonzerne zahlen jährlich sage und schreibe 1,5 Millionen Dollar dafür, dass sie ein Profi-Baseballteam mit Medikamenten versorgen. 25 Teams haben Arzneimittelsponsoren. Fünf davon haben Exklusivverträge abgeschlossen.

Der Mannschaftssport scheint in die gleiche Richtung zu gehen wie Individualsportarten, zum Beispiel die Stockcar-Rennen von NASCAR. Sowohl die Rennwagen als auch die Fahrer sind so mit Werbung bedeckt, dass einem ganz schwindlig wird. Auf einem einzigen Auto können bis zu 20 Logos von Sponsoren zu sehen sein. Und nach einem Rennsieg greift ein Fahrer als Erstes nach einem Drink seines Sponsors, nach der Sonnenbrille und nach dem Hut, noch bevor er aus dem Wagen steigt.

In der Zukunft könnten Sie Werbung im Stile der Rennwagen auf den Straßen sehen. Mit Hilfe einer neuen Beschriftungstechnik namens »Vehicle wrapping« ist es möglich, eine gewöhnliche Limousine ganz in bunte Anzeigen auf selbstklebendem Vinyl einzuhüllen. Inserenten wie General Mills und Procter & Gamble zahlen den Leuten monatlich rund 250 Dollar dafür, dass sie mit ihren Reklameautos durch die Stadt fahren.

Wohin man heute auch fährt, man kann sich den Fängen der Werbung nicht entziehen. Immer mehr Zapfsäulen und Pressluftgeräte sind mit Werbebotschaften bedeckt.

Sogar das Einkaufszentrum in Ihrer Nähe könnte von Sponsoren gekauft werden. Discover Mills, ein neues Einkaufszentrum außerhalb von Atlanta, wird von der Kreditkarte Discover gesponsert.

Ferner gibt es die »Tunnelwerbung«, ein ausgefallenes und rasch um sich greifendes Phänomen, das in Europa seinen Anfang nahm. Adidas und Coca-Cola kauften über MotionPoster, eine englische Firma, Werbeflächen in den U-Bahnen von Budapest und Athen. Nun soll das Unternehmen auch in Frankfurt, München und Seoul derartige Tunnelsysteme installieren.

Die Tunnelwerbung verwendet eine Reihe beleuchteter Symbole oder Bilder, die von dem fahrenden Zug aus animiert wirken. Dabei wird ungefähr der gleiche Effekt erzielt wie beim Ansehen eines 30-Sekunden-Werbespots.

Werbung ist überall

Werbebotschaften stürmen überall auf uns ein. Man kann nicht mit einem Flugzeug vor ihnen entfliehen. Die Fernsehprogramme während des Fluges sind mit Anzeigen überladen. Selbst die Mappen für die Flugtickets enthalten Werbeanzeigen. Die aktuelle Mappe von AirTran enthält neun Seiten Werbung. Monster.com hat sogar sein Firmenlogo in ein zwei Hektar großes Feld unter der Einflugschneise des O'Hare-Flughafens von Chicago eingefräst.

Man kann sich im Supermarkt der Werbung nicht entziehen. Zusätzlich zu den Auslagen und Plakaten ist häufig Werbung auf der Rückseite des Kassenzettels zu finden.

Man kann sich ihr im Aufzug nicht entziehen. Immer mehr hohe Geschäftsgebäude ersetzen ihre kostspielige musikalische Berieselung durch lukrative Videoanzeigen.

Man kann sich ihr in der Toilette nicht entziehen. Viele Klubs und Restaurants haben an der Innenseite der Türen Werbeanzeigen. Selbst auf der Landwirtschaftsmesse California State Fair preist Procter & Gamble in den Toiletten die greifbaren Vorzüge seiner Papierprodukte an.

Man kann sich ihr am Strand nicht entziehen. Eine Firma aus New Jersey, Beach'n Billboard, gräbt die gewünschte Anzeige in den Sand. Für ungefähr 20.000 Dollar können Sie einen Monat lang tagtäglich eine halbe Meile Strandanzeigen bekommen.

Künftig sind wir möglicherweise nicht einmal im Stande, uns der Werbung in Büchern zu entziehen. Der italienische Juwelier Bulgari warb die Bestsellerautorin Fay Weldon für einen Roman mit dem Titel *The Bulgari Connection*. Auf dem Einband ist ein Halsband von Bulgari zu sehen, das in der Geschichte eine zentrale Rolle spielt.

»Die so genannten Ambient-Medien sind auf dem Vormarsch«, stellt die Zeitschrift *Time* fest, »weil Unternehmen die herkömmlichen Massenmedien meiden, versuchen sie auf diese Weise, die abgestumpften Verbraucher dort zu erreichen, wo sie arbeiten, einkaufen und sich vergnügen.«

Die Inserenten erhalten Hauptrollen in neuen Fernsehserien, indem sie ihre

Botschaften auf die Betonbegrenzungen von Parkplätzen pinseln und sie in Wiederholungen nachträglich elektronisch einbauen lassen. Bei vielen Baseballübertragungen geschieht das bereits. Außerdem zahlen die Hersteller dafür, dass ihre Produkte in Spielfilmen zu sehen sind.

Für etwa 4 Millionen Dollar sponsert Honda den Großformatfilm *Pulse: A Stomp Odyssey*, der für IMAX-Theater gedreht wurde. Pfizer sponserte ebenfalls einen IMAX-Film für seine Marke Certs.

Weshalb halten so viele Inserenten nach alternativen Medien Ausschau? Es ist ganz einfach eine Tatsache, dass die traditionelle Werbung nicht allzu gut funktioniert. Wenn sie das täte, dann würde man keine Zeppelin-, Strand-, Toiletten- oder Buchwerbung sehen.

Es reicht nicht aus, das bessere Produkt oder die bessere Dienstleistung anzubieten. Es reicht nicht aus, den günstigeren Preis zu verlangen. Wer heute Erfolg haben will, muss eine bessere Marke schaffen. Und was ist eine Marke? Eine Marke ist eine Wahrnehmung im Kopf des potenziellen Kunden.

Wahrnehmung heißt das Spiel, und Werbung wird als die einzige Möglichkeit betrachtet, eine bessere Wahrnehmung zu erreichen. Das stimmt natürlich nicht, aber das ist die geltende Meinung.

Es gibt eine bessere Alternative

Und diese bessere Alternative ist Öffentlichkeitsarbeit, Publicity oder, wie deren Vertreter es gerne nennen, Public Relations, kurz PR.

Wie immer man die Funktion auch nennen mag (Öffentlichkeitsarbeit, Publicity, PR oder Public Relations), das Ziel ist stets dasselbe: Erzählen Sie das, was Sie sagen wollen, über Dritte, allen voran über die Medien.

PR hat viele Nachteile. Sie haben dabei weder Einfluss auf den Inhalt noch auf das Timing oder auf das visuelle Äußere Ihrer Botschaft. Sie können nicht einmal sicher sein, dass Ihre Botschaften überhaupt weitergegeben werden.

Aber der große Vorteil von PR macht sämtliche Nachteile wett. PR ist nämlich glaubwürdig, Werbung nicht. Die Leute glauben, was sie in der Zeitung oder in Zeitschriften lesen und was sie im Radio hören oder im Fernsehen sehen.

Verbraucher sind zynisch, misstrauisch und vorsichtig. Je höher der Werbeaufwand, desto stärker suchen sie bei unabhängigen, dritten Informationsquellen Empfehlungen und Ratschläge: bei Freunden, Verwandten, Nachbarn und natürlich bei den Medien in ihrer ganzen Vielfalt.

In den seltensten Fällen sehen sie sich Anzeigen an.

TEIL 2

DER AUFSTIEG VON PUBLIC RELATIONS

PlayStation wurde zur meistverkauften Videospielmarke – in erster Linie dank unzähliger Medienberichte wie dieser Titelstory über PlayStation 2 in der Newsweek-Ausgabe vom 6. März 2000.

10. Der Einfluss von Dritten

»Alles, was ich weiß«, sagte der Komiker Will Rogers einmal, »habe ich in der Zeitung gelesen.« Das stimmt. Die meisten Menschen »wissen« nur das, was sie in den Medien gelesen, gesehen oder gehört haben oder was sie von anderen Menschen erfahren haben, denen sie vertrauen.

Das Leben ist schwierig. Wer hat schon die Zeit, selbst die Qualität oder die Merkmale der ungeheuren Vielfalt an Produkten und Dienstleistungen zu überprüfen, die man sich anschaffen möchte? Wir lassen uns von den Medien leiten.

Wer stellt die »besten« Autos her? Fragt man einen Durchschnittsamerikaner, so wird man häufig die Antwort Mercedes-Benz hören. Fragt man als Nächstes: Haben Sie einen? Nein. Haben Sie schon einmal einen gefahren? Nein. Kennen Sie jemanden, der einen hat? Nein.

Woher wissen Sie dann, wer die besten Autos herstellt? Man muss schon ein Komiker wie Will Rogers oder Jerry Seinfeld sein, um das Naheliegende zuzugeben. »Alles, was ich weiß, habe ich in der Zeitung gelesen.«

Die meisten Menschen bestimmen, was am besten ist, indem sie herausfinden, was andere Menschen für das Beste halten. Und die beiden Hauptquellen für diese Entscheidung sind die Medien und die Mund-zu-Mund-Werbung.

Man kann nicht in der heutigen Welt leben und die Realität nur mit den eigenen Augen und Ohren beobachten. Man muss sich auf die Augen und Ohren Dritter verlassen, die zwischen einem und der Realität vermitteln. Medienanbieter sind die wichtigsten Bindeglieder, die dem Leben vieler Menschen neue Bedeutung geben.

Ohne die von den Medien gelieferten Informationen könnte man gar nicht am politischen oder wirtschaftlichen Leben einer kapitalistischen Gesellschaft teilnehmen. Kaum jemand wird alles glauben, was er in der Zeitung liest, aber wir alle werden sehr stark von den Medien beeinflusst.

Verglichen mit dem Einfluss der Presse hat Werbung fast keine Glaubwürdigkeit. Angenommen, Sie hätten die Wahl: Sie könnten in einer Zeitung oder Zeitschrift inserieren oder Ihre Story würde in Form eines Artikels gebracht. Wie viele Unternehmen würden eine Anzeige dem Artikel vorziehen?

Kein einziges. Werbung ist nicht glaubwürdig.

Manche Unternehmen sind sogar dazu übergegangen, Anzeigen zu schalten, die wie ein redaktioneller Beitrag aussehen. Doch diese subversive Taktik wurde rasch von den Herausgebern blockiert, indem sie die Seite mit dem gefürchteten Wort *Anzeige* kennzeichneten. Dieses eine Wort wirkt sich außerordentlich negativ auf die Zahl der Leser und auf die Glaubwürdigkeit aus.

Seien Sie ehrlich. Wie lesen Sie eine Zeitung oder eine Zeitschrift oder sehen sich ein Fernsehprogramm an? Machen Sie denn keinen Unterschied zwischen Sendungen und Werbung? Sehen Sie sich nicht nur die Anzeigen an, die Ihnen besonders interessant oder unterhaltsam erscheinen? Und betrachten Sie nicht selbst solche Inserate mit einer gehörigen Portion Skepsis?

Eine Zeitung besteht in der Regel zu 30 Prozent aus redaktionellem Teil und zu 70 Prozent aus Werbung. Wofür verwenden Sie beim Lesen mehr Zeit? Für den Durchschnittsbürger sind die Artikel Inseln der Objektivität in einem Meer der Parteilichkeit.

Das hässliche kleine Geheimnis der Werbung

Regis McKenna, eine bekannte Marketingberaterin, die vor mehr als einem Jahrzehnt für die *Harvard Business Review* schrieb, drückte es einmal so aus: »Wir verfolgen gegenwärtig das Veralten der Werbung. ... Zum Ersten ist das Übermaß an Werbung inzwischen auf die Werbung selbst zurückgeprallt. ... Die zweite Entwicklung in der Werbung ist eine unmittelbare Folge der ersten: Da die Werbung ins Kraut geschossen ist und immer aufdringlicher wurde, haben die

Verbraucher die Nase voll davon. Je mehr Werbung versucht, auf uns einzustürmen, desto stärker schotten die Menschen sich dagegen ab. ... Beiden Faktoren liegt das hässliche kleine Geheimnis der Werbung zu Grunde: Sie dient keinem nützlichen Zweck.«

Meldungen zufolge gab Microsoft für die weltweite Einführung von Windows XP 1 Milliarde Dollar an Werbung aus. Aber was wird potenzielle Kunden veranlassen, von Windows 98, Windows Me oder Windows 2000 zu Windows XP zu wechseln? Bestimmt nicht das, was sie in der Anzeige lesen. Sie werden ihre Entscheidung auf Grund der Unzahl an Beiträgen treffen, die in den Medien kamen.

»Oracle wird Ihr Web drei Mal so schnell steuern wie IBM oder Microsoft«, heißt es in einer ganzseitigen Anzeige im *Wall Street Journal.* Was hat der durchschnittliche Leser sich Ihrer Meinung nach gedacht, als er diese Botschaft von Oracle las?

»Da muss doch ein Haken an der Sache sein.« Und was dachte der durchschnittliche Leser wohl, als er die Oracle-Anzeige bis zum Ende las: »Oder wir schenken Ihnen 1.000.000 Dollar.«

»Jetzt weiß ich, dass die Sache einen Haken hat. Larry Ellison verschenkt bestimmt nicht eine Million Dollar, außer vielleicht an sich selbst.«

Angenommen, es stimmt tatsächlich. Angenommen, Oracle steuert Ihr Web wirklich drei Mal so schnell wie IBM oder Microsoft und die Sache hat keinen Haken. Würden Sie der Oracle-Anzeige Glauben schenken?

Bei der Bewertung von Botschaften wie der von Oracle suchen die Leser immer nach Schlupflöchern. Und das letzte Schlupfloch ist immer: »Wie kommt es, dass ich darüber noch nichts gelesen habe? Irgendjemand hätte doch bestimmt eine Story geschrieben, wenn die Behauptung und das Angebot Oracles wirklich berechtigt wären.«

Wenn eine gedruckte Anzeige oder ein Spot in Rundfunk und Fernsehen eine Wirkung erzielen soll, dann brauchen sie im Allgemeinen eine Bestätigung von außen. Die Botschaft muss dem Kunden aus den Medien schon bekannt sein.

Tu, was ich sage, nicht was ich tue

Ironischerweise betreiben Amerikas Werbeagenturen, die Gefolgsleute des Grundsatzes »Werbung baut Marken auf«, selbst so gut wie keine Werbung. Vielmehr stützen sie sich sehr stark auf PR-Arbeit, um ihre eigene Marke aufzubauen. Sie überschwemmen die Fachpresse, allen voran *Advertising Age* und *Adweek,* mit Beispielen ihrer Arbeit. Kein Preis, wie banal er auch sein mag, wird nicht bejubelt.

Wir haben uns fünf aufeinander folgende Ausgaben von *Advertising Age* angesehen. Mit Ausnahme von einigen Kleinanzeigen mit Stellenangeboten konnten wir keine einzige Anzeige für eine Werbeagentur entdecken.

»Tu, was ich sage, nicht was ich tue«, scheint das Motto des Werbeestablishments zu lauten. Sie verkaufen Werbung an andere, kaufen aber keine Werbung für sich.

Neben der Fachpresse legen amerikanische Werbeagenturen großen Wert auf Publicity für sich und ihre Werbeanzeigen in den großen fünf US-Blättern: *Wall Street Journal, New York Times, USA Today, Los Angeles Times* und *Chicago Tribune.* Publicity heißt heute das Spiel der Werbeagenturen.

Wie kann man an Werbung für andere glauben, wenn man nicht an Werbung für sich selbst glaubt? Werbung: das Mittel, das große Marken erst zu großen Marken macht, mit Ausnahme der Marken von Werbeagenturen.

Vielleicht haben professionelle Dienstleistungsfirmen wie Werbeagenturen es nicht nötig, zu werben. Vielleicht genügt ihr guter Ruf, um ihnen die nötigen Aufträge zu verschaffen. Schon möglich, aber Werbeagenturen haben keine Probleme, professionellen Dienstleistern wie PricewaterhouseCoopers, KPMG, Deloitte & Touche, Ernst & Young und Arthur Andersen zu einem hohen Werbebudget zu raten.

(Wird das Werbeprogramm, das von Arthur Andersen gestartet wurde, die Beraterfirma retten? Setzen Sie nicht darauf.)

Werbung für PR-Zwecke

Viele Agenturen entwerfen auch Werbekampagnen, deren einziger Zweck es ist, Publicity zu erregen, nicht irgendetwas zu verkaufen. Das beste Beispiel hierfür ist der Werbespot für Apple Macintosh »1984«, der nur ein einziges Mal während der Super-Bowl-Übertragung von 1984 gezeigt wurde.

Mal ganz ehrlich: Wenn Sie den Macintosh-Spot (als eine der 237 Botschaften, die an jenem Sonntag auf Sie einstürmten) gesehen hätten, hätten Sie sich einen Tag später noch daran erinnert? Eine Woche später? Ein ganzes Jahr später?

Viele Amerikaner erinnern sich noch heute an diese Fernsehwerbung, weil darüber häufig in den Medien berichtet wurde. Die Publicity machte die Werbung denkwürdig. Ohne PR wäre der Macintosh-Spot nur eine Fernsehwerbung unter vielen gewesen.

(Nebenbei bemerkt, wenn die Macintosh-Werbung so effektiv war, wie kommt es dann, dass die Marke Macintosh nicht mit den Marktführern Dell, Compaq, Hewlett-Packard und IBM Schritt halten kann?)

Agenturen machen gern Werbung, die Publicity erregt, weil die Publicity der Agentur ebenso nützt wie dem Kunden. Bei vielen Agenturen sind die Anzeigen nur die Haken, an denen sie eine Publicity-Kampagne aufhängen.

Die wohl wirkungsvollste, auf Publicity ausgerichtete Werbekampagne aller Zeiten war eine Reihe von Pepsi-Cola-Werbespots von 1984 mit Michael Jackson. Pepsi hatte das Glück, dass Jacksons Haare während der Dreharbeiten zu einem Spot Feuer fingen, und die Presse stürzte sich natürlich auf die Story. Die Publicity, die auf die brennenden Haare folgte, nutzte Pepsi-Cola viel mehr als alle Werbespots.

Drei Jahre später meldete sich Coca-Cola mit dem computeranimierten Talkmaster Max Headroom zurück, der für eine Zeit lang einige Berühmtheit erlangte, als er auf der Titelseite von *Newsweek* und anderen Blättern zu sehen war.

Die Werbebranche hat sich weitgehend von dem Prinzip verabschiedet, das »Verkaufstalent auf Papier« genannt wurde. Damit war die Vorstellung gemeint, dass eine Anzeige ein Ersatzverkäufer sei, der den potenziellen Kunden die

Merkmale und Vorzüge der Marke vorstelle. Das kann man den Werbeleuten nicht übel nehmen. Werbung hat heutzutage eine so geringe Glaubwürdigkeit, dass sie bestimmt kein guter Verkäufer ist.

An die Stelle des Verkaufstalents ist jetzt das doppelte Ziel Gesprächswert/Publicity-Wert getreten. Agenturen wollen Kampagnen entwerfen, die sowohl die Mund-zu-Mund-Werbung wie auch die Medienberichterstattung anregen. Und ihre Hauptwaffe ist der Schockwert.

Schocktherapie

Wenn die Verbraucher den Vorzügen, die der Kauf der beworbenen Marke mit sich bringt, keine Beachtung schenken, folgerten die Werbeleute, dann bleibt nichts anderes übrig, als eine Schocktherapie anzuwenden. Tiere, Berühmtheiten, Halbnackte, Anzügliches, Gewalt, alles, nur um die Aufmerksamkeit des Betrachters auf sich zu ziehen, insbesondere die Aufmerksamkeit von Werbekolumnisten wie Stuart Elliott von der *New York Times* und Bob Garfield von *Advertising Age*.

Niemand hat die Schockmethode besser eingesetzt als Benetton, die italienische Bekleidungskette. Ein Priester küsst eine Nonne, ein sterbender AIDS-Kranker, ein Gefängnisinsasse in der Todeszelle, ein schwarzer Hengst besteigt eine weiße Stute, ein neugeborenes Baby noch an der Nabelschnur ... das sind nur einige schockierende Bilder, die unter dem Banner der United Colors of Benetton erschienen. Die Anzeigen haben den Vater der Kampagne, Oliviero Toscani, auf der ganzen Welt berühmt gemacht. (In Europa hat Benetton zwar Erfolg, aber in den Vereinigten Staaten steckt das Unternehmen in Schwierigkeiten.)

Dabei hat Benetton eine interessante PR-Idee, die es nie ganz ausgeschöpft hat. Benetton stellt den größten Teil seiner Kleidung in neutralen Farben her, die rasch nach Bedarf gefärbt werden können. (Daher der Slogan United Colors of Benetton.) Ein PR-orientiertes Marketingprogramm wäre vermutlich die wirkungsvollere (und günstigere) Methode gewesen, die Marke Benetton einzuführen.

Altoids, die Ausnahme von der Regel

Bleiben wir jedoch realistisch. Einige Produkte eignen sich nicht gerade für große Publicity. Nehmen wir zum Beispiel Pfefferminzbonbons. Der langjährige Führer der Kategorie, Tic Tac, ist von Altoids gestürzt worden, den »erstaunlich starken Minzdragees«.

Hätte ein PR-orientiertes Marketingprogramm Erfolg haben können? Vermutlich nicht. Eine Dose mit Minzdragees für 2 Dollar hat nicht allzu viel Potenzial für Publicity. Stattdessen entschied sich Altoids für das Verteilen von Kostproben und gedruckte Anzeigen. Einige Schlagzeilen von Altoid: »Die Minzdragees mit dem Kung-Fu-Griff.« »Nichts für schwache Gaumen.« »So starke Minzdragees, dass sie in eine Blechdose gehören.«

Bemerkenswerterweise setzte die Altoids-Kampagne kein einziges Element ein, das gerade an der Madison Avenue Hochkonjunktur hatte: weder Tiere noch Berühmtheiten, noch Halbnackte oder Anzügliches. Altoids setzte einfach die elementarsten Grundregeln um: eine neue Kategorie schaffen (starke Minzdragees), die man als Erster belegt. Dann dem Kunden einen Anreiz bieten, das Produkt zu kaufen (erstaunlich stark).

Auch wenn die Marke Altoids nicht über Publicity aufgebaut wurde, schenkten die Medien dem Erfolg der Marke einige Beachtung. Erfolg und Publicity sind heutzutage so eng miteinander verknüpft, dass man kaum das eine ohne das andere finden wird.

Erinnerungshilfe, kein Argument

Eine Anzeige kann nicht das Argument sein. Sie kann lediglich als Erinnerungshilfe dienen.

Diese Erinnerungsfunktion kann wichtig sein, aber erst wenn eine Marke mit anderen Mitteln ihre Glaubwürdigkeit aufgebaut hat, in der Regel über Public Relations. (Siehe Kapitel 21 »Die Marke pflegen«.)

Das Mittel Werbung für den Aufbau einer Marke ist gestorben. Aber Werbung hat ein zweites Leben als Mittel für die Markenpflege, nachdem die Marke über PR aufgebaut wurde.

Letzteres ist nur mittels PR möglich.

Founded 1886.

Microsoft

Founded 1975.

Das sind die beiden wertvollsten Markennamen der Welt. Möglicherweise hat Werbung die Marke Coca-Cola aufgebaut, aber sicher nicht Microsoft. Die wenigsten Menschen können sich an eine Anzeige für Microsoft erinnern.

11. Neue Marken mit PR aufbauen

Über welches Unternehmen wird weltweit am häufigsten berichtet? Laut Carma, einem Medienforschungsinstitut, über Microsoft.

Microsoft ist erst 28 Jahre alt, aber der Markenname Microsoft ist bereits zum zweitwertvollsten Markennamen der Welt aufgestiegen, gleich nach Coca-Cola. Laut Interbrand, der Markenbewertungsfirma, hat der Markenname Microsoft einen Wert von 65 Milliarden Dollar.

Ein von Werbegurus endlos wiederholtes Mantra für das Marketing lautet, dass Werbung Marken aufbauen würde. Und große Werbung baut große Marken auf. Baute Werbung die Marke Microsoft auf?

Nein, nein und nochmals nein. Und es besteht auch kein Zweifel daran, dass Microsoft selbst dann die zweitwertvollste Marke der Welt geworden wäre, wenn es in den 28 Jahren keine einzige Anzeige und keinen Werbespot geschaltet hätte.

Größe baut keine Marken auf

Sie denken jetzt vielleicht, dass die Marke Microsoft ebenso wenig über Öffentlichkeitsarbeit aufgebaut wurde. Microsoft ist eine starke Marke, weil Bill Gates ein großes, erfolgreiches Unternehmen namens Microsoft aufgebaut hat. Hat die Stärke einer Marke mit seiner Größe zu tun, nicht mit der Publicity?

Unserer Ansicht nach nicht. Haben Sie jemals von Cardinal Health, Delphi Automotive, Ingram Micro, Lehman Brothers Holdings, McKesson HBOC, Reliant Energy, Southern, Tosco, TIAA-CREF oder Utilicorp United gehört?

Jedes dieser zehn Unternehmen ist größer als Microsoft, aber keines davon hat einen Markennamen aufgebaut, der sich mit Microsoft messen kann. Nehmen wir TIAA-CREF zum Beispiel. Letztes Jahr verbuchte das Finanzunternehmen 38 Milliarden Dollar an Einnahmen im Vergleich zu Microsofts 23 Milliarden Dollar. Aber Microsoft ist ein Markenname, TIAA-CREF ist ein Witz.

Öffentlichkeitsarbeit baut Marken auf

Die Marke Microsoft wurde über eine wahre Flut von Publicity aufgebaut. Vermutlich erinnert sich jeder Leser an Dutzende von Beiträgen über Microsoft und Produkte von Microsoft: Windows 95/98/NT/2000/XP, Word, Excel, PowerPoint, Xbox, .Net. Aber erinnern Sie sich an eine einzige Anzeige von Microsoft? Wie lautete die Schlagzeile? Was stand in der Anzeige? Vor allem, was sagte Ihnen die Anzeige über Microsoft, das Sie nicht schon wussten?

Was ist mit dem erfolgreichen Start der Marke Windows 95?, könnte der Leser vielleicht einwenden. Glaubt jemand ernsthaft, dass die 200 Millionen Dollar, die Microsoft für Werbung und Reklame ausgab, Windows 95 zum Erfolg verholfen haben? Oder vielleicht die 8 Millionen Dollar, die Microsoft den Rolling Stones dafür zahlte, dass es ihren Song »Start Me Up« in den Fernsehwerbungen verwenden durfte?

Lag es an »Start Me Up«, dass die Menschen vor den Läden stundenlang Schlange standen und auf den Verkaufsstart von Windows 95 warteten? Nein. Windows 95 wäre auch ohne jede Werbung ein Erfolg geworden. Vielmehr katapultierten das revolutionäre Design, die unablässige Berichterstattung in den Medien darüber und deren Schlussfolgerung, dass Windows 95 die Zukunft des PC sein würde, das Betriebssystem über Nacht zum Superstar.

Bei der Einführung von Windows XP zahlte Microsoft an Madonna ein kleines Vermögen für ihren Song »Ray of Light«. Doch der Erfolg von XP hängt von den Medien ab, nicht von Microsoft und seiner Werbekampagne. Die Menschen werden sich auf Grund der Publicity so oder so entscheiden, nicht wegen der melodischen Stimme Madonnas.

Für den Aufbau von Marken ist Werbung bedeutungslos geworden. Botschaften in den Medien bauen hingegen Marken auf. Je mehr Botschaften und je günstiger die Botschaften, desto stärker die Marke.

Nebenbei bemerkt: Auch die Publicity machte aus Bill Gates Amerikas bekanntesten Unternehmenschef. Es liegt auf der Hand, dass nicht die Werbung Bill Gates zu einem mächtigen, persönlichen Markennamen machte.

DER AUFBAU DER MARKE LINUX

Ein Musterbeispiel für die Art, wie über Publicity eine Marke aufgebaut wird, ist Linux. Hier haben wir einen Markennamen, für den niemals irgendjemand Werbung gemacht hat, weil er niemandem gehört. Linux ist »Open Source«-Software, die den Programmierern frei zur Verfügung steht. Jeder Programmierer kann den zu Grunde liegenden Quellcode einsehen und nach seinen Wünschen abändern.

Als Markenname hat Linux einen Wiedererkennungsgrad von 99 Prozent in der Hightech-Welt, und er hat den Erfinder, Linus Torvalds, weltberühmt gemacht. Man weiß, dass eine Marke berühmt ist, wenn der CEO (Steve Ballmer) des Hauptkonkurrenten (Microsoft) die Marke angreift als »ein Krebsgeschwür, das im Widerspruch zum Prinzip des geistigen Eigentums alles infiziert, was es berührt«.

(Jede Marke braucht einen Feind; das ist ein eherner Grundsatz des Marketing. Pepsi-Cola hat Coca-Cola. Burger King hat McDonald's. Die Republikaner haben die Demokraten.)

Einer ganzen Reihe so genannter NGOs ist es gelungen, allein mit Hilfe von PR-Methoden weltweit starke Markennamen aufzubauen. Dazu zählen Greenpeace, der World Wildlife Fund, die Tierschutzorganisation PETA (People for the Ethical Treatment of Animals) und Amnesty International.

Der Aufbau der Marke Segway

Ist es möglich, ganz ohne Werbung innerhalb von kurzer Zeit eine allgemein bekannte Marke aufzubauen? Natürlich. Die Einführung des revolutionären Hightech-Rollers Segway mit zwei nebeneinander liegenden Rädern, die über eine mit Sensoren ausgestattete Fußplatte verbunden sind, veranschaulicht die wesentlichen Elemente eines Programms zum Aufbau der Marke allein mit PR-Methoden.

1. *Der langsame Aufbau.* Es ist absolut unerlässlich, Informationen an die Medien durchsickern zu lassen, um Interesse und gespannte Aufmerksamkeit für das Produkt zu erwecken, bevor es eingeführt wird. Unter dem Decknamen »Ginger« war der Hightech-Roller von Segway fast ein ganzes Jahr vor der Ankündigung im Dezember 2001 bereits Gegenstand vieler Berichte in den Medien und im Internet. Der Wirbel begann im Januar 2000, als gemeldet wurde, dass der Autor eines Buches, in dem eine neue, aber noch geheime Kreation vorgestellt werde, einen Vertrag in Höhe von 250.000 Dollar unterschrieben habe. Auszüge aus der Buchpräsentation, die auf Inside.com veröffentlicht wurden, steigerten nur die Geheimniskrämerei.

2. *Ein neuer Kategoriename.* Die Medien wollen immer nur über etwas berichten, was neu ist, nicht unbedingt besser. Eine überaus wichtige Entscheidung, die Sie treffen müssen, ist die Benennung Ihres neuen Produkts. Der Segway wurde »Human Transporter« genannt. Dieser Name wird sich niemals einprägen. Mit Ausnahme von Pipelines und Güterwagen befördern alle Transportmittel Menschen. Unserer Ansicht nach wäre »Gyro Scooter« ein geeigneterer Name gewesen.

3. *Ein neuer Markenname.* Bei der Wahl des Markennamens begehen die meisten Unternehmen einen von zwei Fehlern. Sie wählen entweder einen Namen, der eine bestehende Produktlinie erweitert (Kodak Digi-

talkameras). Damit wird jedoch die Bedeutung des neuen Produkts herabgestuft. Oder sie wählen einen Gattungsnamen als Markennamen (Fun Kameras für Einwegkameras), der wiederum der Marke selbst schadet. Segway ist weder das eine noch das andere. Es ist einfach nur ein Markenname. (Razor Superscooter wäre etwa eine Linienerweiterung gewesen. Gyro Scooter wäre ein Gattungsname für eine Kategorie gewesen.)

4. *Einen Fürsprecher mit Referenzen.* Dean Kamen, der Kopf hinter Segway, ist ein Forscher und außerordentlich erfolgreicher Erfinder. Unter anderem erfand er den iBot, einen geländetauglichen Rollstuhl, der Treppen steigen kann; den intravaskulären Herzkatheter, der Verstopfungen in den Arterien verhindert (neulich bei Dick Cheneys Herzoperation eingesetzt); ein tragbares Dialysegerät und eine Infusionspumpe für Medikamente.

Als der Segway endlich eingeführt wurde, spielten die Medien verrückt. Dean Kamen fing den Tag mit *Good Morning America* auf ABC an und gab ein Interview nach dem anderen zu dem Produkt. Über den Segway wurde auf CNN, in den *NBC Nightly News, CBS Evening News, ABC World News Tonight* und in fast allen lokalen Nachrichtensendern berichtet. Im Internet war der Segway unter den vier beliebtesten Suchbegriffen, hinter Weihnachten, Xbox und Harry Potter. So gut wie jede Tageszeitung im ganzen Land brachte einen ausführlichen Artikel über den Segway.

Segway und Microsoft sind beide aus der Hightech-Industrie, könnten Sie vielleicht denken. Wie steht es in der weniger technisierten Industrie? Wenn Werbung keine Hightech-Marken aufbaut, so spielt sie vielleicht eine wichtige Rolle beim Aufbau von Lowtech-Marken.

Der Aufbau der Marke Red Bull

Red Bull ist vermutlich eine so untechnische Marke, wie es kaum eine zweite gibt. 1987 wurde Red Bull als erster Energydrink in Österreich eingeführt. Das mit wenig Kohlensäure versetzte und stark koffeinhaltige Gebräu enthält hohe Mengen an Kräuterauszügen, B-Vitaminen und Aminosäuren.

Red Bull ist fast ganz ohne Werbung, aber mit viel PR-Arbeit und Merchandising zu einem Welterfolg geworden und machte Dietrich Mateschitz, den Gründer des Unternehmens, zu einem der reichsten Männer in Österreich. Der weltweite Umsatz von Red Bull lag im letzten Jahr bei 895 Millionen Dollar.

Zu der starken Publicity trug unter anderem bei, dass Red Bull in Deutschland ursprünglich verboten war, weil einige Inhaltsstoffe zu hoch dosiert waren. Als Folge wollte es natürlich jeder deutsche Teenager ausprobieren. (Noch heute glauben manche, dass das in Deutschland verkaufte Red Bull nicht das Original ist.)

Mateschitz mischte seinen Drink nach dem Vorbild von Krating Daeng, einem beliebten Gesundheitsgetränk, das er in Thailand kennen gelernt hatte. Was wiederum beweist, dass man nicht unbedingt etwas erfinden muss, um reich und berühmt zu werden. Man muss lediglich eine potenziell gute Idee erkennen, eine neue Kategorie und einen neuen Markennamen schaffen und sie als Erster in den Köpfen der Verbraucher verankern.

Der Erfolg von Red Bull war ein rotes Tuch für Amerikas Softdrinkkonzerne. Um der Bedrohung aus Österreich zu begegnen, führten sie eigene Energydrinks ein. Unter anderem entstanden Markennamen wie Adrenaline Rush, Anheuser-Busch's 180, AriZone Extreme Energy, Blue Ox, Bomba Energy, Dark Dog, Deezel, Energade, Energy Fuel, Go Fast, Go-Go Energy, Hansen's Energy, Hemp Soda, Hype, Jones Energy, Magic, NRG Plus, Power Horse USA Red Alert, Rx Extreme und XTO.

Ungeachtet der unzähligen Konkurrenten hält Red Bull einen Anteil von 70 Prozent am amerikanischen Markt für Energydrinks. Und in absehbarer Zukunft dürfte es seine Führungsposition kaum verlieren.

Der Aufbau der Marke Zara

Die am schnellsten wachsende Modemarke der Welt ist gegenwärtig Zara, eine spanische Bekleidungskette. Abgesehen von den zwei Ausverkäufen im Jahr macht Zara überhaupt keine Werbung. Dennoch erzielte Zara letztes Jahr einen Umsatz in Höhe von 1,2 Milliarden Dollar aus über 500 Filialen in 30 Ländern. (Zara eröffnet im Durchschnitt pro Woche eine neue Filiale.) Bislang wurden in den Vereinigten Staaten nur wenige Läden eröffnet.

Ähnlich wie Red Bull fing Zara klein an. Es dauerte 13 Jahre, bis Inditex (Zaras Muttergesellschaft) den ersten Zara-Laden außerhalb von Spanien eröffnete. Ähnlich wie Red Bull basiert Zara auf einer einzigartigen Idee. Zara war das erste Modehaus, das eine »Just-in-time«-Strategie wählte. Statt der üblichen neun Monate, die eine Modemarke vom Design bis zur Auslieferung benötigt, verkürzt Zara den Prozess auf 15 Tage oder noch weniger.

Außerdem füllt Zara sein Lager nicht unnötig auf und ist deshalb im Gegensatz zu den typischen Bekleidungshäusern nicht darauf angewiesen, regelmäßig im großen Stil Schlussverkäufe auszuschreiben. Es wird in kleinen Mengen produziert. Wenn sich eine Ware nicht verkauft, wird die Produktion gestoppt. Jede Woche werden 35 Prozent des Warenangebots einer typischen Filiale ausgetauscht.

Dieses revolutionäre Konzept hat eine gute Publicity und treue Kundinnen zur Folge. Im Durchschnitt sucht eine Zara-Kundin jährlich 17 Mal einen Zara-Laden auf, im Gegensatz zu 3,5 Mal bei anderen Modeketten. (Einige Spanierinnen kaufen sich keine Modezeitschriften mehr. Sie gehen einfach zu Zara und sehen sich die neueste Mode an.)

Der Besitzer von Zara (und einer Reihe anderer Filialketten wie Massimo Dutti, Pull & Bear, Bershka, Stradivarius und Oysho) ist der zurückgezogen lebende Unternehmer Amancio Ortega. Gerüchten zufolge ist er der reichste Mann Spaniens, mit einem Nettovermögen von 6,6 Milliarden Dollar.

Werbung ist kein Ersatz für PR

Coca-Cola führte vor kurzem einen eigenen Energydrink namens KMX ein, ein Kürzel, das nichts Besonderes zu bedeuten hat. Wird KMX mit Coca-Colas abgebrühter Werbeabteilung, den unbegrenzten Werbemitteln und der Unterstützung einer der größten und erfolgreichsten Werbeagenturen der Welt Red Bull von seiner Führungsposition verdrängen? Natürlich nicht.

Wenn Werbung so mächtig wäre, wie ihre Fürsprecher behaupten, dann müsste KMX mit Leichtigkeit den österreichischen Emporkömmling überflügeln. Tatsächlich hat sie aber überhaupt keine Chance, wie kreativ die Werbebotschaften und wie hoch das Werbebudget auch sein mögen.

Vor wenigen Jahren versuchte Coca-Cola mit derselben Strategie Snapple zu stürzen, eine Marke, die mit geringem Werbeaufwand die Sparte der natürlichen Fruchtgetränke geschaffen hatte. Coca-Cola gab Millionen Dollar für die Einführung von Fruitopia in den USA aus, eine Marke, die im Grunde so wie die Koffer voller Werbegelder in der Versenkung verschwunden ist.

Kennen Sie einen Marktführer, der von einer ausgezeichneten Werbekampagne an die Spitze gebracht wurde? Wir kennen keinen, mit Ausnahme des Falls Altoids.

Hat Avis bei all der Anerkennung, die es für seine Werbung erhielt (»Avis ist nur die Nr. 2 bei den Autovermietern, weshalb sollten Sie also mit uns fahren? Wir geben uns mehr Mühe«), Hertz von seiner Führungsstellung unter den Autovermietern verdrängen können? Natürlich nicht.

Hat Pepsi bei all den Preisen, die Spots für Pepsi-Cola gewannen (»The Pepsi Challenge«, »The Pepsi Generation«), Coca-Cola von der Stellung als führendes Colagetränk verdrängen können? Natürlich nicht.

Hat Energizer bei all dem Wirbel, der um die Häschen-Kampagne gemacht wurde, Duracell von der Stellung als führender Batteriehersteller verdrängen können? Natürlich nicht.

Werbeagenturen neigen häufig zu der Ansicht, Marketing sei eine Schlacht der Anzeigen und nicht der Produkte. Als die Werbeagentur Wells, Rich, Greene vor einigen Jahren von dem Colahersteller Royal Crown den Auftrag bekam, verkündete die Agenturgründerin Mary Wells Lawrence: »Wir haben vor, Coke und Pepsi den Hals umzudrehen. Ich hoffe, Sie entschuldigen das Wort, aber wir planen tatsächlich einen mörderischen Konkurrenzkampf.«

Als einzige Marke blieb Royal Crown auf der Strecke. Ihr Marktanteil ist heute halb so groß wie zu der Zeit, als Wells, Rich, Greene den Auftrag übernahmen.

Der Werbung kommt beim Aufbau einer Marke eigentlich keine Rolle zu. Werbung ist von Natur aus defensiv. Werbung kann nur eine Marke schützen, wenn sie einmal etabliert ist.

Der Aufbau von Buchmarken

Wann hat eine Werbekampagne zum letzten Mal einen Bestseller auf dem Buchmarkt hervorgebracht? Publicity hat das bestimmt geschafft, Mund-zu-Mund-Werbung in manchen Fällen auch, Werbung aber noch nie.

Die gegenwärtigen Bestseller wie Spencer Johnsons *Who Moved My Cheese?* (deutsch: *Die Mäuse-Strategie für Manager)*, Jack Welchs *Jack: Straight from the Gut* (deutsch: *Was zählt)*, J. K. Rowlings Harry-Potter-Reihe und Jonathan Franzens *The Corrections* (deutsch: *Die Korrekturen)* haben allesamt eine Flut von Publicity erhalten.

Kein Buch hat jemals so viel Publicity bekommen wie die Harry-Potter-Reihe, und die Verkaufszahlen belegen das. Die gesamte US-Auflage für die vier Bände liegt bei erstaunlichen 65 Millionen Exemplaren.

Franzens Verleger hat eine halbe Million Exemplare von *The Corrections* zusätzlich drucken lassen, nachdem Oprah Winfrey das Buch für ihren Bücherklub ausgewählt hatte. Wie viele Werbespots in der Hauptsendezeit würden diesem kleinen Nicken von Oprah gleichkommen? Schon bei dem Gedanken wird einem schwindlig.

Bislang hat noch jedes Buch, das in Oprahs monatlichem Bücherklub vorgestellt wurde, den Sprung in die Bestsellerliste der *New York Times* geschafft. Vor nicht allzu langer Zeit wurden 42 der 100 meistverkauften Bücher eines Jahres entweder in ihrer Show erwähnt oder die Autoren wurden von ihr interviewt. Phillip C. McGraw, Oprahs eigener Experte für menschliches Verhalten, landete drei absolute Bestseller bei der *New York Times*, darunter sein letztes: *Self Matters*.

Spencer Johnson, der Co-Autor von *Der Einminuten-Manager*, ist ein PR-Genie. Bevor sein neuestes Buch *Who Moved My Cheese?* veröffentlicht wurde, verschickte Dr. Johnson jahrelang die Fahnen seines Buches an die CEOs der Fortune-500-Unternehmen und andere einflussreiche Persönlichkeiten.

Große Unternehmen reagierten schnell auf seine persönliche Ansprache. Die Bank von Hawaii bestellte 4.000 Exemplare für ihre Belegschaft, Mercedes-Benz 7.000 Exemplare, Southwest Airlines 27.000 Exemplare. Das ist ein Musterbeispiel für den langsamen Aufbau einer Marke, der heute in einem PR-Programm entscheidend ist.

»Der phänomenale Erfolg beruht auf einem sehr langsamen, gründlich vorbereiteten Aufbau und wurde ausschließlich durch Mund-zu-Mund-Propaganda gefördert, ganz ohne herkömmliche Werbung oder Marketing«, sagt Dr. Johnson.

Als Tony Soprano in der HBO-Reihe *The Sopranos* zu seinem Psychiater sagte, ihm gefalle Sun Tsus *Kunst des Krieges*, da schnellte das Buch auf Platz 6 der Bestsellerliste von *USA Today*. Der Verleger musste von dem 2.400 Jahre alten Werk 25.000 Exemplare nachdrucken.

Der Aufbau von Arzneimarken

Erinnern Sie sich nur daran, wie das Antibiotikum Cipro wegen der Publicity um die Anthrax-Anschläge in aller Munde war. Und Viagra wurde zu dem meistverkauften, neuen Arzneimittel der Geschichte, nicht wegen Werbung, sondern wegen der Publicity. Die Schmerzmittel Vioxx, Vicodin und OxyContin erhielten ebenfalls eine Fülle von Publicity.

Viagra, das erste Arzneimittel für Erektionsversagen oder Impotenz. Prozac, das erste Arzneimittel gegen Depressionen. Valium, das erste Arzneimittel gegen

Angstzustände. Diese und andere Arzneimittelmarken wurden berühmt, indem die Marketingabteilungen zwei Dinge außergewöhnlich gut ausführten: 1) als Erster eine neue Kategorie belegen; 2) ausgiebig Publicity nutzen.

Zur PR-Arbeit für verschreibungspflichtige Arzneimittel gehört in der Regel Publicity in einem sehr frühen Stadium, in manchen Fällen Jahre bevor das Produkt eingeführt wird. Pleconaril, das erste Medikament gegen einen gewöhnlichen Schnupfen, erhielt vor kurzem sehr viel Publicity. Das gilt auch für Xolair, das erste verschreibungspflichtige Medikament, das IgE abblockt, den chemischen Stoff, der allergische Reaktionen bei Asthmaanfällen auslöst.

Wenn ein verschreibungspflichtiges Medikament mit PR-Techniken Erfolg hatte, kann das Marketingteam zur Werbung übergehen, um den Erfolg zu bewahren. Die fünf am stärksten beworbenen Medikamente (Vioxx, Prilosec, Claritin, Paxil und Zocor) zählen bereits zu den zehn meistverkauften Arzneimitteln. Die Werbung für ein verschreibungspflichtiges Arzneimittel soll das Medikament nicht zu einem Bestseller machen, sondern seine Position als Bestseller verteidigen.

Mit Hilfe von PR kann auch eine Arzneimittelmarke wieder aufgebaut werden, die mittlerweile von neueren Marken überflügelt wurde. Sehen Sie sich den Erfolg des Aspirins von Bayer an, das seinen neuerlichen Höhenflug der Publicity über den Einsatz von Aspirin bei der Rettung von Leben verdankt. Es soll bei einem Verdacht auf Herzinfarkt eingenommen werden. Aspirin profitiert auch von dem Ruf, künftigen Herzanfällen und Infarkten vorzubeugen.

Der Aufbau von Spielwarenmarken

Ohne Publicity ist es heutzutage kaum möglich, eine erfolgreiche Spielwarenmarke zu schaffen. Mit Publicity gibt es nach obenhin keine Grenzen. Cabbage Patch Kids, Furby, Teletubbies, Ninja Turtles, Mighty Morphin' Power Rangers, Beanie Babies, Barney, Pokémon – sie alle schwammen auf einer Publicity-Welle. Und beachten Sie die anhaltende Publicity für Barbie-Puppen, das Spiel Monopoly und LEGO-Baukästen.

Im Jahr 1996 löste Rosie O'Donnell beinahe im Alleingang eine landesweit enorme Nachfrage nach der Puppe »Tickle Me Elmo« in den USA aus, indem sie (ungebeten und unbezahlt) in ihren Talkshows für das Spielzeug warb.

Wenn man ein PR-Programm zurückverfolgt, entdeckt man in der Regel einen solchen »Rosie-Moment«: ein Einzelereignis, das eine Flut von Publicity auslöst. Solche magischen Augenblicke kann man nicht planen, aber man muss darauf vorbereitet sein, wenn sie eintreten.

Man muss auch darauf vorbereitet sein, dass die eigene Publicity allzu großen Erfolg haben könnte.

Das ist der Unterschied zwischen einer Modeerscheinung und einem Trend. Bei Marken, die viel zu schnell zum Kassenschlager werden, ist die Wahrscheinlichkeit hoch, dass sie ebenso schnell wieder vom Markt verschwinden. Das sind Modeerscheinungen oder Seifenblasen. Sie sind heute groß und morgen vergessen.

Trends hingegen sind anders. Sie kommen langsam in Fahrt und klingen ebenso langsam ab. Hier ist kein explosionsartiger Anstieg der Popularität zu beobachten, der für Modeerscheinungen typisch ist.

Das Letzte, wonach ein Unternehmen streben sollte, ist, aus seiner Marke eine Modeerscheinung zu machen. »Da geht niemand mehr hin«, sagte der Baseballstar Yogi Berra einmal, »es ist einfach schon zu ›in‹ geworden.«

Was geschieht mit Modeerscheinungen? Sie verschwinden so schnell, wie sie kommen. Im Jahr 1983 führte Coleco Industries mit einem großen PR-Programm und ohne Werbung die Cabbage Patch Kids auf dem amerikanischen Markt ein. Bis zur Urlaubssaison prügelten sich die Käufer in den Läden, um an die Puppen zu kommen.

Colecos Antwort lautete: »Immer mehr.« Mehr Produktion, mehr Varianten, mehr belieferte Geschäfte, mehr Publicity. Als Folge schnellte der Umsatz nur zwei Jahre später auf über 600 Millionen Dollar hoch.

Ein Jahr später stürzte der Umsatz auf 250 Millionen Dollar ab. Im Jahr 1988 stellte Coleco Industries den Insolvenzantrag.

Was war schief gegangen? Coleco hatte gegen die Grundregel für Modeerscheinungen verstoßen: Ein Feuer muss man schüren, aber eine Mode muss man bremsen.

ABC beging mit der brandheißen Quizshow *Who Wants to Be a Millionaire* den gleichen Fehler. Keine zwei Jahre, nachdem sie bei den Nielsen-Ratings, den amerikanischen Einschaltquoten, gleich alle drei Spitzenplätze belegt hat, kursieren Gerüchte, dass die Show möglicherweise eingestellt wird. Im Durchschnitt strahlt ABC die Show mit Regis Philbin vier Mal in der Woche aus. Das ist eine sichere Methode, eine Sendung zur Hauptsendezeit zu Tode zu reiten, so beliebt sie auch sein mag. Einmal pro Woche, dazu eine Sommerpause, reicht längst aus.

Werbeleute kämpfen ständig für mehr Werbung, weil sie möchten, dass ihre Botschaften den üblichen Geräuschpegel übertönen. Bei der Werbung gibt es vermutlich nie das Phänomen »zu viel Werbung«. Öffentlichkeitsarbeit ist aber anders.

Zu viel PR kann ebenso schlecht sein wie zu wenig PR. Weshalb werden uns Ikonen der Spielwarenkultur wie Barbie und Micky Maus vermutlich noch lange erhalten bleiben, während die Cabbage Patch Kids und Beanie Babies sich kurz im Erfolg sonnen durften und nun wahrscheinlich bald wieder in Vergessenheit geraten werden?

Treten Sie beim ersten Anzeichen einer potenziellen Modeerscheinung sofort auf die Bremse. Senken Sie die Produktion, verringern Sie die Zahl der belieferten Läden und lassen Sie sich in den Medien nicht mehr blicken. Sie wollen die positive Resonanz möglichst lange beibehalten und aus der Mode einen Trend machen. Doch die Habgier steht dem häufig im Wege.

Lassen Sie sich Zeit

Die meisten PR-Programme laufen jedoch gar nicht erst Gefahr, eine Modeerscheinung ins Leben zu rufen. Man kann von Glück reden, wenn es gelingt, einen Minitrend auszulösen. Manchmal dauert es einige Zeit, bis das PR-Material in die richtigen Hände gerät. Als wir versuchten, das Konzept der »Positionierung« der Marketinggemeinde zu erklären, fingen wir mit einem Artikel in der

Zeitschrift *Industrial Marketing* an. Mehr als zwei Jahre später folgte in derselben Zeitschrift ein zweiter Artikel. *(Industrial Marketing* heißt heute *BtoB.)*

Eins fügte sich ins andere. Nach den beiden Artikeln flatterten uns etliche Einladungen zu Vorträgen ins Haus, doch das reichte immer noch nicht aus, um die Idee bekannt zu machen. Ein Vortrag (vor Vertriebsleitern im New Yorker Sales Executives Club) hatte jedoch die Aufforderung von Rance Crain zur Folge, eine Reihe von Artikeln zur Positionierung für die Zeitschrift *Advertising Age* zu schreiben.

Das war der magische Moment. Die Reihe mit dem Titel »Die Ära der Positionierung bricht an« verlieh dem Konzept den nötigen Schub.

Kurz danach brachte das *Wall Street Journal* eine Titelstory zu dem Thema, dann zogen die *Los Angeles Times* und andere Zeitungen und Zeitschriften auf der ganzen Welt nach. Mehr als drei Jahre verstrichen vom Aufkeimen der Idee bis zum Durchbruch.

Der Eins-Zwei-Drei-Ansatz

Wenn man ein neues Konzept etablieren möchte, ist es oft hilfreich, einen dreistufigen Ansatz anzuwenden, bei dem die Stufen eins und zwei bereits eingetreten sind und drei das Konzept ist, für das man wirbt. Um das Positionierungskonzept zu präsentieren, stellten wir folgende drei Thesen auf:

1. In den Fünfzigerjahren befand sich die Werbung in der *Produkt-Ära.* Man benötigte lediglich die bessere Mäusefalle und ein bisschen Geld, um dafür Werbung zu machen.
2. In den Sechzigerjahren trat die Werbung in die *Image-Ära* ein. Ein Unternehmen stellte fest, dass das Ansehen oder das Image wichtiger für den Verkauf von Produkten waren als konkrete Produktmerkmale.
3. Heute tritt Werbung in die *Ära der Positionierung* ein. Um in unserer Gesellschaft mit einem Überangebot an Kommunikationsmitteln Erfolg zu haben, muss ein Unternehmen eine Position im Kopf des Kunden

schaffen, eine Position, die nicht nur die Schwächen und Stärken des Unternehmens berücksichtigt, sondern auch die seiner Wettbewerber.

(Dank der Publicity gelang es uns, die Position »Positionierung« für unsere Werbeagentur zu etablieren, aber wir begingen den großen Fehler, den nächsten logischen Schritt zu unterlassen. Wir hätten uns den PR-Coup zu Nutze machen, das Werbegeschäft einstellen und uns ganz auf Strategie konzentrieren sollen, denn sie ist der Kern des ganzen Positionierungskonzepts. Wir holten diesen Schritt später nach und sind mit dem Ergebnis sehr zufrieden.)

Bei der erfolgreichen Markteinführung der Schmerztablette Advil im Jahr 1984 wurde derselbe Ansatz verwendet. Auf der Anzeige von Advil waren drei bekannte Schmerzmittel abgebildet, jeweils mit dem Datum der Einführung: Aspirin 1899, Tylenol 1955, Advil 1984. Um die Vorstellung, dass Advil das neueste (und vermutlich beste) Schmerzmittel sei, noch zu unterstreichen, stand die Anzeige unter dem Slogan »fortschrittliche Medizin gegen Schmerzen«.

Die Telekom-Industrie, vor allem in Europa, hat sich auf einen ähnlichen »Generationenansatz« für Mobiltelefone verlegt. 1G war analog, 2G war digital und 3G werden Telefone mit Internetzugang sein. Wir glauben nicht, dass 3G-Telefone ein großer Geschäftserfolg werden, aber dieses Konzept der dritten Generation übt eine starke psychologische Wirkung aus.

Der Sprung ins Ungewisse

Wenn man eine neue Kategorie schaffen will, muss man oft mutig den Sprung ins Ungewisse wagen. Man muss davon überzeugt sein, dass Tausende noch unbelegte Kategorien nur darauf warten, entdeckt zu werden. Leider haben viele Manager die Suche nach neuen Kategorien aufgegeben.

Stattdessen versuchen sie, bestehende Kategorien zu Mischprodukten miteinander zu verbinden. Fernseher mit Computern, Telefone mit dem Internet, Internet mit Fernsehern, Mobiltelefone mit Handheldcomputern, Drucker mit Kopierern, Scannern und Faxgeräten.

Dieses Konvergenz genannte Kombinationskonzept ist von den Medien fast einhellig begrüßt worden. Wenn alle sich auf das Konvergenzkonzept verlegen, dann werden die Möglichkeiten, über neue Kategorien neue Markennamen zu schaffen, drastisch eingeschränkt. (Die 3G-Telefone sind ebenfalls ein Konvergenzprodukt, und deshalb glauben wir nicht, dass sie großen Erfolg haben werden.)

Als energische Befürworter des Ansatzes »neue Kategorie/neue Marke« propagieren wir das entgegengesetzte Konzept, das wir Divergenz nennen.

Zum Glück spricht die Geschichte für uns. Der Großrechner, die neue Kategorie, durch die der Markenname IBM entstand, konvergierte nicht. Er divergierte und schuf damit das Potenzial für viele neue Kategorien und Marken: Minicomputer (DEC), Workstations (Sun Microsystems), Speichersysteme (EMC), PCs (Compaq), Direktverkauf von PCs (Dell), Software für PCs (Microsoft).

Auch das Fernsehen, die neue Kategorie, durch die Markennamen wie ABC, CBS und NBC entstanden, konvergierte nicht. Es divergierte und entwickelte das Potenzial für viele neue Kategorien und Marken: Kabelfernsehen (ESPN, CNN), Pay-TV (HBO oder Home Box Office, Showtime), Satellitenfernsehen (DirecTV, EchoStar).

Bis heute ist es uns jedoch leider nicht gelungen, die Medien auf unsere Seite zu ziehen. Seit acht Jahren versuchen wir, einen Artikel über Divergenz zu veröffentlichen – ohne Erfolg. Also versuchen wir es weiter mit anderen Ansätzen, aber früher oder später wird es uns gelingen.

Je länger der Reifeprozess dauert, desto umfangreicher wird die Story. Es dauert zwei Jahre, bis ein Elefant zur Welt kommt.

Die Story der »Whitestrips«

Procter & Gamble gibt 90 Millionen Dollar für ein klassisches Marketingprogramm aus, mit dem Crest Whitestrips eingeführt werden sollen. 40 Millionen davon werden für herkömmliche Fernseh- und Pressewerbung ausgegeben. (Das Produkt ist eine Dose mit durchsichtigen Plastikstreifen, die der Verbraucher zwei Mal am Tag eine halbe Stunde lang an den Zähnen tragen muss, damit sie weiß werden. In Deutschland heißen sie Blend-a-Med Whitestrips und können über Zahnärzte bezogen werden.)

Aber wir befinden uns in der PR-Ära. Unserer Meinung nach begeht Procter & Gamble drei grundlegende Fehler:

1. *Die Einführung des Whitestrips-Programms mit einer Werbekampagne statt mit einer PR-Kampagne.* Public Relations wird bei der Einführung mit Sicherheit eine Rolle spielen, aber man nimmt der PR den Wind aus den Segeln, wenn man das Programm mit Werbung einführt. Medien veröffentlichen in der Regel keine Beiträge über Produkte, für die bereits geworben wird.

   Es dauert einige Jahre, bis über PR-Arbeit eine neue Kategorie wie Whitestrips geschaffen wird, ganz zu schweigen von dem neuen Markennamen. Dabei würde sich das Produkt für Publicity geradezu anbieten. Es ist das Einzige in seiner Art auf dem Markt, und Procter & Gamble hält etliche Patentrechte zu dem Produkt.

   An Stelle von Referenzen waren die Werbespots mit kreativen Einfällen vollgepfropft. Der Leiter der Agentur erklärte, welche Idee hinter der Kampagne steckte: »Dinge, von denen man nicht erwarten würde, dass sie weiß sind, werden schon weiß, wenn sie nur die Schachtel berühren.« In den Spots sind Ameisen und ein Chamäleon zu sehen, die weiß werden, wenn sie über eine Schachtel Whitestrips krabbeln. Kreativ, gewiss. Glaubwürdig, nein. (Die Tiere sind nicht lange geblieben. Whitestrips ist zu traditionellerer Werbung zurückgekehrt.)

2. *Die Erweiterung einer Produktlinie.* Crest ist wie die deutsche Entsprechung Blend-a-Med eine Zahnpastamarke. Wenn das neue Produkt Whitestrips Crest genannt wird, so ist damit weder den Whitestrips noch der Zahnpasta gedient.

   Eine revolutionäre Entwicklung wie weiße Zähne braucht einen neuen

Markennamen. Levi Strauss führte seine Freizeithosen zuerst unter dem Namen Levi's Tailored Classics ein, bevor die Marketingleute sich eines Besseren besannen und den Namen zu Dockers änderten.

Es ist leichter, sich einen Namen zu merken als zwei oder drei. Wenn ein Kunde sich eine Freizeithose kaufen will, dann muss er nur an Dockers denken und nicht an Levi's Tailored Classics. Wenn man das neue Produkt von Procter & Gamble kaufen will, muss man sich zwei Namen merken: Crest Whitestrips. Ein neuer Markenname hätte daraus einen gemacht.

Was ist Crest? Crest oder Blend-a-Med war die erste Zahnpasta, die eine Verschlechterung der Zähne verhinderte, und als Erste das Siegel der amerikanischen Zahnärztevereinigung erhielt. Die Flut günstiger Publicity half die Marke aufbauen.

Im Laufe der Zeit nutzen Markennamen sich ab. Der Markenmanager muss seine Zahnpastamarke über Werbung pflegen. Im Falle von Crest wurden jedoch überwiegend neue Geschmacksrichtungen, neue Verpackungsgrößen und Produktlinienerweiterungen über Werbung eingeführt. Das ist ein Grund dafür, dass Crest vor kurzem seine Führungsposition an Colgate abgeben musste.

Die Crest Whitestrips werden der Zahnpasta Crest nicht wieder an die Spitze verhelfen.

3. *Dem neuen Produkt wurde kein sinnvoller Kategoriename gegeben.*
Whitestrips ist natürlich ein eingetragenes Warenzeichen von Procter & Gamble. Um den Bestimmungen für Warenzeichen nachzukommen, stehen klein gedruckt unter dem Namen Whitestrips die Worte *dental whitening system* (Zahnaufhellsystem).

Werden Verbraucher jemals die Worte *dental whitening system* oder Zahnaufhellsystem verwenden? Bestimmt nicht. Sie werden die Kategorie einfach »Whitestrips« nennen. Außerdem werden die Konkurrenten, sobald sie eine Möglichkeit gefunden haben, die Patente von Procter &

Gamble zu umgehen, ihrerseits »weiß machende Strips«, »klare Strips«, »Zahnstrips«, »helle Strips« etc. einführen.

Tatsächlich werden bereits Zahnaufheller auf dem amerikanischen Markt angeboten (allerdings keine mit den Whitestrips vergleichbaren Produkte), mit Namen wie Dazzling White, Natural White, Dental White, Rapid White, Finally White, Sonic White und Plus White.

Die zahnaufhellenden Zahnpasten tragen zusätzlich zur Verwirrung bei: Ultra Brite Advanced Whitening, Colgate Platinum Whitening und Crest Extra Whitening.

Früher oder später wird der Markenname für Procter & Gambles Zahnaufhellsystem Crest werden und nicht Whitestrips. (Miller Lite beging den gleichen Fehler der Produktlinienerweiterung wie Crest Whitestrips. Im Laufe der Zeit wurde *Lite* nichts anderes als ein Gattungsname, der die Kategorie Light-Bier bezeichnete. Miller hingegen wurde zum Markennamen, was natürlich zu erheblichen Verwechslungen mit anderen Marken von Miller führte. Das Gleiche wird mit Crest Whitestrips geschehen.)

Erweiterte Produktlinien bringen zwei Probleme mit sich: 1) Sie verwischen die einzigartige Identität der Marke; 2) sie ziehen Werbeunterstützung von der Basismarke ab.

Eine Marke ohne PR-Potenzial?

Was tun, wenn ein geplantes neues Produkt oder eine Dienstleistung kein Potenzial für Publicity hat? Viele Marketingleute springen von dem PR-Zug ab, sobald sie merken, dass sie eine Marke betreuen, die von der Presse gemieden wird.

Wir haben keine andere Wahl, lautet die Ausrede, also müssen wir unsere neue Marke über Werbung einführen. Das ist heute das wichtigste Thema im Marketing: Wie wird eine Marke ohne oder mit begrenztem Potenzial für Publicity eingeführt?

Vor diesem Problem stand Coca-Cola, als es die Einführung der Marke KMX als Konkurrent von Red Bull vorbereitete. Coca-Cola erhielt sogar ein wenig Publicity für KMX, aber sie war nicht positiv. In Wirklichkeit nützte die KMX-Publicity vermutlich eher Red Bull als Coca-Cola. Wenn Coca-Cola einen Energydrink einführt, dann wird die Kategorie bestimmt wichtig und das Unternehmen macht sich vermutlich Sorgen um den Erfolg von Red Bull, so deuteten die Medien die Markteinführung von KMX.

Wenn es je einen Fall gab, der gegen den Aufbau von Marken über Werbung sprach, dann ist es die Erfahrung von Coca-Cola. Wir haben hier ein Unternehmen, dem der wertvollste Markenname der Welt gehört, ein Unternehmen, das jedes Jahr 20 Milliarden Dollar umsetzt, ein Unternehmen mit dem leistungsfähigsten Vertriebsnetz in der Softdrinkbranche und ein Unternehmen, das einige weltweit hoch angesehene Werbeagenturen beschäftigt. Dennoch wird KMX mit Sicherheit eine Enttäuschung für Coca-Cola.

In Nischenmärkten unter den Softdrinks ist man niemand, wenn man nur Zweiter ist. Wenn man nicht der Marktführer in einer neuen Kategorie ist, fällt es schwer, die Aufmerksamkeit der Medien zu erlangen.

Nach dem Erfolg von Dr. Pepper versuchte Coca-Cola es mit Mr. Pibb, allerdings ohne Erfolg.

Nach dem Erfolg von PepsiCos Mountain Dew versuchte Coca-Cola es mit Mello Yellow, ohne Erfolg. Vor kurzem testete Coca-Cola Surge, das sich ebenfalls nicht gut verkauft.

Nach dem Erfolg von Starbucks Frappuccino versuchte Coca-Cola es mit Planet Java. Das Ergebnis ist noch offen, aber glaubt jemand wirklich, dass Planet Java die Chance hat, ein großer Markenname wie Frappuccino zu werden? Wir nicht.

Wie führt man also eine Marke ohne Potenzial für Publicity ein?

Die traurige Wahrheit ist, am besten gar nicht. In unserer von den Medien überfluteten Welt entscheidet die Presse über Sieg oder Niederlage. Wer die Medienschlacht nicht gewinnen kann, wird auch die Marketingschlacht nicht gewinnen.

Die Medien sind das Schlachtfeld. Ein Marketingmanager, der eine Marke ohne Hoffnung, den PR-Krieg zu gewinnen, auf den Markt bringt, befindet sich in derselben Lage wie ein General, der einen Frontalangriff auf einen gut verschanzten Feind startet.

Doch dieses sinnlose Anrennen der Infanterie ereignet sich im Marketing jeden Tag aufs Neue. Unternehmen führen mit immensem Werbeaufwand Marken ohne Potenzial für Publicity ein, noch dazu oft Produktlinienerweiterungen. Das ist eine tödliche Kombination. Hohe Verluste im Verein mit wenig Hoffnung auf einen Marketingerfolg sind damit garantiert.

Aber Public Relations dient nicht nur neuen Marken. Auch alte Marken brauchen oft PR-Arbeit.

Man kann Wahrnehmungen nicht dadurch ändern, dass man den Namen beiseite lässt und stattdessen die Initialen verwendet. Die meisten Amerikaner denken immer noch, dass AARP für »retired people« (Menschen im Ruhestand) steht und KFC für »fried chicken« (Brathähnchen).

12. Alte Marken wieder aufbauen

Wenn wir vom »Aufbau einer Marke« schreiben, dann meinen wir nicht nur neue Marken. Wir meinen alle Marken, die nicht im Bewusstsein verankert sind. Eine 50 Jahre alte Marke, die in Vergessenheit geraten ist, unterscheidet sich nicht von einer brandneuen Marke ... zumindest aus strategischer Sicht. Beide müssen über PR-Arbeit ihre Vorzüge vermitteln, bevor sie im Rahmen von Werbekampagnen eingesetzt werden können.

Um die Wahrheit zu sagen, sind die wenigsten Markennamen im Bewusstsein der Verbraucher verankert. Vergleichsweise wenige Marken haben so viele Referenzen vorzuweisen, dass sie von einer Werbestrategie profitieren werden.

Selbst eine bekannte Marke mit einer etablierten Marktstellung benötigt zuerst PR-Unterstützung, wenn sich ihre Position ändern soll. Die Tatsache, dass der Name bekannt ist, heißt noch lange nicht, dass sich die Marktstellung mit einer neuen Werbebotschaft ändern lässt. Das funktioniert in der Realität nicht. Wahrnehmungen kann man nicht so einfach ändern, schon gar nicht über Werbung.

Der Wiederaufbau der Marke AARP

Was denkt der Durchschnittsamerikaner über eine Organisation namens AARP? Wofür steht AARP? Die meisten Amerikaner würden darauf vermutlich mit »retired people« antworten, also Menschen im Ruhestand, wie im vollen Namen der Organisation: American Association of Retired People.

Damit liegen sie jedoch falsch. Viele Mitglieder von AARP sind noch berufstätig. Deshalb änderte die American Association of Retired People 1998 ihren Namen zu AARP.

Der neue Name entpuppte sich als Flop, weil er überhaupt nicht dazu beitrug, die mit AARP verknüpften Assoziationen zu verändern. Man kann seiner Vergangenheit nicht entkommen, indem man einfach den Namen abkürzt. Gelang es Kentucky Fried Chicken etwa, von dem Brathähnchen-Image wegzukommen, indem es den Namen zu KFC änderte? Oder schaffte das International House of Pancakes es, dem »Pfannkuchen-Image« zu entrinnen, indem es sich in IHOP umbenannte? Oftmals ist es genau umgekehrt. Die Heimat des Whoppers nennt sich gern B.K., weil es eine etwas umgänglichere Art ist, Burger King zu sagen.

Da es AARP darum ging, die eigene Wahrnehmung zu ändern, hätte die Organisation sich ein leeres Blatt Papier nehmen und ein Programm mit Publicity-Potenzial entwickeln sollen. (Ohne Publicity keine Veränderung der Wahrnehmung. So einfach ist das.)

Gegenwärtig sind unzählige gesellschaftliche Veränderungen zu beobachten, auf Grund derer AARP ein PR-Programm hätte entwickeln können.

Man kann keine Story um die Tatsache stricken, dass AARP nicht mit »*Ruhestand*« in Verbindung gebracht werden will. Eine Story kann man nur mit dem machen, mit dem AARP identifiziert werden will. Und was ist das? Unser Vorschlag: Das Wort *retired* durch *revitalizing* (Revitalisierung) ersetzen, also die American Association for Revitalizing People.

Künftig sollte der Vorbereitung auf die Veränderungen, die sich im Leben eines Menschen nach den ersten 50 Jahren einstellen, mehr Stellenwert eingeräumt werden. (Unser Vorschlag für ein Motto: Hilfe für die zweite Hälfte des Lebens.)

Man setzt sich neue Ziele. Im Alter von 21 Jahren sucht ein Mensch vermutlich einen Job mit Zukunft, einen Job, der einem Ansehen und viel Geld verspricht. Im Alter von 50 Jahren, dem Mindestalter für die Aufnahme in die AARP, könnte jemand einen Job mit einer Aufgabe suchen, bei der er etwas bewegen und Erfüllung finden kann.

Die Menschen leben heute länger. Im Alter von 21 Jahren hat man noch 29 Jahre vor sich, bevor man für eine Mitgliedschaft in der AARP in Frage kommt.

Aber mit 50 Jahren haben viele noch mehr als 30 Jahre vor sich. Wenn jemand das Alter von 50 Jahren erreicht hat, dann hat er in der Regel noch einen großen Teil des Erwachsenenlebens vor sich.

Menschen arbeiten heute auch länger. Laut einer aktuellen Umfrage haben 40 Prozent die Absicht, nach ihrer Pensionierung eine bezahlte Tätigkeit auszuüben. Ungefähr die gleiche Zahl möchte ehrenamtlich arbeiten. (Denken Sie an Jimmy Carter.)

Wir schlagen auch einen neuen Namen für das AARP-Organ *Modern Maturity* vor. Wer möchte schon »reif« sein? Unser Vorschlag: *Act II*.

Übrigens führte AARP erst neulich eine spanische Version von *Modern Maturity* mit einem hervorragenden Titel ein: *Segunda Juventud* oder auf Deutsch: »zweite Jugend«.

(Da der neue Chef von AARP ein ehemaliger angesehener PR-Berater ist, unternimmt die Vereinigung womöglich in der Zukunft einige Schritte in dieser Richtung.)

Ein PR-Problem wird fast immer durch die Konzentration auf einen einzigen einfachen Punkt gelöst. Aber die Entscheidung, auf welchen Aspekt man sich konzentrieren soll, erfordert Mut. Die American Cancer Society will das Bewusstsein für die sieben Warnsignale, die Krebs ankündigen können, schärfen, aber wie viele Menschen kennen auch nur eines?

DER WIEDERAUFBAU DER MARKE HEART ASSOCIATION

Die American Heart Association befindet sich in der gleichen Lage wie AARP und die American Cancer Society. Jeder kennt die Vereinigung, aber niemand weiß, wofür sie steht.

Gegenwärtig schärft die American Heart Association das Bewusstsein für a) die drei Warnsignale eines Herzanfalls, b) die fünf Warnzeichen eines Infarkts und c) die fünf Grundregeln für ein gesünderes Herz. Darüber hinaus propagiert die Vereinigung d) die fünf weniger bekannten Warnzeichen für einen Herzschlag bei Frauen.

Die wenigsten Amerikaner können auch nur eines der Warnzeichen nennen. Was ist das Herz? In der Mythologie ist das Herz das Zentrum für Liebe und Romantik. In der Realität ist das Herz eine Pumpe. Die verschiedensten Mechanismen benötigen Pumpen: Autos, Waschmaschinen, Menschen. Große Autos und große Waschmaschinen haben große Pumpen. Kleine Autos und kleine Waschmaschinen haben kleine Pumpen.

Eines der größten Gesundheitsprobleme in Amerika ist heute die Fettleibigkeit. Nach dem nationalen Gesundheitsbericht haben 61 Prozent der Erwachsenen Übergewicht, 27 Prozent sind fett. Wenn Menschen Pfunde zulegen, können sie nicht in die Werkstatt gehen und sich eine größere Pumpe einbauen lassen. (Über 300.000 Todesfälle jährlich hängen mit Krankheiten zusammen, die auf Übergewicht zurückzuführen sind.)

Eine Regel für ein gesünderes Herz lautet: »Halten Sie das richtige Gewicht.« Das ist unserer Ansicht nach der Schwerpunkt, auf den sich die American Heart Association konzentrieren sollte. Nebenbei gesagt richtet auch keine andere große Gesundheitsorganisation ihr Augenmerk auf die Fettleibigkeit.

Der Neuaufbau der Marke Bacardi

Bacardi ist eigentlich eine Marke, die einen Neuaufbau nicht nötig hat. Sie ist in Amerika bereits die meistverkaufte harte Spirituose und hält diese Stellung seit 20 Jahren. (Nicht nur der meistverkaufte Rum, sondern die meistverkaufte Spirituose.)

Es stellt sich jedoch die Frage, ob Bacardi noch mehr Erfolg haben könnte als jetzt. Unserer Ansicht nach ja.

Der klassische Drink mit Rum ist Rum und Cola, der immer noch rund die Hälfte des Rumverbrauchs in den USA ausmacht. Aber Bacardi hat, wie der aufmerksame Leser vielleicht schon geahnt hat, Unsummen ausgegeben, um die Marke zu erweitern: Martini mit Rum, Rum und Tonic, Rum und Orangensaft, Pina Colada mit Rum, Daiquiri mit Rum.

Welche PR-Strategie würden Sie für Bacardi-Rum empfehlen?

Wir schlugen vor, dass Bacardi den Fokus verengt. Es sollte zu dem Drink zurückkehren, mit dem es berühmt geworden ist. Zurückkehren zu dem Klassiker Rum und Cola.

Findigkeit ist eine sehr nützliche Eigenschaft für PR-Mitarbeiter. Der Drink, der Rum, Coca-Cola und einen Spritzer Limonensaft berühmt gemacht hat, heißt Cuba Libre. Tatsächlich behauptet Bacardi Limited, dass der erste Cuba Libre aus seinem Produkt im Jahr 1898 gemixt wurde.

»Cuba Libre« ist zudem der ideale Schlachtruf für eine Spirituosenfirma, die 1959 aus Kuba verjagt wurde, als Castros Kommunisten die Macht übernahmen. Kein Unternehmen kann ein größeres Interesse an einem freien Kuba haben als Bacardi Limited, das nach Puerto Rico auswandern musste.

Es gibt Hunderte von Möglichkeiten, sich »Cuba Libre« in einer Publicity-Kampagne zu Nutze zu machen. Eine Idee ist, Cuba Libre den »einzigen Drink, der Ihren guten Geschmack und Ihre politische Haltung verrät«, zu nennen. Und stellen Sie sich die gigantische Party vor, die Bacardi feiern könnte, wenn Fidel endlich das Zeitliche segnet.

Der Wiederaufbau der Marke MARTA

In manchen Fällen muss der PR-Stratege der Marke eine ganz neue Idee hinzufügen. Wir wohnen in Atlanta, einer Stadt, die viele Vorzüge hat: Hügel, Bäume, wachsendes Gewerbe und einen guten Flughafen. Was in Atlanta nicht allzu gut funktioniert, ist jedoch der Verkehr.

Zur Lösung der Verkehrsprobleme gibt es bei uns den Verbund MARTA (Metropolitan Atlanta Rapid Transit Authority). Welche PR-Strategie würden Sie vorschlagen, um Menschen dazu zu bringen, ihr Auto stehen zu lassen und auf Bus oder Bahn umzusteigen?

Viele gesellschaftliche Probleme haben Gemeinsamkeiten mit dem Pendlerproblem von Atlanta: Drogen, Alkohol, Fettleibigkeit. Die Menschen kennen all die Gründe, weshalb sie keine Drogen nehmen, nicht zu viel trinken oder zu viel essen sollten, aber sie tun es dennoch.

Die Menschen kennen auch alle Gründe, weshalb sie nicht mit dem Auto zur Arbeit fahren sollten, tun es aber trotzdem. Herkömmliche Werbeprogramme sind reine Geldverschwendung, und PR-Programme, die sich auf herkömmliche Themen der Werbung stützen, sind ebenso wertlos.

Wir haben uns mit dem Problem beschäftigt und würden Folgendes vorschlagen: Zuallererst sollten Busse und Bahnen getrennt voneinander behandelt werden. Noch besser wäre, den Bussen einen eigenen Namen zu geben und MARTA den Bahnen vorzubehalten.

Ein Bus ist nicht gerade ein »schnelles Transportmittel«. Überdies betrachten Autobesitzer, die eigentlichen Adressaten der Kampagne, Busfahrgäste als Menschen, die sich kein eigenes Auto leisten können. Der Umstieg vom Auto auf den Bus würde einem Abstieg gleichkommen, der sich immer schwierig vermitteln lässt.

Man muss sich auf die MARTA-Züge konzentrieren. Eine Verengung des Fokus ist für jedes Marketingprogramm zu empfehlen. Man hat etwas Greifbares, mit dem man arbeiten kann. (Viele Unternehmen bieten eine breite Palette von Produkten oder Dienstleistungen an, damit Kunden eine »größere Auswahl« haben. Dadurch untergraben sie jedoch oft das Publicity-Potenzial ihrer Produktlinie.)

Wie macht man aus Mercury-, Mercedes- und Mitsubishi-Fahrern Nutzer des Verbundes MARTA? Vor allem, wie bringen wir sie zu MARTA, wenn sie bereits die Vorteile kennen? Nur 4 Prozent aller Pendler nach Atlanta nutzen MARTA-Züge. Und 78 Prozent der Autopendler fahren allein.)

Lassen Sie die Pendler das System testen. (Man kann ein neues Getränk nicht verkaufen, indem man den Leuten erzählt, wie toll es schmeckt. Man muss es sie kosten lassen.)

Unser Konzept heißt »MARTA-Mondays«. An jedem Montag dürfen alle in den MARTA-Zügen kostenlos fahren. Einmal in der Woche sollte MARTA die potenziellen Kunden den Verbund testen lassen, damit sie merken, wie lange die Fahrt dauert, wie bequem sie ist, wie weit es bis zur nächsten Haltestelle ist etc.

Ein System mit hohen Fixkosten, wie ein Schienennetz, eignet sich hervorragend für kostenlose Probefahrten. Die Kosten für die Beförderung zusätzlicher Fahrgäste sind minimal. Gewiss würde MARTA dabei einen Teil der Einnahmen von regelmäßigen Fahrgästen verlieren, aber nicht die von den Käufern einer Wochen- oder Monatskarte. Auch für gute Ideen muss man Opfer bringen.

Wie gut stehen die Chancen, dass MARTA wirklich die Idee »MARTA Mondays« umsetzt? Eher schlecht. »Wie bitte? Unsere Dienstleistung kostenlos anbieten? Vergessen Sie es.«

(Eher geht ein Kamel durch ein Nadelöhr, als dass eine bahnbrechende Idee Gehör in der Geschäftswelt findet.)

Alliteration, Wiederholung, Reim

Wer nach einem einprägsamen Slogan für eine Marke sucht, dem raten wir dringend zu Alliterationen, Wiederholungen und Reimen. MARTA Mondays klingt viel besser als MARTA Tuesdays.

Aus der Geschichte wissen wir, dass Slogans, die eine oder mehrere dieser memotechnischen Stilformen anwenden, sich oft sehr lange halten:

- Alles rennet, rettet, flüchtet.
- Freiheit, Gleichheit, Brüderlichkeit.
- Sein oder Nichtsein.
- Mit Kind und Kegel.
- Wer zuletzt lacht, lacht am besten.
- Ich weiß, dass ich nichts weiß.
- Zurück zur Natur.
- Hier bin ich Mensch, hier darf ich's sein.

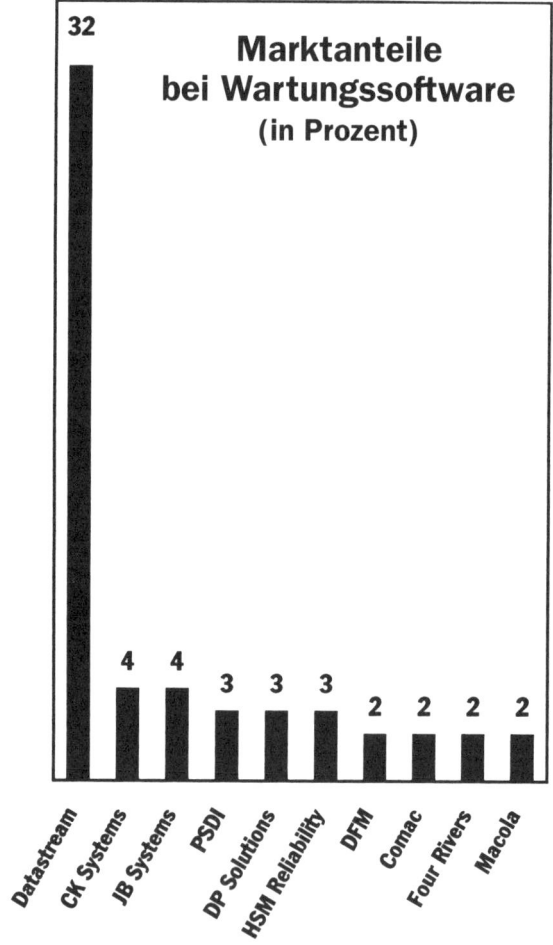

Eine Führungsposition ist die beste Referenz. Die Softwarefirma Datastream verwendete in allen ihren Marketingprogrammen, auch bei der PR-Arbeit, ein ähnliches Schaubild, um ihre Führungsposition bei Wartungssoftware zu verdeutlichen.

13. Die eigenen Vorzüge etablieren

Selbst wenn der Name eines Unternehmens richtig geschrieben wird, ist manche Publicity nutzlos.

Welche Publicity nützt einem Unternehmen? Sämtliche Storys, Beiträge und Sendungen, die ihm helfen, die eigenen Vorzüge zu untermauern.

Ein Beitrag über Energydrinks, in dem Red Bull zwar erwähnt, seine Führungsposition in der Kategorie jedoch unterschlagen wird, kann in der Tat mehr Schaden anrichten als nützen. Auch eine Story über die Sicherheit von Autos, in der die führende Stellung Volvos nicht erwähnt wird, kann der Marke schaden.

Umgekehrt ist eine positive Story, die einer Marke hilft, die Führungsposition in ihrer Kategorie zu erlangen, oft Gold wert.

Aus diesem Grund kann man Publicity auch nicht mit denselben Maßstäben wie die Investitionen in eine Werbekampagne messen. Was die PR-Branche das »Werbewert-Äquivalent« nennt, ergibt keinen Sinn. Ein PR-Programm (zum Aufbau einer Marke) verfolgt ein Ziel, das Werbung, mit Ausnahme von besonderen Umständen, nicht erreichen kann. Wie kann man die beiden miteinander vergleichen? Das ist so, als würde man einen B-52-Bomber mit der Zahl der Infanteriesoldaten gleichsetzen, die seiner Kampfkraft entsprechen.

Dennoch machen viele Unternehmen hier keine Unterscheidung. Es kursiert das Gerücht, dass CBS dem Getränkehersteller Dr. Pepper kostenlos einen Spot während der Super Bowl gewährte. Der Spot, der normalerweise rund 2 Millionen Dollar kostet, sollte als Schadenersatz für eine Bemerkung David Lettermans dienen. Der Talkmaster verglich den Softdrink mit »Abwaschwasser«.

Gerade für Unternehmen, die eine Führungsstellung anstreben, ist es wichtig, der eigenen Marke über die Medien die nötigen Referenzen zu verschaffen.

Es reicht nicht aus, Storys in den Zeitungen, Beiträge in Magazinen oder Interviews in Funk und Fernsehen zu bringen, auch wenn sie hilfreich sein können.

Vielmehr ist es unerlässlich, dass die Medien auch den Führungsanspruch einer Marke untermauern.

Die Datastream-Story

Datastream, ein Softwareunternehmen für Wartungsprogramme, wollte seine Verkaufszahlen deutlich erhöhen und bat uns diesbezüglich um Hilfe. Wir schlugen unter anderem vor, ein Balkendiagramm mit den Marktanteilen zu drucken und das Diagramm mit sämtlichen Presseverlautbarungen zu verschicken.

Das Balkendiagramm verdeutlichte sehr drastisch das Ausmaß der Führungsstellung von Datastream. Das Unternehmen hatte einen größeren Marktanteil als die nächsten elf Wettbewerber zusammen. Solche Schaubilder bergen den Vorteil, dass sich potenzielle Kunden meist erst gar nicht mit den anderen angeführten Unternehmen abgeben, denn falls ein Kunde den Kauf einer kleineren Marke erwägen sollte, so müsste er gleich unter allen wählen, und das scheint doch ein ziemlich großer Aufwand. Viel leichter fällt die Entscheidung für den Marktführer: Datastream.

Aber wussten Kunden und die Presse nicht ohnehin, dass Datastream der Marktführer war? Keineswegs. Im Jahr 1993 gab es 150 Anbieter, die nur 27.700 Pakete Wartungssoftware verkauft hatten, und das bei einem Gesamtmarktpotenzial von 250.000 bis 750.000 Paketen. Mit anderen Worten, die Marktdurchdringung lag erst bei 4 bis 11 Prozent. (Und sogar diese Prozentzahl war vermutlich noch zu hoch angesetzt.)

Datastream dominierte weiterhin den Markt für Wartungssoftware und hält diese Position noch heute.

Die Starbucks-Story

Am leichtesten profitiert man von den Vorzügen eines Marktführers, wenn man als erste Marke eine neue Kategorie besetzt. Starbucks war in den Vereinigten Staaten das erste Kaffeehaus im europäischen Stil. Darüber hinaus zogen die Starbucks-Filialen städtische und trendbewusste Yuppies an. Natürlich lobten die Medien das Konzept und die Kunden in den höchsten Tönen.

»Es ist heutzutage schwierig, ein Produkt über Kundenwerbung einzuführen, weil ihr die Leute nicht mehr so viel Aufmerksamkeit wie früher schenken und die Botschaft nicht glauben«, sagte Howard Schultz, der Gründer von Starbucks. »Ich sehe mir das ganze Geld an, das für Werbung ausgegeben wird, und es wundert mich, dass die Auftraggeber immer noch glauben, sie würden für ihre Investition einen Gegenwert erhalten.«

Wir sind nicht Starbucks, haben uns manche Kunden gesagt, wir bieten keinen Cappuccino, Café latte oder ein anderes aufregendes Produkt an, über das gesprochen wird. Das ist heutzutage ein weit verbreitetes Problem.

(Zu der Zeit, als teure Stereoanlagen in den Autos große Mode waren, versuchten einige Autobesitzer einen Einbruch zu verhindern, indem sie ein Schild »Kein Radio« hinter die Windschutzscheibe legten. Ein Besitzer stellte bei der Rückkehr fest, dass jemand seine Scheibe eingeschlagen und auf das Schild »Kauf dir eins« geschrieben hatte.)

Sie haben kein aufregendes Produkt, über das man spricht? Schaffen Sie sich eins an. Das ist heute die Aufgabe des PR-Strategen. Suchen Sie eine Idee, die Publicity erregen wird. Noch dazu nicht irgendeine Publicity, sondern Publicity, die einen Markennamen aufbaut.

Eine neue Kategorie einführen

Die neue Kategorie braucht gar keine weltbewegende Neuheit zu sein. PowerBar war die erste Energydrink-Bar. Heineken war das erste teure Importbier. Razor war der erste Cityroller oder Scooter.

Wenn Ihre Marke für eine neue Kategorie steht, die die Aufmerksamkeit der Medien erregt, ernten Sie unter Umständen eine wahre Flut von Publicity. Als Polaroid die Sofortbildkamera einführte, kamen Dr. Land und seine neue Kamera sogar auf die Titelseite der Zeitschrift *Time*, wurden in den Fernsehnachrichten und in so gut wie jedem wichtigen Organ erwähnt. Erst durch die Publicity entstand die Marke Polaroid.

Als Xerox den Normalpapierkopierer präsentierte, trat genau derselbe Effekt ein. Die Publicity baute die Marke auf, nicht die Werbung.

Die Werbung hat erst danach ihren großen Auftritt. Nachdem die Marke eingeführt wurde und in der Vorstellung der Kunden eine gewisse Glaubwürdigkeit genießt, können Sie diese mit Hilfe der Werbung verstärken und die Kunden daran erinnern. Werbung ist die Infanterie, die einem Panzer folgt oder nach einem Luftangriff vorrückt. Heutzutage würde niemand allein mit der Infanterie angreifen. Weshalb sollten Sie ein Marketingprogramm allein mit Werbung starten?

Die Miraclesuit-Story

In manchen Fällen bietet sich keine PR-Idee für die Marke an. Sie ist einfach nur ein Produkt unter vielen. Für die Werbeleute ist das kein Problem. Wenn das Produkt nicht aufregend ist, dann braucht der Kunde eben aufregende Werbung, also Kreativität. (Wir haben die Vergeblichkeit des kreativen Ansatzes in der Werbung wohl hinlänglich demonstriert.)

Die PR-Leute hingegen müssen der Marke irgendein Merkmal anheften, das für Publicity sorgt. Public Relations ist die Disziplin, die wirklich Kreativität erfordert.

Manchmal lässt sich das allein mit Worten erreichen. Im Jahr 1992 brachte der Sportartikelhersteller A&H Sportswear einen Badeanzug für Frauen auf den Markt, dessen Webstruktur optimale Dehnmöglichkeiten in beide Richtungen des Stoffes bot (andere Badebekleidung dehnt sich nur in eine Richtung). Sie gaben ihrem neuen Produkt auch einen aufregenden Namen: Miraclesuit. Und die PR-Agentur Burson-Marsteller fasste die Vorzüge der Marke in folgendem Slogan zusammen: »Zehn Pfund leichter aussehen in zehn Sekunden.« (Die zehn Sekunden für das Anziehen des Badeanzugs.)

Nur mit Publicity, ohne Werbung wurde Miraclesuit zu einer erfolgreichen Marke. Obwohl der Badeanzug in der Designerabteilung der Geschäfte zu einem Preis angeboten wird, der um 20 bis 25 Prozent über dem durchschnittlichen Preis eines Badeanzugs liegt, ist Miraclesuit zum Markennamen Nr. 2 auf dem Markt aufgestiegen, gleich hinter Nautica.

Nach mittlerweile zehn Jahren, nachdem das Publicity-Potenzial ausgeschöpft wurde, ist es möglicherweise an der Zeit, Miraclesuit aus der PR-Abteilung an die Werbeabteilung zu übergeben. Und wie sollte die Werbestrategie von Miraclesuit lauten? »Zehn Pfund leichter aussehen in zehn Sekunden.«

Wie hoch schätzen Sie die Chancen ein, dass eine Werbeagentur später tatsächlich diese Strategie einsetzen wird? Gering bis unwahrscheinlich. Die Werbebranche ist ganz auf Kreativität ausgerichtet, auf die Suche nach Neuem und Anderem. Aus eigener Erfahrung wissen wir, wie schwer es einer Werbeagentur fällt, die von einer vorherigen Agentur entwickelte Idee zu übernehmen. Noch schwerer dürfte es einer Werbeagentur fallen, eine Strategie zu übernehmen, die eine PR-Agentur entwickelt hat. Das ist der NHE-Faktor, »nicht hier entwickelt«.

(Der Werbung kommt durchaus eine wichtige Rolle zu, aber sie hat wenig mit Kreativität zu tun. Sie stützt sich auf Plagiate. Die Werbeagentur der Zukunft wird »Anschlusskampagnen« entwickeln sowie Ideen und Bilder aufgreifen, die zuvor bereits über PR-Kampagnen in den Köpfen der Verbraucher Einzug hielten.)

Ein typisches PR-Programm fängt langsam an, häufig nur mit einer brillanten Idee. Der Roman The Red Tent von Anita Diamant war auf dem absteigenden Ast, bis der Verleger Exemplare an mehrere Rabbiner verschickte.

14. Schrittweise die Marke ausbreiten

Nach mäßigem Absatz drohte der Roman *The Red Tent* (deutsch: *Das rote Zelt*), das Erstlingswerk einer unbekannten Autorin (Anita Diamant), eingestampft zu werden. Als Frau Diamant der Restbestand für ein Dollar pro Buch angeboten wurde, schlug sie stattdessen vor, Exemplare an Rabbiner zu verschicken. (Der Roman war die fiktive Lebensgeschichte von Dinah, der einzigen Schwester des Lieblingssohns von Jakob, Josef mit seinem prächtigen Mantel.)

Es funktionierte. Zweieinhalb Jahre nach dem Erscheinen wurde *The Red Tent* zu einem Bestseller. Die Paperback-Ausgabe wurde rund 2 Millionen Mal verkauft, und Hollywood hat sich die Filmrechte gesichert.

Terry Kays Roman *To Dance with the White Dog* schlummerte sechs Jahre lang in Japan in einer Art Dornröschenschlaf. Dann gefiel einem Angestellten einer kleinen Buchhandlung in Japan das Buch so gut, dass er eine interne Rezension schrieb und den eigenen Kunden das Buch empfahl.

Als Folge verkaufte der Laden in einem Monat 471 Exemplare, eine erstaunliche Zahl für eine kleine Buchhandlung. Dann überredete ein 23-jähriger Außendienstmitarbeiter des japanischen Verlegers seinen Boss, die handschriftliche Rezension landesweit bekannt zu machen. Zeitungen und Fernsehsender griffen die Story auf, und mittlerweile wurde in Japan eine halbe Million Exemplare gedruckt, doppelt so viele, wie in den Vereinigten Staaten seit dem Erscheinen von *White Dog* im Jahr 1990 verkauft wurden.

Ein winziger Funke löst ein Publicity-Programm aus, das eine halbe Million Bücher verkauft? Aber sicher, das kommt immer wieder vor. Wenn die Marke groß und berühmt wird, wenn die Marke den Gipfel erklommen hat, dann verwischt das Management leider nur zu gern die Spuren, die sie dorthin geführt hat. Die Verantwortlichen tun so, als wäre die Marke schon immer an der Spitze gewesen oder zumindest aus eigener Kraft dorthin gelangt. Eine günstige Publicity hat dazu gewiss nicht beigetragen.

Eine Schlüsselstory platzieren

Ein außerordentlich wirkungsvolles Mittel der heutigen PR-Arbeit ist die Platzierung einer »Schlüsselstory«. Damit ist eine positive Story in einem wichtigen Blatt (oder einer Fernsehsendung) gemeint, die das gesamte PR-Programm unterstützt.

Am 28. April 1997 erschien auf der ersten Seite der Rubrik »Marktplatz« im *Wall Street Journal* ein ausführlicher Artikel über Pizzas von Papa John's. (»Der Trick einer beliebten Pizzakette ist Geschmack.«)

Das Motto von Papa John's lautete: »Bessere Zutaten, bessere Pizza«.

An Stelle von Soße aus Konzentrat verwendet Papa John's Soße aus am Stock gereiften, frisch verpackten Tomaten. An Stelle von verschiedenen Käsesorten verwendet Papa John's ausschließlich Mozzarella. An Stelle von tiefgefrorenem Teig verwendet Papa John's frischen Teig. An Stelle von Leitungswasser verwendet Papa John's gereinigtes Wasser für den Teig.

Im Laufe der Zeit wird eine Schlüsselstory aller Wahrscheinlichkeit nach in viele andere Geschichten zerlegt. Kein Reporter wird einen Artikel über Papa John's schreiben, ohne zuvor nachzulesen, was das *Wall Street Journal* über das Unternehmen geschrieben hat. Dank Internet bereitet das ja keine Schwierigkeiten.

Die Essenz des Erfolgs von Papa John's kann leicht übersehen werden. Es lag nicht einfach daran, dass die Vorzüge eines Produkts angepriesen wurden (»Wir haben diesen Vorteil und die anderen nicht«). Ausschlag gebend war die Tatsache, dass Papa John's die *erste* Qualitätspizza war. Die Vorzüge unterstützen die Spitzenposition. Der Umstand, dass Papa John's »zuerst kam«, hat der Kette geholfen, die Publicity-Schlacht zu gewinnen. *Man kann nicht berühmt werden, wenn man nicht bei irgendetwas der Erste ist.*

Eine Doughnut-Marke prägen

Manchmal dauert es einige Zeit, bis ein neues Unternehmen eine Marktlücke entdeckt, die es als Erster belegen kann. Industrial Luncheon Services wurde 1946 als Dienstleistungsbetrieb im Gaststättengewerbe gegründet. Zwei Jahre später hatte das Unternehmen rund 200 Imbisswagen, 25 Kantinen in Fabriken und eine Verpackungseinheit. Als der Gründer William Rosenberg sich seine Verkaufszahlen genauer ansah, stellte er fest, dass Kaffee und Doughnuts 40 Prozent seines Absatzes an den Imbisswagen ausmachten. Auf Grund dieser Beobachtung wurde ein regionaler Zulieferer von Kantinen mit bescheidenem Erfolg zu einer weltweit bekannten Marke.

Rosenberg verengte den Fokus, indem er einen Laden für Kaffee und Doughnuts eröffnete, der später Dunkin' Donuts genannt wurde, der erste Doughnut-Laden mit einer Theke, wo die Kunden an Ort und Stelle gleich die Doughnuts essen konnten.

Heute ist Dunkin' Donuts die größte Kaffee-und-Doughnuts-Kette der Welt, mit fast 5.000 Filialen in den Vereinigten Staaten und 35 anderen Ländern. (Das übrige Angebot von Rosenbergs ursprünglichem Dienstleistungsbetrieb ist längst vergessen.)

Als Nächstes kam Krispy Kreme, heute der »brandheiße« Doughnut. Krispy Kreme konzentrierte sich auf die ganze Lasterhaftigkeit der Doughnuts, auf den glasierten Doughnut, und schaffte auf einer Publicity-Welle den Sprung an die Spitze.

Kurz bevor in einer Vorstadt von Phoenix eine Krispy-Kreme-Filiale eröffnet wurde, fragte Sheriff Joe Arpaio, der sich gern als »der härteste Sheriff in Amerika« bezeichnet, ob er der erste Kunde sein dürfe. Krispy Kreme engagierte mit Freuden Herrn Arpaio, der zu einem Lokalhelden geworden war, weil er von seinen Gefangenen verlangte, dass sie pinkfarbene Unterwäsche trugen.

Der Sheriff aß seinen Doughnut vor laufenden Kameras und gab danach den idealen Slogan von sich: »Diese Doughnuts schmecken so lecker, dass man sie verbieten müsste.«

Für einen weiteren Publicity-Wirbel sorgte dann der Börsengang von Krispy

Kreme im April 2000. Der Gang an die Börse hat noch nie so gut geschmeckt. Es erweist sich fast immer als geschickter PR-Zug, wenn eine aufsteigende Marke erstmals Aktien zum Verkauf anbietet.

Wann man nicht der Erste sein muss

Das Leben ist ungerecht. Man kann nicht berühmt werden, wenn man nicht der Erste auf einem Gebiet ist. Aber wenn man schon berühmt ist, dann muss das Produkt nicht unbedingt das »Erste« sein, um eine Flut von Publicity auszulösen. Nehmen wir nur die endlose Publicity, die Microsofts Spielkonsole Xbox und Microsofts Betriebssystem Windows ausgelöst hat.

Die PR-Agentur Edelman lancierte zum Beispiel Hunderte ausführliche Berichte über die Xbox, bevor die Werbekampagne einsetzte. Der Verkaufsstart war so erfolgreich, dass die Xbox binnen zwei Wochen die meistverkaufte Spielkonsole wurde.

Warum bekommen wir nicht so viel Publicity wie Microsoft?, haben uns einige Kunden gefragt. Ihr seid nicht Microsoft, haben wir geantwortet. Mit der Publicity ist es wie mit dem Geld. Die Armen brauchen es, die Reichen nicht. Wer bekommt also das ganze Geld? Die Reichen. Wer bekommt folglich die ganze Publicity? Die Unternehmen, die sie gar nicht nötig haben.

Diese Ungleichbehandlung lässt sich schon an den Schlagzeilen ablesen. »Microsoft erkundet ein neues Feld: Vergnügen«, lautete die Schlagzeile eines Artikels über die Xbox in der *New York Times*. Im *Wall Street Journal* hieß es aber nicht »Der Trick von Papa John's ist Geschmack«, sondern »Der Trick einer beliebten Pizzakette ist Geschmack«. Die Kette Papa John's war noch nicht so berühmt, dass man sie in der Schlagzeile genannt hätte.

Bergauf und bergab

PR-Arbeit verläuft im Wesentlichen in zwei Phasen: 1) bergauf und 2) bergab.

Beim Aufbau einer Marke schiebt man sie Schritt für Schritt den ganzen Hügel der Medienhierarchie hinauf. Man fängt nicht ganz oben an, außerdem ist der Aufstieg sehr mühsam.

An der Spitze angelangt, wenn Sie eine mächtige Marke wie Microsoft haben, sollten Sie wiederum eine neue Strategie verfolgen. Sie können auswählen. Von jetzt an rufen Sie nicht mehr selbst an, Sie nehmen Anrufe entgegen. Es werden viel mehr Anfragen von Medien abgelehnt als angenommen. Die Strategie lautet nicht mehr, die Marke öffentlich bekannt zu machen, sondern sie vor negativer Publicity zu schützen.

Beim Aufstieg lautete die Strategie: »Die Marke schrittweise ausbreiten.« Nehmen Sie an, was immer die Medien Ihnen anbieten, in den seltensten Fällen eine Story im Fernsehen oder in einer der fünf großen Tageszeitungen. In den meisten Fällen müssen Sie in irgendeinem unbekannten Blatt klein anfangen und die Story dann in wichtigere Medien »ausbreiten«.

Jede Marke, die an die Spitze gelangt, erreicht ihr Ziel über günstige Publicity. Es mag sogar das bessere Produkt sein, aber ohne Publicity wird es keinen Erfolg haben. Wenn eine Marke gepusht wird, kann ein berühmter CEO außerordentlich hilfreich sein. Wo wäre Ben & Jerry's, das erste politisch korrekte und sozial verträgliche Eis, ohne Ben Cohen und Jerry Greenfield? Die beiden umweltbewussten Unternehmer haben Ben & Jerry's zu der Marke gemacht, die sie heute ist.

Im Gegensatz zu PR-Programmen, die in der Regel klein anfangen, beruhen Werbeprogramme unweigerlich auf dem Konzept des Knalleffekts. »Führen wir dieses Programm doch mit dem intensivsten Werbesperrfeuer aller Zeiten ein«, scheint die Losung zu lauten.

Diese Knalleffekt-Strategie eignet sich nicht für ein PR-Programm. Jede Marke hat ihren eigenen Zeitplan. Normalerweise braucht man Publicity in einem kleinen Provinzblatt, bevor das Programm zur nächsten, wichtigeren Zeitung übergehen (oder verbreitet werden) kann.

Sie müssen Ihren PR-Bemühungen Zeit lassen. Ungeduld macht mehr gute PR-Ideen zunichte als schlechte Umsetzung. Je besser die Idee ist, desto länger wird es dauern, bis diese Idee Einzug in die Köpfe gehalten hat. Es ist neu, es ist anders, und es wird sofort misstrauisch beäugt. Medienvertreter sind manchmal genauso skeptisch wie Verbraucher.

Der Aufbau des Konzepts »Positionierung«

Das Konzept der Positionierung, für das Jack Trout und ich uns einsetzten, schaffte den Weg von einer kleinen Fachzeitschrift *(Industrial Marketing)* in eine größere, wichtigere Fachzeitschrift *(Advertising Age)* und am Ende ins *Wall Street Journal.*

Man beachte, dass das *Wall Street Journal* die Story von einer Fachzeitschrift übernahm, aber wohl kaum gebracht hätte, wenn sie in der *New York Times,* in *Time, Newsweek* oder einem anderen Massenblatt erschienen wäre.

Verstößt man gegen die »Hackordnung« auf dem Feld der Publicity, so erfolgt das immer auf eigene Gefahr. Das *Wall Street Journal* würde beispielsweise nie eine Story drucken, die bereits in *USA Today* erschienen ist. Umgekehrt könnte *USA Today* durchaus eine eigene Version eines Artikels veröffentlichen, der zuerst im *Wall Street Journal* erschien.

Die Fernsehsender hingegen scheren sich nicht darum, wo eine Story bereits übertragen wurde. Sie achten lediglich auf die Qualität des Fürsprechers und darauf, ob die Öffentlichkeit an der Story interessiert ist. Deshalb schafft ein Sperrfeuer in den Printmedien die ideale Ausgangsbasis für einen Auftritt im Fernsehen.

Unsere größeren Fernsehauftritte (in Sendungen wie *CBS Early Show, NBC Nightly News, ABC World News Tonight* oder den Sendern CNN, CNBC etc.) wurden durchweg von einem gedruckten Artikel in irgendeinem Blatt ausgelöst.

Niemand studiert die Medien genauer als die Medienleute selbst. »Wie kommt es, dass die Story bei uns fehlt?«, könnte die typische Frage eines Chefredakteurs lauten. »Sucht einen neuen Blickwinkel, dann bringen wir nächste Woche unsere eigene Story.«

Dieses Beziehungsgeflecht liegt der Ausbreitungsstrategie zu Grunde. Man muss sich gut überlegen, welche Publikationen neue Ideen aufnehmen und welche erst dann einen Beitrag bringen, wenn die Idee in anderen Medien auf positive Resonanz gestoßen ist.

Natürlich gibt es immer Ausnahmen von der Regel. Wenn man eine so Aufsehen erregende Story hat, dass sie schon allein einen Medienwirbel auslösen wird, dann spricht nichts dagegen, die Story zugleich an sämtliche Medien zu verschicken. Die Einführung von Viagra, dem ersten Medikament auf Rezept gegen Impotenz, war so eine Story. In der Geschichte des Marketing ist kaum eine Marke so schnell aufgestiegen wie Viagra.

Der Aufbau der Marke Mustang

Kein Industriezweig ist stärker auf Werbung angewiesen als die Automobilindustrie. Im letzten Jahr stammten sieben der 13 größten Werbebudgets von einer Automarke (Chevrolet, Dodge, Toyota, Ford, Nissan, Chrysler und Honda). Gemeinsam wurden 4 Milliarden Dollar an Werbung für diese Marken ausgegeben, genug, um einen kleinen Krieg zu führen.

Diese sieben Hersteller verkauften 11.108.832 Autos im letzten Jahr, und für jedes verkaufte Auto gaben sie 359,12 Dollar an Werbung aus.

Erinnern Sie sich nur an eine Autoanzeige oder Werbesendung? Noch wichtiger, erinnern Sie sich an einen Spot, der Ihre Haltung zum Kauf einer Marke verändert hätte? Die meisten Menschen verneinen das.

Ungeachtet der ungeheuren Ausgaben spielt Werbung eine untergeordnete Rolle beim Absatz der Autos. Käufer lassen sich viel stärker von der Sichtbarkeit auf der Straße, der Mund-zu-Mund-Propaganda von Besitzern, Artikeln in der Rubrik »Auto« der Tageszeitung und dergleichen beeinflussen.

Man muss bis ins Jahr 1964 zurückgehen, bis man ein Beispiel für die richtige Einführung einer Automarke entdeckt: den Ford Mustang. Meldungen über den

Ford Mustang, den ersten Sportwagen für Menschen, die nicht gern Sportwagen fahren, ließ die Geschäftsleitung fast ein Jahr vor dem offiziellen Verkaufsstart an die Medien durchsickern (der langsame Aufbau).

Sechs Monate vor dem Start lud Lee Iacocca bekannte Journalisten ein, sich den Wagen im Voraus anzusehen. Pressebroschüren wurden an Tausende Zeitungen und Zeitschriften verschickt. 200 Discjockeys durften den Wagen Probe fahren und bekamen danach leihweise eine Woche lang einen weißen Mustang.

Am 13. April 1964 kam es dann endlich zum offiziellen Verkaufsstart, und zwar anlässlich der Eröffnung des Ford-Pavillons bei der New Yorker Weltausstellung. Nach dem Paukenschlag auf der Weltausstellung fuhren die versammelten Journalisten eine Gruppe von Prototypen von New York nach Detroit.

Ein unglaublicher Medienrummel war die Folge. Iacocca und sein Mustang erschienen in derselben Woche auf dem Cover von *Time* und *Newsweek*, das hatte zuvor noch niemand geschafft.

Die Verkaufszahlen waren ebenfalls unglaublich. Schon nach vier Monaten waren die ersten 100.000 Mustangs verkauft. Über 400.000 wurden im ersten Jahr verkauft. Nach zwei Jahren Serienproduktion rollte der einmillionste Mustang vom Band, natürlich unter dem üblichen Medienrummel.

Eine neue Kategorie, ein berühmter Fürsprecher, ein langsamer Aufbau und ein Verkaufsstart im Zusammenhang mit einem internationalen Ereignis: Das waren die Elemente des Publicity-Erfolgs von Mustang. Freilich werden sich die Eckpunkte nicht bei jeder Marke in dieser Reihenfolge wiederholen, aber es ist hilfreich, sie im Auge zu behalten.

Gab Ford daneben auch Geld für Mustang-Werbung aus? Natürlich. Hätte der Autohersteller das nötig gehabt? Wohl kaum.

Werbung fällt häufig in dieselbe Kategorie wie der Zaubertrank, den ein alter Trapper einmal auf dem Weg versprühte, während er eine Gruppe durch den Grand Canyon führte.

»Was tun Sie da?«, fragte einer aus der Gruppe.

»Ich verscheuche die Elefanten«, entgegnete der Trapper.

»Aber es gibt im Umkreis von 5.000 Meilen keine Elefanten in der Gegend.«

»Eine wirkungsvolle Methode, nicht wahr?«

Damals haben die Werbetrapper mit Sicherheit das Verdienst für den Erfolg des Mustang für sich beansprucht. Wenn der Absatz steigt, bedankt die Werbung sich für den Beifall. Wenn der Absatz sinkt, ist das Produkt daran schuld.

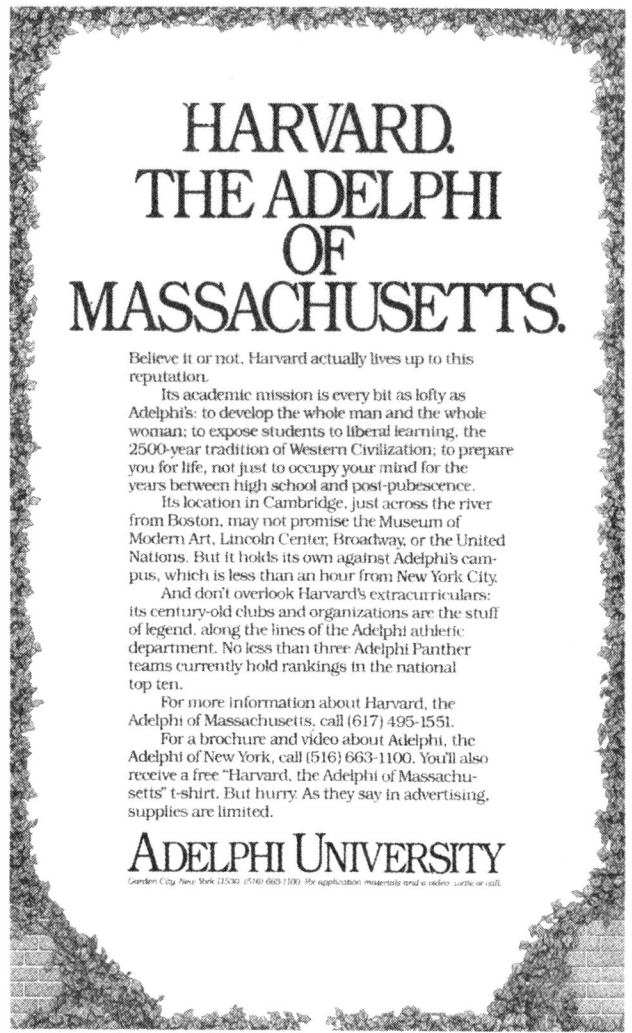

Kein Fall könnte die These, dass man mit Werbung keine Marke aufbauen kann, besser illustrieren als die Erfahrung der New Yorker Adelphi University. Sie wollte über Werbekampagnen erreichen, dass sie auf eine Stufe mit Harvard gestellt wird.

15. Eine Marke im Bildungswesen aufbauen

Den Leuten in Harvard, Princeton und Yale dürfte der Begriff zwar nicht gefallen, aber Bildungseinrichtungen sind mittlerweile zu Markennamen geworden. Und wie wurden sie zu Marken? Bestimmt nicht über Werbung. Sie wurden über massive Publicity zu klangvollen Marken, auch wenn die Publicity-Bemühungen nicht gezielt von ihnen gesteuert waren.

Ein paar Universitäten haben sogar versucht, über Werbekampagnen einen Markennamen aufzubauen. Das bekannteste Beispiel ist die Adelphi University auf Long Island. Die Kampagne von Adelphi bestand aus ganzseitigen Zeitungsanzeigen, unter anderem mit den Schlagzeilen:

* »Harvard. Das Adelphi von Massachusetts.«
* »Braucht irgendjemand eine so gute Bildung?«
* »Drei Dinge sollte jeder lesen, bevor er ans College geht: Platons *Politeia*, sämtliche Werke von Aristoteles und diese Anzeige.«

Was passierte? Wurde Adelphi tatsächlich das Harvard von Long Island? Dumme Frage. Vielmehr wurde der Präsident der Adelphi University entlassen. Man kann einen Markennamen nicht über Werbung aufbauen, die so glaubwürdig ist wie eine Botschaft aus einer Wundertüte.

Bei der Zeitschrift *Fortune* hätte die Sache ganz anders ausgesehen. Wenn *Fortune* einen Artikel veröffentlicht hätte, in dem Adelphi »das Harvard von Long Island« genannt worden wäre, dann hätte sich das mit Sicherheit günstig auf das Schicksal der Universität ausgewirkt. Manchmal braucht man nur eine günstige Passage aus einer Publikation oder einer Fernsehsendung, die man endlos in Nachdrucken des Artikels, Postwurfsendungen und in PR-Bemühungen bei anderen Medien einsetzen kann. (Die Schlüsselstory.)

Was Umfragen für Quinnipiac erreichten

Nehmen wir zum Beispiel die Quinnipiac University. Diese kleine Privatschule in Hamden in Connecticut hat einen, gelinde gesagt, schwer auszusprechenden Namen. Im Laufe des letzten Jahrzehnts hat die Hochschule jedoch die Zahl der eingeschriebenen Studenten von 1.900 auf 6.000 steigern können und ihr Budget beinahe verfünffacht, auf jetzt 115 Millionen Dollar.

Frage: Wieso schnitt Quinnipiac so gut ab, wo die Studentenzahlen landesweit doch zurückgingen? Antwort: wegen des Projekts Quinnipiac Poll.

John Lahey beschloss nach dem Amtsantritt als Präsident im Jahr 1987, dass der ehrwürdigen Quinnipiac University ein wenig Publicity ganz gut tun würde. Also rief er das Projekt Quinnipiac Poll ins Leben, organisierte Umfragen zu regionalen und nationalen Wahlen und anderen aktuellen Themen und fütterte danach die Medien mit den Ergebnissen. Innerhalb von zehn Jahren ist der Name Quinnipiac in schätzungsweise 2.500 Nachrichtenmeldungen aufgetaucht.

Im Jahr 2000 gab die Universität 430.000 Dollar für 44 Umfragen aus, 15 davon zur Kandidatur von Hillary Clinton um einen Sitz im Senat.

Während eine Umfrage vermutlich reine Geldverschwendung wäre, sind 44 Umfragen eine sinnvolle Verwendung des Budgets. Durch die Umfragen ist Quinnipiac in den Wahrnehmungsbereich von Millionen potenzieller Studenten, deren Eltern und Berufsberatern geraten.

Nicht nur die Anzahl der Umfragen spricht für Quinnipiac, sondern auch die Beständigkeit, mit der jedes Jahr neue durchgeführt werden. Auf diese Weise hat die Quinnipiac Poll einen festen Platz auf dem Markt erworben. (Wenn sie jetzt nur noch den Namen ändern würden.)

Durch die Verengung des Fokus zum Marktführer aufsteigen

Bemerkenswerterweise haben bestimmte höhere Lehranstalten einen Markennamen aufgebaut, indem sie (sei es bewusst oder unbewusst) eine Grundregel der PR-Arbeit befolgten: eine neue Kategorie zu gründen, die man als Erster belegt. Die Harvard Graduate School of Business Management ist bekannt für »Management«.

Mit Harvard kann man nicht konkurrieren, indem man Harvard nachahmt. Gegen Harvard muss man mit etwas Neuem antreten. Wharton, die Business School der University of Pennsylvania, ist nicht das Harvard von Pennsylvania. Wharton ist führend im »Finanzwesen« und belegte als erste Fakultät diese Kategorie.

Kellogg, die Business School der Northwestern University, ist nicht das Harvard von Illinois. Kellogg ist im »Marketing« führend und belegte als erste Fakultät diese Kategorie.

Dabei haben sich weder Wharton noch Kellogg allein auf ihr Spezialgebiet beschränkt. Beide bieten die volle Palette von Wirtschaftsseminaren an, aber beide befinden sich in einer günstigeren Position, weil sie sich auf einem kleinen Gebiet als Marktführer etabliert haben.

Thunderbird (offizieller Name: American Graduate School of International Management) ist nicht das Harvard von Arizona. Thunderbird ist führend bei den »internationalen Studien« und belegte als erste Fakultät diese Kategorie.

Was Kommunikation für Pace tun könnte

Einmal haben wir Mitarbeiter von der Pace University kennen gelernt, einer Privatschule in Manhattan mit rund 10.000 Studenten. Wofür ist Manhattan bekannt? Drei Dinge: Finanzen, Mode und Kommunikation. Finanzen ist von Wharton belegt. Mode ist vom Fashion Institute of Technology (ebenfalls mit Sitz in Manhattan) belegt. Bleibt noch die Kommunikation.

Die Pace University sollte sich als »Kommunikationsuniversität« präsentieren. Manhattan ist das Kommunikationszentrum der Welt. Die Sender ABC, CBS, NBC, die *New York Times*, das *Wall Street Journal*, *Time*, *Newsweek* und fast die gesamte Zeitschriftenbranche haben ihren Sitz in Manhattan. Welcher Ort würde sich besser für eine Kommunikationsuniversität eignen?

Das könnten sie nicht tun, sagten die Vertreter von Pace. Die Studenten würden sich ein vollständiges Lehrangebot wünschen. »Seit fast einem Jahrhundert lautet der Auftrag der Pace University, die Söhne und Töchter New Yorks auf eine Berufswahl vorzubereiten und dafür zu schulen«, hieß es von Seiten der Universität.

Das mag schon sein, aber die meisten Söhne und Töchter New Yorks wünschen sich darüber hinaus, eine berühmte Universität zu besuchen, in der Hoffnung, dass ein Teil des Ruhmes auf sie abfällt.

Seien wir ehrlich. Mit dem Namen Pace verbindet jeder Amerikaner eine Salsasoße, oder? Dabei könnte es auch ein berühmtes College für Kommunikation sein.

DESTINATION GUATEMALA

The Official Visitor and Business Guide to Guatemala Compliments
of the Guatemala Chamber of Tourism, Guatemala Tourist Commission and
the Guatemalan Development Foundation

Wenn Werbeleute das Sagen haben, bleibt kein Tier verschont. Der Quetzal, der heilige Vogel der Maya und das Symbol von Guatemala, wurde auf der Titelseite dieses Guatemalaführers präsentiert.

16. Eine geografische Marke aufbauen

Reisen zählt zu den am stärksten beworbenen Kategorien. Nicht nur Fluggesellschaften, Hotels und Autovermieter, sondern auch Städte, Regionen und Staaten geben ein Vermögen aus und werben für ihre Einrichtungen und Sehenswürdigkeiten. Bei unseren eigenen Reisen sind wir immer wieder auf Gelegenheiten für PR-Kampagnen gestoßen, die einen großen Teil dieser Werbung überflüssig machen würden.

Beispiel Guatemala

Nehmen wir zum Beispiel Guatemala. Was wissen Amerikaner über das Land Guatemala? Nicht viel, abgesehen davon, dass es ein armes Land in Mittelamerika ist. Das ist noch lange kein Grund, dorthin zu reisen.

Dabei kann Guatemala auf ein reiches historisches Vermächtnis zurückblicken. Es war das kulturelle Zentrum der Maya, der fortschrittlichsten Zivilisation in Nord- und Südamerika vor Ankunft der Spanier. Noch heute stammen 44 Prozent der 13 Millionen Einwohner Guatemalas von den Maya ab. Viele sprechen noch Dialekte ihrer Sprache.

Mit Gebirgszügen in 3.000 Meter Höhe und einer seit 500 Jahren scheinbar unveränderten Kultur ist Guatemala ein Tourismusparadies. Über das ganze Land verstreut liegen Hunderte spektakulärer Maya-Ruinen: Städte, Tempel, Häuser, Spielplätze, die Überreste einer ruhmreichen Vergangenheit.

Guatemala hat alles, was ein weltweit bekanntes Touristenziel sich wünschen könnte ... mit Ausnahme von Touristen. Nur wenige Menschen kennen das Land.

Ein PR-Programm mit Augenmerk auf die Kultur der Maya könnte Touristen nach Guatemala locken. Dabei gibt es jedoch ein Problem: Guatemala war zwar das Zentrum der Maya-Kultur, doch deren Ruinen sind über Belize, El Salvador, den Westen von Honduras und den Süden Mexikos verstreut.

Wie löst man außerdem das Problem der Verwechslung? Neben Guatemala, Belize, El Salvador und Honduras gehören auch Costa Rica, Nicaragua und Panama zu den sieben Staaten Mittelamerikas.

Wie man das Problem der Verwechslung löst? Man ändert ganz einfach den Landesnamen von Guatemala zu »Guatemaya«. Diese Umbenennung löst beide Probleme. Einerseits wird dadurch der Begriff »Maya« belegt, andererseits schafft man so eine Gedächtnisstütze, welche die Maya mit dem Land in Verbindung bringt, das die spektakulärsten Sehenswürdigkeiten vorzuweisen hat. (Nebenbei wird auch ein drittes Problem gelöst: Das spanische Wort *mala* bedeutet »böse Frau«.)

Eine gute PR-Strategie impliziert immer eine Story. Die natürliche Reaktion eines Reporters ist die Frage: Warum haben Sie den Landesnamen zu Guatemaya geändert?

Unsere Idee fand in der Geschäftswelt von Guatemala City Anklang. Viele Unternehmer meinten, die Idee würde auch ein politisches Problem mit der Maya sprechenden Bevölkerung lösen, die sich von der spanischen Mehrheit ausgegrenzt fühlt. Wird es zur Umbenennung kommen? Wohl kaum. Auch Quetzal-Vögel tun sich schwer, durch ein Nadelöhr zu gehen.

Beispiel Peru

Peru hat ebenfalls ein Touristenproblem. Dieses südamerikanische Land mit 27 Millionen Einwohnern lockt jährlich nur 400.000 Touristen ins Land. (Sogar Kolumbien mit seinen Drogenproblemen zieht 2 Millionen Besucher im Jahr an.)

Das ist seltsam, weil in Peru doch Machu Picchu steht, neben dem Taj Mahal und dem Eiffelturm eines der drei bekanntesten Touristenziele der Welt.

So merkwürdig es scheinen mag: Peru sollte sich von der allein auf Machu

Picchu ausgerichteten Werbung verabschieden und das Land als Ganzes anpreisen.

Wie viele Touristen würden nach Frankreich reisen, wenn der Eiffelturm die einzige Touristenattraktion des Landes wäre? Nicht viele. So sehenswert der Eiffelturm ist, rechtfertigt er noch lange keine Reise nach Frankreich.

Das Gleiche gilt für Machu Picchu. Es ist eine beeindruckende Sehenswürdigkeit, rechtfertigt aber keine Reise nach Peru.

Andererseits braucht das Land eine einzige Anlaufstelle, wenn es Touristen anlocken will. Frankreich hat eine Anlaufstelle: Paris. Wer nach Paris reist, kann eine Fülle von Sehenswürdigkeiten aufsuchen, auch den Eiffelturm.

Hat Peru etwas Vergleichbares? Wo ist das peruanische Paris? Unserer Ansicht nach kommt die Stadt Cuzco in Frage. Wer nach Cuzco reist, kann viele Sehenswürdigkeiten aufsuchen, auch Machu Picchu. Könnte Peru Cuzco vielleicht als das »Paris von Peru« bekannt machen? Eher nicht. Es ist ein schrecklicher Name (er klingt nach einem italienischen Dessert oder schlimmer) und hat international einen zu niedrigen Bekanntheitsgrad. Außerdem weist der Name nicht auf die historische Bedeutung dieser wichtigen Stadt hin.

Worin bestand denn die Bedeutung der Stadt? Cuzco war das Zentrum der Inka-Kultur, der Sitz der Inka, womit die Bedeutung »König« des Wortes Inka gemeint ist, weniger die ethnische Abstammung.

Peru sollte den Namen der Stadt so ändern, dass sich darin ihr wahres Vermächtnis widerspiegelt, die Heimat der Inka. Unser Vorschlag: Ciudad de las Incas.

Wer nach Ciudad de las Incas kommt, kann sich unzählige Stätten ansehen und auch einen Tagesausflug zu den beeindruckenden Ruinen von Machu Picchu unternehmen.

Sowohl Ciudad de las Incas als auch Guatemaya dienen als Aufhänger für ein Publicity-Programm. Darüber hinaus enthalten sie Gedächtnisstützen, die sich den Touristen leicht einprägen würden. Es genügt nicht, wenn ein PR-Programm einen Stapel voller Schnipsel hervorbringt. In irgendeiner Form muss den Kunden eine motivierende Idee vermittelt werden.

Wie groß ist die Wahrscheinlichkeit, dass Peru die Strategie Ciudad de las Incas übernimmt? Nicht allzu groß. Auch Lamas tun sich schwer mit Nadelöhren.

Beispiel Panama

Panama, noch ein mittelamerikanisches Land, ist vor allem wegen seines Kanals bekannt. Das Land ist mit einem Pro-Kopf-Bruttosozialprodukt von ca. 3.000 Dollar jedoch eher arm. Welchen PR-Standpunkt sollte Panama einnehmen?

Uns kam der Gedanke, dass Panama sich als das erste »Freihandelsland« präsentieren sollte. Dank des Panamakanals ist das Land der ideale Sammel- und Verteilungspunkt für weltweite Gütertransporte. Panama hat zwar bereits Freihandelszonen, aber die Importzölle zählen zu den höchsten in Lateinamerika, je nach Produkt von 3 bis 50 Prozent (verglichen mit Mexiko: 5 bis 20 Prozent).

Aber sind Zölle denn nicht ein politisches Problem? Natürlich, aber man kann PR-Arbeit nicht von der Politik trennen.

Man kann PR-Arbeit auch nicht vom Marketing trennen. Der Kunde, der sagt: »Wir übernehmen das Marketing, Sie die PR-Arbeit«, übersieht den wichtigsten Beitrag, den PR leisten kann: bestimmte Aspekte des Produktes oder der Dienstleistung zu verändern und damit das Publicity-Potenzial zu erhöhen.

Unternehmen entwickeln Produkte, um ihre Kunden zufrieden zu stellen. Dabei berücksichtigen sie selten die Bedürfnisse der Medien. Aber wenn ein neues Produkt keinen Erfolg bei den Medien hat, dann dürfte es auch kein Marketingerfolg werden.

Bei unserer Arbeit an Marketingprojekten haben wir unseren Kunden fast immer Änderungsvorschläge gemacht, in manchen Fällen kleinere, in anderen größere. Und der spätere Erfolg der Marke hing stärker mit diesen strategischen Änderungen zusammen als mit sämtlichen taktischen Maßnahmen, die wir in die Wege leiteten.

Wenn man die richtige Strategie verfolgt, kann man sich viele taktische Fehler leisten und wird dennoch Erfolg haben. Wenn man die falsche Strategie verfolgt, kann das Programm bei allem taktischen Geschick ein Fehlschlag werden.

DER AUFBAU EINER STÄDTEMARKE

Kurz vor der Olympiade im September 2000 in Sydney trafen wir uns mit den Tourismusberatern der Stadt.

Die Augen der ganzen Welt werden auf euch gerichtet sein, erklärten wir. Das ist der ideale Zeitpunkt für den Start eines PR-Programms, um Sydney bekannter zu machen.

Was ist Sydney? Wenn man diese Frage mit einem einzigen Wort oder Begriff beantwortet, dann würde diese Vorstellung in den Köpfen von Millionen Menschen Einzug halten, die sich die Olympischen Spiele ansahen, sowie der Tausenden Journalisten, die über die Spiele Bericht erstatteten.

Städte brauchen eine eigene Position, unabhängig von dem Land, in dem sie liegen. Paris ist die »Stadt der Lichter«. New York ist der »Big Apple«. Rom ist die »Ewige Stadt«. Aber was ist Sydney?

Wir legten vier Kriterien für die Stellung von Sydney fest:
1. Es sollte ein Konzept sein, das Sydney als eine »Weltstadt« auswies, neben London, Paris, Rom, New York und Hongkong.
2. Das Konzept musste wirklich glaubwürdig sein. Menschen, die Sydney bereits kannten, sollten sich bei dem Motto sagen: »Ja, genau so ist Sydney.«
3. Das Konzept sollte den Städtenamen Sydney enthalten, damit die Vorstellung sich leichter einprägte.
4. Das Konzept sollte im Einklang stehen mit dem Symbol der Stadt: dem Opernhaus, einem der fünf bekanntesten Gebäude auf der Welt. (Man kann nicht vor etwas davonlaufen, was bereits im Kopf sitzt.)

Nur eine Idee erfüllt alle vier Kriterien. Sie ist einfach und nahe liegend. Und mit Hilfe der Olympischen Spiele 2000 konnte man sie mit einem geringen Aufwand Millionen von Menschen vermitteln.

»Sydney, the world's most sophisticated city.«

Wer einmal in Sydney war, weiß, dass dieses Motto glaubhaft klingt. Man könnte lediglich einwenden, dass Australien mit seinem Busch und dem Crocodile Dundee gewiss nicht dem Image »kultiviert« entspricht. Das stimmt.

Aber New York City ist nicht Amerika. Und Sydney ist nicht Australien. Sydney ist eine Sekundärmarke, und wie alle guten Sekundärmarken sollte sie von der Primärmarke losgelöst werden.

Wenn man Australien als eine Megamarke, Master- oder Supermarke behandelt, dann wird die Position einer individuellen Marke verhackstückt. Megamarken machen aus klangvollen Markennamen »einfach nur einen neuen Chevrolet«.

Auf der Landkarte liegt Sydney in Australien. Aber im Kopf liegen Welten zwischen »Sydney« und »Australien«. Sydney ist kultiviert, Australien nicht. Manhattan ist nicht Peoria in Illinois.

Der Aufbau einer regionalen Marke

Gemeinsam mit dem Staat Missouri haben wir eine Strategie entwickelt, die den Tourismus fördern sollte. Minnesota steht für Seen (Land der 10.000 Seen) und Montana für den Himmel (Big Sky Country). Wofür könnte Missouri stehen?

Wir kamen zu dem Schluss, dass Missouri deshalb einzigartig ist, weil es am Schnittpunkt der beiden größten Flüsse des Landes liegt, des Missouri und Mississippi. Missouri war im wahrsten Sinne des Wortes der »Flussstaat«.

Nur wie bringt man die Medien dazu, darauf hinzuweisen? Keine einfache Aufgabe. Wir veranstalteten ein Kanurennen von der Quelle des Missouri (in Montana) bis nach St. Louis, dem Punkt, an dem der Missouri in den Mississippi mündet.

Zufällig war das auch die Route, die 1804 (in der Gegenrichtung) die Lewis-

und-Clark-Expedition zur Erkundung des ein Jahr zuvor erworbenen Westteils des Kontinents nahm. Folglich hatten die Medien nicht nur Gelegenheit, über das Kanurennen zu berichten, sondern auch über die berühmte Reise von Meriwether Lewis und William Clark. (Was die Olympischen Spiele 2000 für Sydney waren, könnte im Jahr 2004 die Zweihundertjahrfeier der Expedition für den Staat Missouri werden.)

Den Siegern wurden ihre Trophäen natürlich unter der Gateway Arch überreicht, die im Zentrum von St. Louis den Missouri und den Mississippi überragt.

Wenn man »Flüsse« in den Köpfen der Touristen verankern will, müssen »Flüsse« zuerst Einzug in den Medien halten. Außerdem muss man als Erster kommen.

Silicon Valley in San Jose in Kalifornien ist bekannt dafür, dass es die Heimat der amerikanischen Hightech-Industrie ist. Sage und schreibe 70 Orte haben versucht, ins gleiche Horn zu stoßen, darunter Namen wie Silicon Beach (Florida), Silicon Alley (New York), Silicon Bayou (Louisiana), Silicon Mountain (Colorado Springs), Silicon Forest (Seattle), Silicon Hills (Austin), Silicon Mesa (Albuquerque) und Silicon Desert (Phoenix).

An welches Silicon erinnern Sie sich? Natürlich an Silicon Valley. Jede Marke braucht ihren eigenen Namen und wird mit Anleihen bei anderen Namen bestimmt keinen Erfolg haben.

If you've ever had an alcohol-related headache.

Der Wodkamarke Skyy gelang es mit der recht zweifelhaften Behauptung, bei ihr hätte man fast nie einen Kater, die Aufmerksamkeit der Medien auf sich zu ziehen. Heute ist Skyy die zweitgrößte Nobelwodkamarke.

17. Eine Alkoholmarke aufbauen

Es gibt Ausnahmen für die Grundregel, dass PR-Arbeit Marken aufbaut, Werbung hingegen die Marken pflegt. Altoids war eine Ausnahme, Marlboro und Absolut sind zwei weitere. Die »Cowboywerbung« hat Marlboro berühmt gemacht. Die »Flaschenwerbung« hat den Wodka Absolut berühmt gemacht.

Wenn Werbung Marken wie Altoids, Absolut und Marlboro aufbauen kann, warum kann sie dann nicht jede Marke aufbauen? Das ist eine gute Frage, aber es gibt auch eine gute Antwort darauf: Süßigkeiten-, Zigaretten- und Alkoholmarken erhalten wenig Publicity. Natürlich erscheinen unzählige Beiträge zum Thema »Esst keine Süßigkeiten«, »Raucht keine Zigaretten« und »Trinkt keinen Alkohol«, aber so gut wie nie Beiträge über Marken aus den Bereichen Süßigkeiten, Zigaretten und Alkohol.

Die Schlagzeile »Eine großartige neue Zigarette namens Marlboro Medium wurde auf dem Markt eingeführt« wird mit Sicherheit niemals in einer Tageszeitung erscheinen. Zigarettenmarken sind für Medien ebenso tödlich wie für Menschen.

Das Gleiche gilt für Alkohol. Vielleicht mit der einzigen Ausnahme Jack Daniel's bietet die fehlende Berichterstattung über Spirituosen eine Gelegenheit, mit Hilfe der Werbung eine Alkoholmarke ganz neu aufzubauen. Die Einführung des Wodkas Absolut im Jahr 1980 ist ein Musterbeispiel dafür. Eine auffällige Flasche, ein auffälliger Name und eine auffällige Werbeanzeige machten Absolut unter den Wodkatrinkern bekannt. »Absolut perfekt« hieß es in der ersten Anzeige, die einen Heiligenschein über der Flasche Absolut hatte.

Auch die Strategie von Absolut stimmte. Stolitschnaja, der russische Wodka, hatte mit einem Seitenhieb gegen Smirnoff, den langjährigen Marktführer, Erfolge erzielt. Aber Anfang der Achtzigerjahre erreichte der Kalte Krieg seinen Höhepunkt. Deshalb verabschiedete sich Stolitschnaja unklugerweise von seinem russischen Erbe und ließ ein Vakuum für ein schwedisches Produkt zurück. Darüber hinaus ist Stolitschnaja schwer auszusprechen, erst recht nach zwei oder drei Cocktails.

Eine Wodkamarke fand allerdings eine Möglichkeit, sich Publicity zu Nutze zu machen, nämlich Skyy. Das Besondere an Skyy, dem Kind von Maurice Kanbar, ist ein vierstufiger Destillationsvorgang, der den hochprozentigen Wodka so rein macht, dass man so gut wie nie einen Kater davon bekommt, oder zumindest behaupten sie das.

Der große Moment für Skyy war eine Story auf der ersten Seite der Rubrik »Marketplace« des *Wall Street Journal* vom 31. Oktober 1994: »Katerfreier Wodka bereitet einigen Kopfschmerzen«. Skyy stieg zur zweitgrößten Nobelwodkamarke in den Vereinigten Staaten auf, gleich hinter Absolut. Gegenwärtig verkauft Skyy jährlich 1,4 Millionen Kisten.

DER AUFBAU EINER WEINMARKE

Der Weinmarkt in Amerika veranschaulicht ebenfalls den Zusammenhang zwischen Werbung und Public Relations. Vor etlichen Jahren, als nur selten in den Medien über Wein berichtet wurde, konnte man eine Weinmarke noch über Werbung aufbauen. Gallo, Almaden, Inglenook, Taylor und Paul Masson (»We will drink no wine before its time«) sind nur einige amerikanische Markennamen, die Teil von umfassenden Werbekampagnen waren.

Von den Importweinen war Riunite der Marktführer, ein italienischer Lambrusco. (»Riunite on ice. That's nice.«) Unterstützt von TV-Werbespots erreichte Riunite im Jahr 1984 mit 11 Millionen verkauften Kisten seinen Verkaufsrekord. Die Weingüter Cella, Giacobazzi, Bolla, Folonari, Mateus und Yago Sant'Gria investierten ebenfalls große Summen in Werbeanzeigen.

Die Marke Blue Nun (Blaue Nonne) wurde massiv im Rundfunk angepriesen. Mit Hilfe von Werbesendungen, in denen die Schauspieler Jerry Stiller und Anne

Meara auftraten, eroberte der Liebfrauenmilch-Wein ein Drittel des amerikanischen Marktes für deutschen Tafelwein. Binnen neun Jahren schnellten die Verkaufszahlen mit rund 1,2 Millionen Kisten jährlich auf mehr als das Zehnfache hoch.

Als das Interesse der Medien an Wein stieg, wurden Lambrusco und Liebfrauenmilch von den Traubensorten Chardonnay und Sauvignon blanc überholt. Auf einmal berichteten die Medien ausführlich über die besonderen Vorzüge bestimmter Jahrgänge, Weingüter und charakteristischer Merkmale. Die massiv beworbenen Marken gerieten in das Scheinwerferlicht der Publicity und verblassten allmählich.

Wein ist inzwischen in die PR-Ära eingetreten. Riunite und Gallo mussten Robert Mondavi und Robert Parker Jr. Platz machen. Parkers Zeitschrift *The Wine Advocate*, die überhaupt keine Werbeanzeigen annimmt, ist die führende Autorität in der Branche. Heute dreht sich alles um Publicity und eine möglichst hohe Punktzahl von Robert Parker, kurz Parker-Punkte.

Parker kostet jedes Jahr 10.000 Weine, und das Ergebnis seiner Geschmacksnerven wirkt sich auf der ganzen Welt aus. Nach seinem Urteil steigen oder fallen die Preise. Schlechte Weine erreichen 70 Punkte, durchschnittliche über 80 Punkte und die wirklich guten über 90.

»Sobald ein Wein von dem Weinkritiker Robert Parker gepriesen wurde«, schreibt das *New York Times Magazine*, »schlagen sich Sammler und Weinliebhaber darum, so viel wie möglich davon zu kaufen.« (Weintrinker tranken früher nach dem Etikett. Heute trinken sie nach der Punktzahl.)

Gegen eine Bewertung mit 75 Punkten kann keine Werbekampagne etwas ausrichten. Und Werbung hatte auch überhaupt nichts mit Robert Parkers eigenem Aufstieg zu tun. Er sagte voraus, dass der Bordeaux-Jahrgang 1982 zu einem der besten Jahrgänge der Geschichte des Weines werden sollte. Und so war es auch. Der darauf folgende Publicity-Rummel katapultierte Robert Parker Jr. und seinen *Wine Advocate* an die Spitze.

Gewiss haben sich einige Weinmarken unbemerkt von Parker mit gedruckten Anzeigen etablieren können. Dabei handelt es sich aber größtenteils um günstige Weine für Weintrinker mit wenig Sachkenntnis. (Arbor Mist, Turning Leaf und Woodbridge sind einige Marken auf dem amerikanischen Markt.)

Eine andere Erfolgsstory in der Weinbranche rankt sich um die Winzerei Robert Mondavi Corporation. Im Jahr 1966 gründeten Robert Mondavi und sein ältester Sohn Michael die erste Weinkellerei in Kalifornien seit der Prohibition. (Der Erste zu sein ist ein typischer Aufhänger.)

Der Schlüssel zum Erfolg der Firma ist die Person Robert Mondavi selbst. Der inzwischen 88-jährige Mondavi wirbt unermüdlich mit einem einzigen Motto für seine Weine: Kalifornische Weine gehören in den Kreis der erlesensten Weine der Welt. *USA Today* nannte Mondavi den »Star der Weinbranche«.

Im Juni 1993 ging Mondavis Unternehmen an die Börse, immer ein gutes Mittel, um für Publicity zu sorgen. Doch das beste Mittel ist Robert Mondavi selbst. Jedes Unternehmen braucht einen Fürsprecher. Man kann eine Flasche Wein oder eine Marke nicht interviewen. Und wenn der Fürsprecher sogar denselben Namen trägt wie das Unternehmen, dann verdoppelt sich das Publicity-Potenzial.

Publicity gibt im Weingeschäft in Amerika den Ton an. Die gefragtesten Weine stammen heutzutage aus Australien, das bereits einen Anteil von 11 Prozent des amerikanischen Weinmarktes erobert hat. Die aktuelle, australische Traubensorte heißt Shiraz. Eine typische amerikanische Schlagzeile: »Angst erregende Aussie-Weine«.

Schon ein paar Sekunden oder Zeilen Publicity können unglaubliche Folgen haben. Im Jahr 1991 berichtete Morley Safer an einem Sonntagabend in der CBS-Sendung *60 Minutes* über einen Widerspruch in der französischen Gesellschaft. Die Bürger Frankreichs und anderer Mittelmeerländer essen fetthaltigere Nahrung als wir, rauchen und trinken mehr als wir, erfreuen sich aber dennoch einer besseren Gesundheit als wir, insbesondere was Herz-Kreislauf angeht. Warum? Morley Safer führte das in seiner Sendung auf die positiven Folgen des Rotweintrinkens zurück. Seither steigt der Absatz von Rotwein ständig.

Der Aufbau einer Weinkühlermarke

Vor langer Zeit waren Weinkühler eine massiv beworbene Kategorie. Die erste Marke in der Arena war der California Cooler, dessen »verrückte« TV-Spots den Eindruck erweckten, Kühler wären etwas für Faulenzer am Strand. Dann betrat das Paar Bartles & Jaymes mit preisgekrönten Werbesendungen die Bühne, in denen Frank (Bartles) und Ed (Jaymes) auftraten. Die beiden unscheinbar aussehenden, älteren Herren beendeten jeden Spot mit dem bescheidenen Schlusswort: »Wir danken Ihnen für Ihre Unterstützung.«

Im Jahr 1986 gab allein Gallo 30 Millionen Dollar für Bartles & Jaymes-Anzeigen aus. Canandaigua gab 33 Millionen Dollar für seinen Kühler Sun Country Classic aus und gewann Ringo Starr als Fürsprecher. Seagram gab ebenfalls Unsummen für den Golden Wine Cooler aus und zahlte Bruce Willis schätzungsweise 5 Millionen Dollar dafür, dass er das Produkt anpries.

Wie sich herausstellte, erreichten die Verkaufszahlen von Weinkühlern 1986 ihren absoluten Höhepunkt. Im grellen Scheinwerferlicht negativer Publicity kühlte sich der Kaufrausch schnell ab. Im Jahr 1992 wurden nur halb so viele verkauft wie sechs Jahre zuvor. Und der Rückgang hält noch immer an.

Den meisten PR-Programmen fehlt ein geeigneter Fürsprecher. Wer seine Marke berühmt machen will, muss auch den CEO berühmt machen. Larry Ellison von Oracle ist ein typisches Beispiel dafür.

18. Das fehlende Glied

Den meisten Marketingprogrammen fehlt ein berühmter Fürsprecher. Produkte sorgen nicht für Publicity. Persönlichkeiten sorgen dafür. Die Medien können ein Auto, einen Brotlaib oder eine Bierflasche nicht interviewen. Sie können nur eine lebende Person interviewen.

Zahlreiche PR-Programme beschränken sich jedoch auf das Unternehmen und das neue Produkt, das von dem Unternehmen eingeführt wird. Bei der Einführung wird zwar hier und da ein Zitat einer Persönlichkeit innerhalb oder außerhalb des Unternehmens eingesetzt, aber in der Regel wird keine Einzelperson in den Vordergrund gerückt. »Wir wollen nicht einem Einzigen das Verdienst für das fabelhafte, neue Produkt zusprechen«, heißt es immer wieder. »Es war Teamarbeit.«

Für Public Relations gibt es keine Teamarbeit. NBC, CBS oder ABC können (und wollen) nicht das ganze Team interviewen. Sie wollen sich auf die Person beschränken, die die meiste Verantwortung für das fabelhafte Produkt trägt.

Der Sprecher ist das Gesicht und die Stimme der Marke. Der Erfolg jedes PR-Programms hängt letzten Endes bis zu einem gewissen Grad von der Ausstrahlung des Sprechers ab. Die Entscheidung, wer als Sprecher auftritt, ist außerordentlich wichtig und darf nicht auf die leichte Schulter genommen werden.

Wer gibt den besten Fürsprecher ab? In den meisten Fällen der CEO. Der Geschäftsführer trägt die größte Verantwortung für Erfolg oder Scheitern der Marke.

Hightech-Unternehmen haben diese PR-Grundregel vermutlich am besten begriffen. So gut wie jedes Hightech-Unternehmen hat einen Sprecher, der fast so berühmt ist wie das Unternehmen selbst.

- Bill Gates und Microsoft
- Larry Ellison und Oracle
- Scott McNealy und Sun Microsystems
- Lou Gerstner und IBM
- Steve Jobs und Apple Computer
- Tom Siebel und Siebel Systems
- Andy Grove und Intel
- Michael Dell und Dell Computer

In der Hightech-Branche gilt: Wenn der CEO nicht berühmt ist, ist das Unternehmen höchstwahrscheinlich auch nicht berühmt und erfolgreich.

Was ist, wenn der CEO sich beim Umgang mit den Medien schwer tut? Im Prinzip bräuchte das Unternehmen dann einen neuen CEO. In der Praxis sollte ein Unternehmen mit einem saft- und kraftlosen CEO die Person auswählen, die letzten Endes diese Rolle übernehmen wird, und sie zum Sprecher des Unternehmens machen.

Public Relations ist für den langfristigen Erfolg eines Unternehmens und seiner Marken so wichtig, dass der CEO davon ausgehen sollte, wenigstens die Hälfte seiner Zeit für die PR-Arbeit zu verwenden. Wir leben in der PR-Ära, und das gilt für den CEO ebenso wie für den Rest der Organisation.

Sehen wir uns die großen Erfolge der Markenpolitik an, im Übrigen fast durchweg PR-Erfolge. Die Mehrzahl dieser PR-Erfolge wurde von berühmten Fürsprechern unterstützt.

- Richard Branson und Virgin Atlantic Airways
- Ted Turner und CNN
- Howard Schultz und Starbucks
- Anita Roddick und The Body Shop
- Donald Trump und die Trump Organization
- Martha Stewart und ihre Zeitschrift, TV-Show und Produktreihe
- Oprah Winfrey und ihre Zeitschrift und TV-Show

Der Aufbau von Fastfood-Berühmtheiten

Was für die Hightech-Branche gilt, gilt auch für Fastfood-Ketten. Viele Erfolge im Fastfood-Bereich waren PR-Erfolge, unterstützt von berühmten Fürsprechern.

- Colonel Sanders und Kentucky Fried Chicken
- Ray Kroc und McDonald's
- Dave Thomas und Wendy's
- Tom Monaghan und Domino's Pizza
- John Schnatter und Papa John's
- Debbie Fields und Mrs. Fields Cookies

Ein Problem für Burger King, eines der vielen Probleme, besteht darin, dass die Kette keinen starken Fürsprecher hat. Jeffrey Campbell stand kurz davor, diese Rolle auszufüllen, bis er im Zuge des Desasters um die »Herb«-Kampagne seinen Hut nahm.

Herb, der einzige Mensch in Amerika, der noch nie einen Whopper gegessen hat, fiel eigentlich genau in die Kategorie »wilde und verrückte« Werbung, die in der Regel den Kreativen gefällt. Herb ging jedoch zu weit und wurde einhellig verurteilt.

Was sich in der Fastfood-Welt abspielt, spielt sich auch im »Slowfood« ab. Man kann kein erfolgreiches Feinschmeckerrestaurant eröffnen, ohne einen berühmten Küchenchef einzustellen. Weniger um Gäste anzulocken, sondern um die Aufmerksamkeit der Medien auf sich zu ziehen. (Woher sollen die Gäste wissen, dass in einem bestimmten Restaurant ein berühmter Küchenchef arbeitet, wenn die Medien nicht darüber berichten?) Charlie Trotter, Wolfgang Puck, Alain Ducasse, Daniel Boulud, Emeril Lagasse, Roy Yamaguchi und Jean-Georges Vongerichten sind nur einige Beispiele für Küchenchefs, die ihre Restaurants berühmt gemacht haben.

Feinschmeckerrestaurants machen so gut wie nie Werbung für sich. Ohne günstige Publicity würden ihnen die Kunden ausbleiben. Aber sie brauchen nicht ständig Publicity. Das ist wie das Entfachen eines Feuers. Man braucht für den Anfang einen Funken Publicity, damit das Feuer in Gang kommt. Wenn es einmal brennt, wenn ein Lokal eine ansehnliche Zahl Stammkunden hat, dann wird die Mund-zu-Mund-Werbung dafür sorgen, dass es ihm auch weiterhin gut geht – ganz ohne Publicity.

Der Aufbau von Finanzberühmtheiten

Charles Schwab, der das erste Discountmaklerbüro eröffnete, hatte ebenfalls einen spektakulären Publicity-Erfolg. Als Erster eine neue Kategorie zu belegen und denselben Namen wie den Firmennamen zu führen, sind die idealen Voraussetzungen für Publicity-Rummel. Charles Schwab & Co. ritt auf einer Publicity-Welle über die Vorteile (und Nachteile) von Discountmaklerfirmen und setzte sich an die Spitze.

Man muss sich immer vor Augen führen, dass Reporter auch nur Menschen sind. Sie schreiben nicht gern über Unternehmen, solange sie nicht bekannt sind. Das Letzte, was sie tun wollen, ist, irgendein Unternehmen berühmt machen.

Reporter wollen über neue Ideen und Konzepte sprechen wie Discountmaklerfirmen und neue kalifornische Winzereien. Ein unbekanntes Unternehmen (wie Charles Schwab bei der Gründung) wird kostenlos in Artikel eingebaut, in denen es im Grunde um andere Entwicklungen geht. Am besten gibt man Wasser auf die Mühlen der Medien, indem man sich diese Binsenwahrheit zu Nutze macht und entsprechende Strategien entwickelt. Machen Sie nicht für sich selbst Werbung. Machen Sie Werbung für die neue Idee oder das neue Konzept, das Sie präsentieren. Und mit der Zeit wird ganz nebenbei auch Ihr Unternehmen berühmt.

Im Jahr 1946 gründeten Henry und Richard Bloch die United Business Company in Kansas City. Die frisch gegründete Firma bot Unternehmen die Übernahme von Buchhaltung, Inkasso, Management- und Steuerberatung an. Ein kleines Unternehmen, das unter einem Gattungsnamen wie United Business praktisch alles anbietet, kann sich kaum Hoffnungen machen, dass sein Name jemals gedruckt wird.

Neun Jahre später trafen die beiden Bloch-Brüder jedoch eine Entscheidung, die Marketinggeschichte geschrieben hat. Sie beschlossen, sich auf eine einzige Dienstleistung zu beschränken, auf Steuerberatung. Außerdem beschlossen sie den Namen des Unternehmens zu H&R Block zu ändern. (Sie wollten nicht, dass die Kunden den Namen wie »blotch«, also Klecks, aussprachen.)

Beides waren brillante Schachzüge. H&R Block wurde das erste landesweite Steuerberaterbüro, und dieses Zuerstkommen zog eine endlose Publicity nach sich. Wen rufen die Medien jedes Jahr um den 15. April an, wenn sie etwas über die Einkommensteuer wissen wollen? Natürlich H&R Block, und zwar nicht nur die Firma, sondern konkret Henry und Richard.

Wenn der eigene Name auf dem Türschild steht, gilt man bei den Medien als glaubwürdig. Diesen Trend befürworten wir voll und ganz. Sich hinter einem PR-Sprecher zu verstecken, verbietet sich immer mehr für einen CEO. Einige Geschäftsführer, mit denen wir zusammenarbeiteten, zerbrechen sich den Kopf über die rechtlichen Konsequenzen einer Namensänderung, wie die Brüder Bloch es taten: Unterlagen für die Sozialversicherung, Erstattung der Einkommensteuer, Führerscheine etc.

Machen Sie sich darüber keine Gedanken. Verwenden Sie einfach den neuen Namen als Zweitnamen (versehen mit »alias«) und scheuen Sie sich nicht, Ihre persönlichen Unterlagen zu ändern. Mit anderen Worten, seien Sie im Büro Block und zu Hause Bloch.

Pizzaberühmtheiten

In der Geschichte erfolgreicher Unternehmen findet sich eine Fülle vergleichbarer Beispiele: Unternehmen, die ihr Angebot verkleinerten, damit sie als Erste eine neue Kategorie belegten. Danach führte sie eine in der Regel vom Gründer ausgelöste Publicity-Welle zum Erfolg.

Als die Pizzakette Domino's Pizza anfing, verkaufte Tom Monaghan Pizza und Sandwich in seinem Laden und lieferte sie auch ins Haus. Er verzichtete auf Sandwich und auf den Ladenverkauf und wurde zu einem reinen Pizzaservice.

Die Auslieferung von Pizzas hatte kein Publicity-Potenzial; die meisten Restaurants im Familienbetrieb machten das bereits. Die Publicity drehte sich um die Idee, dass Domino's die erste Pizzakette war, die *ausschließlich* ihre Pizzas ins Haus lieferte. Das war eine neue Idee, und die Medien stürzten sich darauf.

Als die Kette Little Caesars anfing, verkauften Michael und Marian Ilitch Pizza, Shrimps, Fisch und Chips und Brathähnchen. Erst als die Familie Ilitch sich auf Pizza beschränkte, vor allem auf Pizza zum Mitnehmen, erwarb sie sich einen Ruf für günstiges Essen. (Zwei Pizzas zum Preis von einer.)

Als Papa John's anfing, verkaufte John Schnatter Pizza, Käsesandwich, Sandwich, geschmorte Pilze, gebratene Zucchini, Salate und Zwiebelringe. Erst als Papa John's sich auf Pizza beschränkte, hatte die Kette allmählich Erfolg. Ausschlag gebend für das spätere Wachstum war jedoch die strategische Entscheidung, hochwertige Zutaten zu verwenden und diese Idee in dem Slogan »Bessere Zutaten. Bessere Pizza« auszudrücken.

Diese Strategie zog viele Medienartikel nach sich sowie eine Klage des Mitbewerbers Pizza Hut. Damit blieb die Story jahrelang interessant. Es gibt nichts Besseres als eine Auseinandersetzung, um das Interesse der Medien zu wecken.

DER AUFBAU EINES PERSÖNLICHEN MARKENNAMENS

Ein Bereich mit rasantem Wachstum ist die persönliche PR-Arbeit. Wer heutzutage in einem Unternehmen vorwärts kommen will, muss persönlich »sichtbar« sein. Wie erreicht man das? Indem man ein Werbeprogramm startet? Gewiss nicht.

Am besten erreichen Sie das über persönliche Public Relations: Vorträge, über die in der Fachpresse berichtet wird, Beiträge, die Sie für die Kommentarseiten der Presse schreiben, Zitate, die Reporter in ihren Storys bringen.

Im Bildungswesen war der Aufbau eines Markennamens für bestimmte Einrichtungen das Werk einer Hand voll bekannter Einzelpersonen. Etwa Michael Porter an der Harvard Business School und Philip Kotler an der Kellogg Business School der Northwestern University.

Wer in der Modebranche ein Unternehmen gründen will, kommt kaum daran vorbei, auch einen berühmten Designer anzupreisen wie Coco Chanel, Christian Dior, Yves Saint Laurent, Gianni Versace, Calvin Klein, Ralph Lauren oder Tommy Hilfiger.

Nehmen wir den Erfolg von Sean »Puffy« Combs und seiner Bekleidungsfirma Sean John. Das vor zwei Jahren gegründete Unternehmen hat gegenwärtig einen Jahresumsatz von mehr als 200 Millionen Dollar. Selbstverständlich ganz ohne Werbung, aber Sean Combs gab Unsummen für PR-Arbeit und Reklame aus. Zum Beispiel stellte er seine letzte Modereihe im Nobelrestaurant Cipriani in Manhattan vor. Das Ereignis kostete 1,24 Millionen Dollar und schaffte den Sprung auf die Titelseite der *New York Times*. Man munkelt, allein die Einladungen hätten über 60 Dollar das Stück gekostet.

Veränderung ist der Feind. Mit der Einführung von New Coke versuchte das Unternehmen, eine 99-jährige Tradition abzuschütteln. Selbstverständlich wurde New Coke schon bald von Coca-Cola Classic abgelöst.

19. Erweiterung einer Markenlinie: ja oder nein?

Wer unsere bisherigen Bücher gelesen hat, weiß, dass wir uns immer schon energisch gegen Erweiterungen von Markenlinien ausgesprochen haben. Zu den bereits genannten Gründen kommt hinzu, dass Erweiterungen bei den Medien schlecht aufgenommen werden.

Für einen Redakteur oder Reporter klingt eine Erweiterung wie ein »Ich auch«-Produkt. Die Medien haben kein Interesse an der Neuauflage eines Produkts, das bereits jemand anderer mit Erfolg eingeführt hat. Die Medien sind nur interessiert, wenn Sie selbst ein revolutionäres Produkt anbieten. Einige Beispiele:

- Palm, der erste Handheldcomputer.
- BlackBerry, das erste drahtlose E-Mail-Gerät.
- Zip Drive, das erste externe Speichersystem mit hoher Kapazität für PCs.

Alle drei »Erstlinge« erregten eine Flut von Publicity, die dazu beitrug, die drei Marken auf ihrem Gebiet zu Marktführern zu machen.

Vergleichen wir einmal Fat Free Fig Newtons mit SnackWell's, dem ersten Keks ohne Fett. Beide wurden 1992 von Nabisco auf den Markt gebracht, aber SnackWell's löste einen regelrechten Publicity-Rummel aus, während Fat Free Fig Newtons, die Erweiterung der Marke Fig Newtons, von den Medien praktisch ignoriert wurde.

Durch die Publicity wurde SnackWell's zu einem gängigen Begriff, und der Umsatz schnellte innerhalb von drei Jahren auf 603 Millionen Dollar hoch. Im Jahr 1995 zählte SnackWell's zu den zehn meistverkauften Lebensmittelposten.

Leider fiel der Umsatz ebenso schnell auf nur noch 134 Millionen Dollar drei Jahre später. Weshalb? Nabisco heftete dem Markennamen eine ganze Reihe von Linienerweiterungen an (von denen keine einzige viel Publicity fand) und beging damit den gleichen Fehler, den es bereits bei der Marke Fig Newtons begangen hatte. Unter den Erweiterungen waren sogar Kekse und Cracker, die nicht fettfrei gebacken waren, was die Verbraucher vollends verwirrte.

Nur für Publicity zu sorgen, reicht natürlich nicht aus. Man muss für die richtige Publicity sorgen.

Früher galt die Regel, jede Publicity sei besser als überhaupt keine Publicity. Das traf aber nur zu, solange wenig Markennamen auf dem Markt vertreten waren und die meisten Marken einen geringen Bekanntheitsgrad hatten. Heutzutage haben Hunderte, wenn nicht Tausende von Markennamen einen Bekanntheitsgrad um 90 Prozent. (Sehen Sie sich einmal die Liste von Interbrand mit den 100 wertvollsten Markennamen der Welt – von Coca-Cola auf Platz 1 bis zu Benetton auf Platz 100 – an. Mit Sicherheit erkennen Sie jede einzelne Marke wieder und wissen auch, wofür jede Marke steht.)

Der Missgriff New Coke

Nicht alle Linienerweiterungen erweisen sich als Reinfälle, was die Publicity angeht. Es kann vorkommen, dass eine Linienerweiterung ein Publicity-Erfolg wird, aber ein Reinfall für das Produkt.

Als die Coca-Cola Company New Coke auf den Markt bringen wollte, löste allein die Ankündigung einen wahren Publicity-Rummel aus. Die damalige PR-Agentur von Coke schätzte, dass die Einführung von New Coke für kostenlose Publicity im Wert von 1 Milliarde Dollar sorgte.

Vielleicht meinte die PR-Agentur, dass die kostenlose Publicity 1 Milliarde Dollar in Spielgeld wert war, weil keine einzige Zeile und keine Sekunde Sendezeit der Marke Coca-Cola nutzte. Die kostenlose Publicity hätte den Markennamen um ein Haar zu Grunde gerichtet.

Keine drei Monate später erkannte Coca-Cola seinen Fehler und ruderte schneller zurück, als Michael Jackson sich von seinem Spaziergang auf dem Mond verabschiedete.

Wieso hat in der PR-Agentur von Coca-Cola niemand gesagt: »Wartet mal. Coca-Cola ist das wahre Produkt. Seine Formel, genannt Merchandise 7X, ist so wertvoll, dass sie in einer Bank von Atlanta im Safe eingeschlossen ist. Und ihr wollt diese Formel verändern? Das ist wie die Einführung eines neuen, verbesserten Gottes.«

Vielleicht haben die PR-Berater es auch gesagt. Aber wir haben den Eindruck, dass sie so fixiert waren auf das Publicity-Potenzial des New Coke, dass sie die Position der Marke in den Köpfen ganz vergessen haben.

Der Fehltritt IBM PC

Wenn die Markteinführung von New Coke im April 1985 kostenlose Publicity im Wert von 1 Milliarde Dollar nach sich zog, so brachte die Einführung des IBM PC im August 1981 kostenlose Publicity im Wert von wenigstens 2 Milliarden Dollar ein. Ebenfalls ein strategischer Fehler.

Der IBM PC ist eine weitere Ausnahme von der allgemeinen Regel, dass Linienerweiterungen dem Publicity-Potenzial schaden. Die Publicity-Trommel wurde durch den Umstand in Gang gesetzt, dass der IBM PC der erste konkurrenzfähige 16-bit-Rechner war, der für den Büromarkt gedacht war. Diese Entwicklung war so bedeutend, dass über den schwachen Produktnamen hinweggesehen wurde.

Im Gegensatz dazu waren der Apple IIe, der Commodore Pet, der Radio Shack TRS-80 und alle anderen Personal Computer, die damals auf dem Markt angeboten wurden, 8-bit-Rechner für den Privatmarkt.

Die Einführung des IBM PC löste einen ungeahnten Wirbel aus. Im Januar 1983 wurde der Rechner von der Zeitschrift *Time* zur »Maschine des Jahres« gewählt. Erstmals erhielt ein unbelebter Gegenstand den Vorzug gegenüber einem menschlichen Wesen.

Zwanzig Jahre später, im Jahr 2001, lockte die Feier zum 20. Jahrestag der

Einführung ein hochkarätig besetztes Publikum an, darunter Bill Gates, und sorgte für günstige Publicity im Wert von Millionen Dollar. In den Annalen der PR-Geschichte wird der Verkaufsstart des IBM PC den gleichen Rang einnehmen wie der Kopierer Xerox 914 und die Polaroidkamera von Land. Mit einer Ausnahme:

Xerox und Polaroid wurden danach große Marken. Der PC hingegen tat für die Marke IBM nichts, abgesehen davon, dass er enorme Verluste und einen allgemeinen Rückzug aus dem PC-Markt für Unternehmen zur Folge hatte. Linienerweiterungen haben oft diese Tendenz.

Glauben Sie, die PR-Agentur von IBM hatte einen neuen Markennamen für den PC vorgeschlagen, bevor er auf den Markt kam? Unwahrscheinlich. Aber genau dieser strategischen Aufgabe werden sich PR-Firmen künftig stellen müssen.

Rechnen Sie nicht mit Hilfe von Seiten der Werbeagentur. Einer Werbeagentur gefallen Linienerweiterungen meistens, weil das in der Regel heißt, sie dürfen die Marke behalten. Ein neuer Markenname hingegen bedeutet oft, der Kunde hat auch beschlossen, eine neue Werbeagentur anzustellen.

Wägen Sie die Folgen einer Linienerweiterung gut ab. Wenn man der eigenen Reihe vergleichbare Produkte hinzufügt, wie IBM es mit dem PC tat, dann verliert man den Kernbereich aus dem Auge. Man kann keine Werbung für die »Linie« machen, weil sie – abgesehen von dem Namen – nichts gemeinsam hat. Folglich muss man für die »Erweiterung« werben oder sie bekannt machen. Das schafft aber Verwirrung. Was ist ein IBM? Ist das ein Großrechner oder ein Personal Computer?

Die Siege japanischer Autohersteller

Sehen wir uns die Strategien an, die von den drei großen japanischen Automobilherstellern angewandt wurden: Toyota, Honda und Nissan. Alle drei Unternehmen wollten in der Hierarchie vom Kleinwagen zur Limousine der gehobenen Mittelklasse aufsteigen.

Brachte Toyota etwa den Toyota BC (für »big car«) auf den Markt? Oder Honda einen Honda Super? Oder Nissan einen Nissan Ultra? Nein, alle drei japanischen Autokonzerne führten neue Markennamen ein: Lexus, Acura und Infiniti.

Alle drei neuen Marken profitierten von günstiger Publicity beim Verkaufsstart. Und alle drei Marken hatten auf dem amerikanischen Markt Erfolg.

Insbesondere Lexus. Heute ist Lexus die meistverkaufte Luxusautomarke in Amerika, vor Mercedes-Benz, BMW, Lincoln und Cadillac.

Wie hätte Ihrer Meinung nach eine Marke namens Toyota BC gegen Konkurrenten wie Mercedes-Benz, BMW, Lincoln und Cadillac abgeschnitten? Nicht allzu gut. Die Wahl des Namens ist die wichtigste Marketingentscheidung. Der richtige Name hat günstige Publicity und günstige Verbraucherwahrnehmungen zur Folge.

Der falsche Name hingegen führt einen auf den Holzweg.

Der Weg in die Katastrophe ist mit Verbesserungen gepflastert

Je mehr Produkte man einem Markennamen anhängt, desto schwächer wird der Markenname.

Anfang der Achtzigerjahre, zur Zeit der Einführung des PC, war IBM das mächtigste Unternehmen der Welt. Es erzielte den höchsten Gewinn und hatte den besten Ruf. Aber heute dümpelt der IBM PC mit einem Marktanteil von nur 6 Prozent am PC-Markt vor sich hin.

Dennoch ist IBM eine Ausnahme. Auf Grund der Macht des Konzerns und der Stärke der Marke IBM wurden die Hoffnungen für den PC nicht ganz aufgegeben.

Wird eine Linienerweiterung mit einem schwächeren Namen kombiniert, so sind die Folgen weit schlimmer. Wo sind die Rechner, die AT&T, ITT, Texas Instruments, Atari, Timex und Mattel gebaut haben? Alle in Vergessenheit geraten, wegen der Erweiterung im Namen abgewirtschaftet.

(Alle Anhänger von Linienerweiterungen, und das sind nicht wenig Marketingvertreter, sollten sich einmal folgende Frage stellen: Welche Argumente kann ich ins Feld führen, um den Konzern Toyota dazu zu bringen, den Markennamen Lexus in Toyota zu ändern? Selbst in diesem späten Stadium würden wir der Marketingleitung von IBM ganz dringend raten, ihre PC-Reihe unter einem neuen Namen zu vermarkten. Aber was könnte man Lexus sagen, um sie davon zu überzeugen, den umgekehrten Weg einzuschlagen?)

Viele amerikanische Pharmakonzerne entdecken, dass ein zweiter Markenname viel besser ist als eine Linienerweiterung ... selbst wenn es sich um ein und dieselbe Arznei handelt. GlaxoSmithKline verkauft Wellbutrin (Jahresumsatz 651 Millionen Dollar) als Antidepressivum und Zyban (Jahresumsatz 166 Millionen Dollar) als Nichtrauchertablette. Beide Arzneien enthalten genau denselben Wirkstoff: Bupropion-Hydrochlorid.

Der Mitbewerber Eli Lilly hat sich für das berühmteste und erfolgreichste Antidepressivum aller Zeiten, Prozac, auf das 30 Prozent des Gesamtumsatzes entfallen, einen neuen Markennamen ausgedacht. Lilly hat eine völlig neue Arznei namens Sarafem auf den Markt gebracht, das Fluoxetin-Hydrochlorid enthält, der generische Name für Prozac. Sarafem wird als Medikament für die so genannte PMDD (»premenstrual dysphoric disorder« oder Depressionen vor der Menstruation) angepriesen. Indem Lilly Fluoxetin unter einem neuen Markennamen anbietet, spricht der Konzern Frauen und ihre Ärzte so an, wie Publicity für die Marke Prozac es nicht gekonnt hätte. Prozac ist Schnee von gestern. Sarafem und PMDD sind angesagt.

Merck verkauft Proscar zur Behandlung einer vergrößerten Prostata und Propecia für Haarausfall bei Männern. Beide Arzneimittel enthalten exakt denselben Wirkstoff: Finasterid. (Wenn die Anhänger von Linienerweiterungen das Produkt in die Finger bekommen hätten, hätten sie vermutlich denselben Namen verwendet, nach dem Motto: »Kopf oder Schwanz, das ist *die* Arznei für den Mann.«)

Begehen Sie nicht den gleichen Fehler. Linienerweiterungen lähmen die PR-Arbeit. Trotz der Unmenge von Pressebeiträgen, die New Coke und der IBM

PC auslösten, sind wir überzeugt, dass Erweiterungen in der Regel die Berichterstattung in den Medien hemmen, während neue Markennamen die Berichterstattung begünstigen. Angenommen, IBM hätte für den Verkaufsstart des ersten Rechners für den Büromarkt unter einem neuen Namen eine unabhängige Abteilung gegründet. Unserer Ansicht nach hätten die Medien eher noch ausführlicher darüber berichtet.

Ein neuer Name hätte den Menschen und den Einrichtungen hinter der neuen Marke mehr Bedeutung verliehen. Außerdem hätten die Medien bestimmt Fragen gestellt wie: »Weshalb verwenden Sie einen neuen Namen an Stelle von IBM?« (Der erfolgreiche Start der Marke Saturn ist ein gutes Beispiel für die positive Publicity, die ein neuer Name auslösen kann. »Ein anderes Unternehmen. Ein anderes Auto.« Auch wenn Saturn nur ein anderes Auto von General Motors war.)

Strategisch gesehen, kann ein neuer Name auf natürliche Weise dazu beitragen, die Marke als Führer in einer neuen Kategorie zu etablieren.

Werbeleute argumentieren häufig genau entgegengesetzt. Sie behaupten, die Etablierung einer neuen Marke sei viel zu teuer. Damit meinen sie im Grunde natürlich, dass es viel zu teuer ist, eine neue Marke *über Werbung* etablieren zu wollen.

»Das ist zu teuer«, lautet der schwerwiegendste Einwand, den wir zu hören bekommen, wenn wir einen neuen Markennamen empfehlen. Unternehmen setzen neue Marken mit neuen Werbeprogrammen gleich, die ein Vermögen kosten.

Das ist falsch. Im Falle einer neuen Marke hat Werbung keinerlei Glaubwürdigkeit. Erst wenn die Vorzüge einer Marke über Publicity bekannt gemacht wurden, kann Werbung eingesetzt werden. Aber eine neue Marke sollte niemals über Werbung eingeführt werden.

Der Start einer Kleinwagenmarke bei GM

Sehen wir uns die Bemühungen von General Motors, eine Kleinwagenmarke auf den Markt zu bringen, näher an. Zuerst versuchten sie es mit dem Chevrolet Chevette (eine typische Erweiterung). Nach jahrelangen mäßigen Verkaufszahlen ließen sie am Ende die Reihe auslaufen.

Warum sollte irgendjemand einen kleinen Chevrolet kaufen? (Das ist nicht das Wahre.) Aus dem gleichen Grund wollte auch niemand einen IBM PCjr. kaufen. Linienerweiterungen werden von den Kunden niemals isoliert wahrgenommen. Eine Linienerweiterung wird immer mit Bezug zur Kernmarke wahrgenommen.

Als Nächstes ging Chevrolet zum Chevrolet Geo über. Beim Geo gaben sie sich große Mühe, den Markennamen Geo von der Marke Chevrolet zu lösen. In den Anzeigen hieß es immer Geo, nie Chevrolet. Auf den Autos stand Geo, nicht Chevrolet. Leider verkaufte General Motors den Geo bei Chevrolet-Vertragshändlern. Deshalb sagten die Kunden automatisch »Chevrolet Geo«.

(Lexus, Acura und Infiniti werden als unabhängige Marken wahrgenommen, aber ein ähnlicher Wagen, der Diamante, wird als Mitsubishi wahrgenommen, weil er bei Mitsubishi-Händlern angeboten wird. Wenn etwas wie eine Ente aussieht und wie eine Ente geht, aber von einem Hühnerhändler verkauft wird, sagen wir, es ist ein Huhn.)

Dann hatte Chevrolet, oder besser General Motors, seine Lektion gelernt. GM führte seinen kleinen Chevrolet als den Saturn ein, bot das Auto bei Saturn-Händlern an und erklärte, er werde von einem ganz anderen Autohersteller produziert. Ganz natürlich traf der Saturn, was die Publicity anging, den richtigen Nerv und wurde zu einem großen Erfolg.

Eine Zeit lang verkaufte ein durchschnittlicher Saturn-Händler mehr Autos im Jahr als der durchschnittliche Händler mit irgendeiner anderen Automarke.

Bemerkenswerterweise war der Saturn die einzige Automarke in Amerika, die nur in einem Modell angeboten wurde. (Man konnte ihn mit zwei oder vier Türen oder als Kombi haben, aber es war im Grunde das gleiche Modell, das Saturn die S-Reihe nennt.)

Dann führte Saturn ein größeres, teureres Modell ein, die L-Reihe. Die Einführung hatte wenig Erfolg und war der erste Schritt, die starke Marke Saturn zu einer schwachen Marke wie Chevrolet zu machen.

Wenn man eine Marke wie Saturn auf ein kleines Angebot beschränkt, bieten sich einem unzählige Möglichkeiten, für Publicity zu sorgen. Am dritten Jahrestag des Verkaufsstarts veranstaltete das Unternehmen ein großes Fest für Saturn-Besitzer im Werk in Spring Hill in Tennessee. Rund 44.000 Besitzer kamen mit Familie. Weitere 170.000 Fahrer nahmen an Veranstaltungen verschiedener Händler teil. (Versuchen Sie das mit Chevrolet.)

Saturn tat (zumindest bis es vom Kurs abkam) genau dasselbe, was Harley-Davidson jahrelang gemacht hat: eine loyale Gruppe von Besitzern aufbauen, die die Marke ihren Freunden und Nachbarn weiterempfehlen. HOG, die Abkürzung für die Harley Owners Group, ist der größte Motorradklub der Welt, mit mehr als 600.000 Mitgliedern und 1.200 Ortsgruppen auf der ganzen Welt.

Der Aufstieg auf der Karriereleiter

Weshalb brachte Saturn ein größeres, teureres Modell auf den Markt, die L-Reihe? Sie wollten ihre Kunden halten, wenn sie älter wurden, Familie hatten und ein luxuriöseres Auto wollten. Das klingt logisch, aber es ist eine falsche Strategie.

Wenn ein Kunde auf der Leiter des Lebens aufsteigt, dann wird er Markennamen als Sprossen verwenden, um den Status auszudrücken. Ein Single könnte einen Saturn kaufen, weil es sich dabei um ein nettes, billiges Auto handelt. Wird die betreffende Person befördert und verdient mehr Geld, kauft sie vielleicht einen BMW. Heiratet er oder sie dann und hat Kinder, so kaufen sie einen Volvo. Kommt es zur Scheidung, so behält die Frau die Kinder, das Haus und den Volvo, der Mann kauft sich einen Ferrari.

Markennamen, die keine bestimmte Zielgruppe ansprechen, eignen sich nicht als Sprossen auf der Lebensleiter. Wer versucht, es allen Recht zu machen, spricht am Ende niemanden an.

Strategie ist für ein PR-Programm viel wichtiger als für ein Werbeprogramm. Eine Anzeige kann man immer schalten, auch wenn man eine verheerende Strategie verfolgt. Bei der PR-Arbeit ist das anders. Wenn die Strategie nicht stimmt, bleibt die Publicity einfach aus.

»Fahrvergnügen« in Amerika

Vor einigen Jahren fand sich Volkswagen in derselben Position wie Chevrolet wieder. Die Marketingleute versuchten eine ganze Reihe von Fahrzeugen auf dem amerikanischen Markt anzubieten, die wenig miteinander gemeinsam hatten. Da es sich um einen deutschen Hersteller handelte, dachte sich die Werbeagentur von VW das Motto in deutscher Sprache aus: »Fahrvergnügen«. Mit einem Werbebudget von 100 Millionen Dollar wurden viel Sendezeit und Reklamefläche gekauft.

Aber wie viel Publicity kann ein Motto wie Fahrvergnügen in Amerika auslösen? Nicht allzu viel.

»Was ist neu an den Volkswagenmodellen von 1990?«, könnte ein Autoreporter fragen.

»Sie bieten alle Fahrvergnügen.«

Auf die Frage, weshalb der Konzern 100 Millionen Dollar für die Kampagne Fahrvergnügen ausgab, erklärte ein leitender VW-Angestellter: »Sie unterscheidet sich grundlegend von allen heutigen Preis- und Rabattwerbungen auf dem Markt.«

Das mag schon sein, aber offenbar tat die Kampagne wenig für den Absatz von Volkswagen, der in den folgenden Jahren abstürzte.

In den Werbe- und Marketingkreisen gibt es unzählige Beispiele für Fahrvergnügen. Neu, ungewöhnlich und grundlegend anders. Darüber hinaus völlig nutzlos für Publicity-Zwecke.

PR-Agenturen müssen die Initiative ergreifen und Unternehmen überzeugen, dass Marken über Öffentlichkeitsarbeit aufgebaut werden, nicht über Werbung. Danach müssen sie markenpolitische Strategien entwickeln, die für effektive Publicity sorgen.

Wenn eine Werbeagentur die markenpolitische Strategie entwickelt, kommen in der Regel Konzepte à la Fahrvergnügen zum Einsatz. »Das Werbegeschäft geht den Bach hinunter«, sagte der große Mann der Werbebranche David Ogilvy. »Es wird von den Werbeleuten selbst hinabgezogen, die nicht wissen, wie man etwas verkauft, die niemals in ihrem Leben etwas verkauft haben ... die Verkaufen verachten, deren ganze Lebensaufgabe in raffinierter Protzerei besteht und die Kunden dazu verleiten, ihnen mehr Geld zu geben, damit sie ihre Originalität und ihr Genie austoben können.«

Fahrvergnügen ist nicht der einzige schlechte Name in der Marketingbranche. Auf dem Markt tummeln sich unzählige Beispiele.

Manche Produktkategorien sind ernst, manche nicht. Eine Person mit einem lustigen Namen wie Orville Redenbacher lässt sich ideal für einen Knabberspaß wie Popcorn einsetzen.

20. Der Name ist Programm

Kein Marketingprogramm kann Erfolg haben, wenn der Name nicht passt. Das beste Unternehmen, das beste Produkt, die beste Verpackung und das beste Marketing auf der Welt werden nichts ausrichten, wenn der Name nicht passt. Das Bier Gablinger's, das erste amerikanische Light-Bier, wurde mit preisgekrönten Fernsehwerbungen eingeführt, die Unmengen von Publicity erhielten. Aber die Marke verschwand schon bald wieder vom Markt.

Es schmeckte nicht, lautete die herkömmliche Erklärung. Aber Geschmack hat ebenso viel mit dem Kopf wie mit dem Mund zu tun. (Wenn Sie jemals einem Kind mit verbundenen Augen Spaghetti vorgesetzt und ihm gesagt haben, es müsse jetzt Würmer essen, damit es in den Abenteuerklub aufgenommen wird, dann wissen Sie, was wir meinen.)

Ein Bier mit dem Namen Gablinger's kann einfach nicht schmecken ... schon gar nicht, wenn es ein Diätbier ist. Auch ein Bier mit dem Namen Yuengling kann nicht schmecken. Hat es jemals ein Bier Yuengling gegeben? Aber sicher, Näheres dazu in Kapitel 23.

Welcher Name passt und welcher nicht? Namen dürfen nicht isoliert betrachtet werden. Man muss sie immer in Verbindung mit ihrer Kategorie betrachten.

Jede Kategorie ist anders

Manche Kategorien sind lustig, manche sind ernst. Popcorn ist eine lustige Kategorie, genau wie der Markenname Faith Popcorn. Bier ist eine ernste Kategorie, dazu passend Charlotte Beers.

Orville Redenbacher's ist zweifellos ein lausiger Name für ein Bier, aber er eignet sich hervorragend für Popcorn, weil Popcorn ein lustiges Produkt und Orville Redenbacher's ein lustiger Name ist. Tatsächlich wurde Orville Redenbacher's zur meistverkauften Popcornmarke des Landes. (Um die Marke den Popcornessern schmackhaft zu machen, reisten Orville Redenbacher und seine Frau quer durch das Land und besuchten in jeder großen Stadt unzählige Rundfunk- und Fernsehsender, Zeitungs- und Zeitschriftenredaktionen.)

Redenbachers großer Durchbruch kam in Chicago, als er das Kaufhaus Marshall Field's überredete, sein Popcorn ins Angebot aufzunehmen. Zur Feier des Tages mietete er den Gas Light Club von Chicago und veranstaltete eine Party für Redakteure der Rubrik »Essen und Trinken«. Im Zuge der darauf folgenden Publicity trat Redenbacher's Popcorn seinen landesweiten Siegeszug an.

Ernst und lustig sind nur zwei von sage und schreibe Hunderten von Attributen, die für eine Kategorie gelten können. Kategorien können alt, jung, hightech, lowtech, hochmodisch, altmodisch, männlich, weiblich sein, um nur einige Beispiele zu nennen. Erfolgreiche Markennamen müssen dem wesentlichen Attribut der Kategorie Rechnung tragen. (Für einen Energydrink ist Red Bull ein idealer Markenname.)

Namen können auch das Gegenteil implizieren. Wen spricht die Diätmarke Slim-Fast an? Schlanke Menschen oder fette Menschen? Offensichtlich spricht Slim-Fast Menschen an, die das Gefühl haben, zu dick zu sein. Im Falle von Slim-Fast ist das akzeptabel.

Spricht eine Motelkette namens Quality Inn Menschen an, die eine qualitativ hochwertige Unterkunft für die Nacht suchen, vergleichbar mit dem Ritz-Carlton? Sicher nicht. Quality Inn spricht Menschen an, die für wenig Geld eine gute Leistung erwarten.

Ein australischer Unternehmer hatte die Absicht, eine Kette nobler Bekleidungshäuser und Modeberater unter dem Namen Esteem zu eröffnen. Wen wird ein Laden namens Esteem ansprechen? Menschen mit geringer Selbstachtung. Das geht nicht. Menschen mit geringer Selbstachtung werden das in den seltensten Fällen zugeben.

Einen schlechten Namen ändern

Ralph Lifshitz hat seinen Namen geändert, bevor er berühmt wurde. Ein Polo von Ralph Lifshitz hat nicht denselben Klang wie ein Polo von Ralph Lauren.

In der Literatur geben die Autoren den handelnden Personen häufig schlecht klingende Namen, um ihre negativen Charaktereigenschaften zu unterstreichen: Ebenezer Scrooge (Geizhals) in Charles Dickens' *Weihnachtslied in Prosa*, Willy Loman in Arthur Millers *Tod eines Handlungsreisenden*, der Grinch in *How the Grinch Stole Christmas* (deutsch: *Der Grinch*) von Dr. Seuss. Aber weshalb sollte sich jemand in Marketingbelangen mit einem schlechten (oder unpassenden) Namen abfinden?

Einmal haben wir mit einem italienischen Lebensmittelhersteller zusammengearbeitet, der einen neuen Namen entwickeln wollte. Nachdem wir einen passenden italienischen Namen für das Unternehmen gefunden hatten, waren wir so frei, dem Chef und Besitzer vorzuschlagen, seinen Namen (der französisch klang) in den von uns gewählten italienischen Namen zu ändern.

Warum nicht? Viele Konzerne geben Hunderttausende von Dollar für die Suche nach Markennamen aus und legen den Markennamen dann einem CEO in den Mund, der einen völlig unpassenden Namen hat.

Aus markenpolitischer Sicht befindet sich der CEO eines großen Konzerns in der gleichen Position wie ein Fernseh- oder Filmstar. Ein kurzer, leicht zu merkender Name vereinfacht die Etablierung einer Marke enorm. Aus dem gleichen Grund hat auch ein beträchtlicher Anteil von Filmstars einen neuen Namen angenommen:

- Allen Konigsberg wurde Woody Allen.
- Alphonso D'Abruzzo wurde Alan Alda.
- Archibald Leech wurde Cary Grant.
- Cherilyn Shakisian wurde Cher.
- Tom Mapother wurde Tom Cruise.
- Bernie Schwartz wurde Tony Curtis.
- Diane Friesen wurde Dyan Cannon.
- Margaret Hyra wurde Meg Ryan.

- Eugene Orowitz wurde Michael Landon.
- Frances Gumm wurde Judy Garland.
- Issur Danielovitch wurde Kirk Douglas.
- Maurice Micklewhite wurde Michael Caine.
- Michael Guitosi wurde Robert Blake.
- Shirley Schrift wurde Shelley Winters.
- Walter Matuschanskayasky wurde Walter Matthau.

Das Betriebssystem unseres Verstandes

Sprache ist das Betriebssystem des Verstandes. Kein Wort wird allein wegen seines Inhalts aufgenommen. Jeder Klang, jede Silbe birgt eine eigene Botschaft in sich, die positiv oder negativ oder neutral sein kann. Wer einen günstigen Eindruck hinterlassen will, sollte Wörter gebrauchen, die die gewünschte Wahrnehmung widerspiegeln.

Donald Trumps Familienname lautete ursprünglich Drumpf. Hätte Drumpf Towers ebenso gut geklungen wie Trump Towers? Bestimmt nicht. Ebenso wenig wie Lipshitz Towers.

Der zweitgrößte Häuserbauer Amerikas, Pulte Homes, bat uns, zu einem markenpolitischen Projekt eine Studie durchzuführen. Es handle sich um eine einzigartige Gelegenheit, wurde uns gesagt. 60 Prozent der Hausbesitzer könnten den Bauunternehmer ihres Hauses nicht angeben.

Dafür hatten wir Verständnis. Wenn unser Haus von Pulte gebaut worden wäre, würden wir uns den Markennamen auch nicht merken wollen. Ändert den Namen!

Keine Chance. (Der Firmengründer heißt Pulte.) Folglich gibt das Unternehmen gegenwärtig 30 Millionen Dollar im Jahr für Werbung aus, darunter ein Auftritt bei Macy's Thanksgiving Parade und Fernsehspots. Ihre Agentur ist Bcom3 Group's D'Arcy Masius Benton & Bowles. (Wenigstens haben sie eine Werbeagentur angestellt, die sich über einen schlechten Namen nicht beklagen kann.)

Die Saudi Binladin Group, eines der weltgrößten Bauunternehmen, hat kürzlich mehrere PR-Agenturen zu einer Präsentation eingeladen. Nehmen wir an, Ihre Agentur erhält den Binladin-Auftrag. Was würden Sie als Erstes vorschlagen?

Viele Unternehmen sind schwerhörig, wenn es um ihre eigenen Marken geht. Weshalb kam der Kellogg-Konzern auf die Idee, Soßen unter dem Namen LeGout anzubieten? War ihnen denn nicht klar, dass die Kunden annehmen könnten, LeGout-Soßen wären ihnen ein wenig zu nobel?

Zu guter Letzt gibt es das amerikanische Unternehmen Sappi, dessen Name nach Eigendefinition »für gutes Papier« steht. Wir dachten, Sappi sei die Bezeichnung für Dummköpfe, weil »sappy« in der englischen Umgangssprache einfältig, dumm heißt.

Der Aufbau einer Biermarke

Wir haben einmal für die Pittsburgh Brewing Company gearbeitet, deren größte Marke das Bier Iron City ist. Die Brauerei wollte die Marke landesweit anbieten. Wir waren natürlich dagegen.

Wieso kann Iron City denn keine landesweite Marke werden?, wollte die Brauereileitung wissen. Wenn Rolling Rock, das in Latrobe in Pennsylvania gebraut wird, eine erfolgreiche landesweite Marke werden kann, warum nicht Iron City?

Iron City ist nicht Rolling Rock. Die Biere mögen vergleichbar sein, aber die Namen klingen anders. Rolling Rock rollt einem von der Zunge wie ein erfrischender Wasserfall, Iron City hingegen weckt in erster Linie negative Assoziationen mit Stahl und Verzweiflung. Wie erklärt man jemandem, der in Pittsburgh lebt, dass »raues Bier« (so der Slogan) sich in Palo Alto oder Palm Beach nicht verkaufen wird? Das ist gar nicht so einfach.

(Wie erklärt man jemandem aus Green Bay in Wisconsin, dass die dort üblichen käseförmigen Hüte vermutlich nie irgendwo anders in Mode kommen werden?)

Und warum wohl ist Schlitz nicht mehr wie früher das meistverkaufte Bier in Amerika? Könnte es vielleicht am Namen liegen? Als Al gerade so alt war, dass er Bier trinken durfte, da sagten die Jungs in der Kneipe ständig folgenden Knittelvers mit den beiden bekanntesten Bieren auf: »It may be Pabst in the glass, but it's Schlitz in the pants.« (Es könnte ein Pabst im Glas sein, dabei ist es ein Schlitz in der Hose.)

»Horse Mackerel« und andere Taugenichtse

Thunfisch hatte früher einen mit Iron City vergleichbaren englischen Namen. Er hieß »horse mackerel« (deutsch: Rossmakrele), bis sich die Bezeichnung »tuna« einbürgerte. Und Canolaöl wurde früher Rapsöl genannt. Wenn Ihr Name ähnlich wie »horse mackerel« oder »Rapsöl« klingt, dann ändern Sie ihn. Namen machen einen Unterschied, vor allem bei Public Relations, wo sich die Botschaft ganz der eigenen Kontrolle entzieht.

Vor einigen Jahren wurden Zwerghühner unter dem Namen »Rock Cornish Game Hens«, also Kampfhühner, angepriesen. Unlängst erhielt das California Prune Board die offizielle Erlaubnis, Dörrpflaumen künftig nicht mehr »prunes« zu nennen, was zugleich Blödmann heißt, sondern »dried plums«. Doch die Veränderung kommt vermutlich zu spät, um das Ansehen der Dörrpflaumen noch aufzupolieren. Die Bezeichnung »prune« hat sich bereits in den Köpfen der Amerikaner festgesetzt, und die Erinnerung zu ändern ist eine schwierige, wenn nicht unmögliche Aufgabe.

Die Namensänderung muss stattfinden, bevor der Name sich eingeprägt hat. Die Chinesische Stachelbeere war in den Vereinigten Staaten unbekannt, bis ein Importeur den Namen zu »kiwifruit«, also Kiwi, änderte. (Für manche Lebensmittel werden zwei Namen verwendet, wobei es sich auch um verschiedene Sorten handeln kann. So heißt die Haselnuss auch Lambertsnuss, und Orangen heißen auch Apfelsinen. Wann haben Sie zum letzten Mal eine Lambertsnusscreme gekauft? Die passenderen Namen werden viel häufiger gebraucht.)

Vor gut einem Jahrzehnt wählte General Motors als Markennamen für ein neues Elektroauto Impact aus. Impact eignet sich nicht als Name für eine Automarke, weil der Name eine falsche Assoziation weckt. »Wie, ist die Grimmige Todeskugel denn schon überholt?«, witzelte der Moderator Jay Leno auch prompt.

F. Scott Fitzgerald wollte sein Buch *Trimalchio* nennen, bis sein Redakteur ihn zu dem Namen *The Great Gatsby* überredete. Die Heldin in *Vom Winde verweht* hieß ursprünglich Pansy O'Hara, bis ein Redakteur daraus Scarlett machte.

Alice Rosenbaum änderte ihren Namen zu Ayn Rand. Faith Plotkin änderte ihren Namen zu Faith Popcorn.

Die Insel Palm Island innerhalb der Grenadinen, einer Gruppe der Inseln über dem Wind, hieß früher Prune Island. Paradise Island, das in den Bahamas liegt, hieß Hog Island (Schweineinsel).

Wenn Sie Ihren Marken klangvolle Namen geben, tragen die Namen selbst dazu bei, wirkungsvolle Publicity auszulösen. Wilson nannte seinen neuen Tennisschläger den Hammer, und jeder Tennisspieler, der etwas auf sich hielt, musste einen haben. Callaway nannte seinen großen Treiber die Big Bertha, und jeder Golfspieler, der etwas auf sich hielt, musste einen haben. Nike nannte seinen Laufschuh Air Max, und jeder Läufer, der etwas auf sich hielt, musste einen haben.

Eine Fluglinie oder ein Laufvogel?

Wieso nennt jemand eine Fluglinie, die entlang der Ostküste der Vereinigten Staaten verkehrt, Kiwi International Airlines? Ein Kiwi ist ein flugunfähiger Vogel, der in Neuseeland lebt: Es ergibt keinen Sinn, den Namen für eine Fluglinie in Amerika zu verwenden.

Als Kiwi 1996, vier Jahre, nachdem sie flügge geworden war, Konkurs machte und zu einer flugunfähigen Fluggesellschaft wurde, gab der CEO den Nachwirkungen des Zusammenbruchs von ValuJet, einem Konkurrenten, und der verschärften staatlichen Überwachung von neugegründeten Fluglinien die Schuld. Kein Wort über den flugunfähigen Vogel im Namen.

Noch im Jahr 1994 wurde Kiwi von Lesern der Zeitschrift *Condé Nast Trave-*

ler, dem vielleicht angesehensten Organ der Reisebranche, zur besten Binnenfluggesellschaft gewählt. Wie kam es, dass die beste Binnenfluggesellschaft nur zwei Jahre später bankrott war?

Marken werden im Kopf aufgebaut, und zwar in erster Linie über Publicity. Wie dürfte die erste Frage, die ein Reporter dem Management von Kiwi stellte, gelautet haben? Weshalb haben Sie eine Fluglinie aus New Jersey nach einem Vogel aus Neuseeland benannt?

Nebenbei bemerkt, ValuJet fliegt immer noch, allerdings unter dem neuen Namen AirTran. Hätte ein vergleichbarer Name Kiwi gerettet? Unserer Ansicht nach schon.

Produkt oder Name?

Für die meisten CEOs, die wir kennen gelernt haben, spielen Namen keine Rolle. Für sie dreht sich alles um Produkt, Preis, Service, Vertrieb. Dabei können Namen oft einen erheblichen Unterschied bewirken. Master Charge (bevor der Name zu MasterCard geändert wurde) war das führende Kreditkartinstitut des Landes. BankAmericard kam an zweiter Stelle. Im März 1977 änderte dann BankAmericard den Namen zu Visa.

Heute hält Visa einen fast doppelt so hohen Marktanteil wie MasterCard, und das ist zum großen Teil auf den Namen zurückzuführen. Zum einen haben viele Banken es abgelehnt, den Namen eines Konkurrenten zu benutzen (BankAmerica). Zum anderen hat Visa einen Klang und ein internationales Flair, was MasterCard nicht hat.

Viele Unternehmen scheuen sich, den Namen zu ändern, weil sie glauben, das sei zu teuer. Wenn jemand eine Namensänderung vorschlägt, dann denkt man als Erstes an die teure Werbekampagne.

Warum sollte man viel Geld für Werbung ausgeben, wenn sich die Namensänderung über Publicity viel besser und erheblich billiger bekannt machen lässt? Als Philip Morris Companies Inc. bekannt gab, dass der Konzern seinen Namen zu Altria Group, Inc. ändern werde, kam der Öffentlichkeitsarbeit der wichtigste Part zu. Altria-Anzeigen wurden weitgehend ignoriert. Wer liest schon eine eigennützige Anzeige mit dem Motto: »Wenn ein Unternehmen aus seinem Namen herauswächst«.

Wie kamen sie auf Altria? »Von dem lateinischen Wort *altus* abgeleitet, was hoch heißt«, steht in der Anzeige, »symbolisiert Altria das fortwährende Bestreben unseres Unternehmens, immer höher zu gelangen – eine Philosophie, von der wir uns immer schon leiten ließen.« In den Altria-Anzeigen waren nirgendwo die Worte *Tabak* oder *Zigaretten* zu lesen. (Der nahe liegende Grund für die Namensänderung war die Distanzierung vom Zigarettenimage.)

Aber in den Nachrichtenmeldungen zu dem Ereignis war überall von *Tabak* die Rede. »Konzern möchte Aufmerksamkeit von Tabak ablenken«, stand in der Schlagzeile der *New York Times*. Wenn alle Anzeigen ebenso offen, ehrlich und direkt wären wie die Berichte, die man in den Medien sieht, liest oder hört, dann hätte vermutlich auch Werbung eine gewisse Glaubwürdigkeit. Aber was kann schon eine ehrliche Anzeige in einem Meer der Ausflüchte ausrichten?

»Einem Lügner glaubt man nicht, und wenn er auch die Wahrheit spricht«, sagte Aristoteles. Jede Anzeige, die ein Unternehmen schaltet, wird nicht nach der Bedeutung dessen beurteilt, was diese eine aussagt, sondern nach der Bedeutung aller Anzeigen, die ein Unternehmen jemals inseriert hat. (Das mag ja eine Ente sein, aber sie lebt unter Hühnern.)

Ein neuer Name für Andersen Consulting

Die Änderung eines Namens schafft häufig Gelegenheit, günstige Publicity zu lancieren. Als Folge der Trennung von der Buchhaltungsfirma Arthur Andersen war Andersen Consulting gezwungen, seinen Namen zu ändern. Über einen Ideenwettbewerb unter den Angestellten wurde der Sieger ermittelt: Accenture, eine Verkürzung der Wendung *accent on the future* (Akzent auf der Zukunft).

Aber welches Potenzial für Publicity birgt ein Name wie Accenture? Was die Medien betrifft, ist Accenture nur ein neuer künstlicher Firmenname neben Altria, Avaya, Aventis, Agilent, Azurix.

Ein guter Name bietet auch einen Ansatzpunkt für eine Story. Er bringt Reporter auf eine Idee, der sie nachgehen können. Wo ist der Ansatzpunkt bei »accent on the future«? Welcher Konzern macht sich nicht endlos Gedanken über die Zukunft, plant und forscht? Accenture klingt nur nach einer neuen, Millionen Dollar teuren Wortschöpfung einer Beraterfirma, durch die ein Unternehmen eine andere Identität erhalten soll.

Die Suche nach einem Namen mit einer Story bedeutet in der Regel die Suche nach einem Thema, das ein Unternehmen von all seinen Wettbewerbern abhebt. Das ist im Fall von Andersen Consulting eigentlich nicht schwer.

Anders als seine Konkurrenten (IBM, EDS, KPMG Consulting und andere) rekrutiert Andersen Consulting die Mehrzahl seiner Mitarbeiter direkt vom College und schult sie an einer Einrichtung in St. Charles in Illinois. Welcher Name würde sich aufgrund dieses Unterscheidungsmerkmals anbieten?

St. Charles Consulting, lautet die nahe liegende Antwort. Auf die Frage eines Reporters: »Weshalb haben Sie das Unternehmen St. Charles Consulting genannt?«, kann das neue Unternehmen die Antwort wirkungsvoll positionieren: »Wir nennen uns St. Charles Consulting, weil wir darauf aufmerksam machen wollen, dass die Mehrzahl unserer Mitarbeiter an unserer Einrichtung in St. Charles, Illinois, intensiv nach der Methode von St. Charles geschult wurde.«

Verstehen Sie uns nicht falsch. Auch mit einem nicht ganz idealen Namen wird ein Unternehmen wie Accenture allein wegen seiner Größe und seines Einflusses Erfolg haben. Wenn man Milliardär ist oder ein Milliarden schweres Unternehmen leitet, dann braucht man einer verpassten Gelegenheit keine Träne nachzuweinen. Wir machen uns um die kleineren Unternehmen Sorgen, die blindlings dem Weg von Accenture folgen.

»Wenn Accenture das kann, warum nicht wir?« So könnte die Haltung eines mittleren Unternehmens lauten. Dabei kann die Wahl eines neuen Namens für ein mittleres Unternehmen über Leben und Tod entscheiden. Ein kleines Unternehmen ist nicht Accenture und braucht deshalb einen Namen, der ihm gute Aussichten auf günstige Publicity einräumt.

Der größte Fehler, den ein Minikonzern begehen kann, ist, einen Megakonzern nachzuahmen. Oft bekommen wir zu hören: »Warum können wir nicht alles verkaufen? Wal-Mart macht das auch.« Unsere Antwort ist immer dieselbe: »Ihr seid nicht Wal-Mart.«

Als Jack Welch 1981 die Leitung von General Electric übernahm, war der Konzern bereits in fast allen Geschäftsbereichen die Nr. 1 oder die Nr. 2. Wie viele Unternehmen können davon profitieren, dass sie General Electric nachahmen? Sehr wenige.

Jemand hat einmal die Baseballlegende Babe Ruth gefragt, wie er sich auf ein Match vorbereitet. Na ja, sagte Babe, ich gehe da hin, wo was los ist, bleibe bis zwei Uhr auf, genehmige mir einen halben Liter Whisky und genieße das Leben.

Bevor Sie versucht sind, es ihm nachzumachen, fragen Sie sich: »Bin ich Babe Ruth?« Oder Wal-Mart? Oder General Electric? An der Spitze bleiben und an die Spitze gelangen sind zwei Paar Stiefel.

Teil 3

Die neue Rolle der Werbung

Ganz ohne Kundenwerbung wurde Viagra fast über Nacht zu einer weltweit erfolgreichen Marke. Heute gibt Viagra jedoch 90 Millionen Dollar im Jahr für Anzeigen wie diese aus.

21. Die Marke pflegen

Werbung eignet sich nicht für den Aufbau von Marken. Das ist die Funktion der PR-Arbeit. Werbung eignet sich für die Pflege und den Erhalt der Marke.

Die Rolle der Werbung besteht in der Fortsetzung von Public Relations mit anderen Mitteln. Doch die Tatsache, dass die Mittel sich ändern, bedeutet noch lange nicht, dass auch die strategische Richtung des PR-Programms geändert werden muss. Werbung sollte die PR-Ideen und Konzepte fortführen und verstärken.

Eine Marke entsteht durch die Fähigkeit, »Neuigkeiten« zu schaffen. Das ist das Wesen einer neuen Marke. Aber was geschieht, wenn eine Marke älter wird? Das Publicity-Potenzial lässt nach.

Die Medien haben Starbucks, Viagra und PlayStation geliebt, aber inzwischen findet man nur selten eine Story über diese Marken. Sie sind Schnee von gestern.

Früher oder später rennt jede Marke gegen eine PR-Mauer. Was man auch versucht, man bringt die Medien nicht dazu, die Story der Marke wieder aufzugreifen. An diesem Punkt muss die Markenstrategie von der PR-Arbeit zur Werbung verlagert werden.

Im Trüben fischen

Aber welche Werbung ist die Richtige? Zugleich kommen viele Unternehmen an diesem Punkt vom richtigen Kurs ab. Statt eine Anzeigenkampagne zu schalten, die die über Öffentlichkeitsarbeit bereits vermittelten Positionen verstärkt, fischen viele Markenbesitzer lieber im Trüben. Sie bringen Anzeigen, die neue

Märkte, neue Vorzüge und/oder neue demografische Segmente erschließen sollen.

- Volvo hat das Thema »Sicherheit« besetzt, also versuchen sie mit Hilfe der Werbung auch die Position Leistung zu erobern. Sie führen sogar die S-70-Reihe mit Sportcoupés und Cabriolets ein. Ein Volvo-Cabrio ist aber ein Widerspruch in sich.
- H&R Block hat »Steuerberatung« besetzt, also wollen sie mit Hilfe der Werbung die Marke auch auf dem Feld »Finanzdienstleistungen« etablieren.
- Heineken hat die Position »teures Importbier« für die ältere Generation besetzt, also wollen sie mit Hilfe der Werbung auch die jüngere Generation ansprechen.

Diese und andere Marken könnten mit derartigen Strategien durchaus gewisse Erfolge erzielen, aber die Erfolge dürften nicht lange anhalten. Tendenziell gilt für das Marketing die Regel: Die nähere Zukunft wird den Trends in der Vergangenheit gleichen. Wenn einer Rakete der Treibstoff ausgeht, steigt sie so lange weiter an, bis der Auftrieb schwächer ist als die Schwerkraft. Dann stürzt sie ab.

Nicht der Oldsmobile Ihres Vaters

Ein klassisches Beispiel für den fehlgeschlagenen Versuch, die Zielgruppe zu erweitern, bietet die Automarke Oldsmobile. Jeder Amerikaner dürfte sich noch an den Slogan »Das ist doch nicht der Oldsmobile Ihres Vaters« erinnern. Dieses auf Werbung gestützte Marketingprogramm erreichte einen erstaunlich hohen Bekanntheitsgrad.

»Das ist doch nicht der Oldsmobile Ihres Vaters« enthielt sämtliche Elemente, die man von einer Werbekampagne zum Aufbau einer Marke erwarten würde. Sie hatte einen leicht zu merkenden Slogan, sie hatte »Gesprächswert« und sie hatte eine Motivation für die jüngere Generation, einen Oldsmobile zu kaufen.

Oldsmobile hatte vor kurzem sein Modell Aurora auf den Markt gebracht und wenig später die Modelle Alero und Intrigue, allesamt Wagen mit guter Fahrleistung und mit einem Aufsehen erregenden Design, das jüngere Leute mit Sicherheit ansprach.

Trotz der Kampagne ging der Absatz von Oldsmobile zurück. Und noch schlimmer war: Das Durchschnittsalter des Oldsmobile-Käufers stieg.

Gegen eine Wahrnehmung kann man mit Werbung nichts ausrichten. Man kann nicht einmal mit der Wahrheit etwas gegen eine bestimmte Wahrnehmung ausrichten. (Schon der Name Oldsmobile trägt zu der Wahrnehmung bei, dass die Autos etwas für die ältere Generation wären. Warum sollte ein junger Hüpfer einen Oldsmobile fahren?)

Erweitern gegen Vertiefen

Geradezu klassisch ist der Einsatz der Werbung für die »Erweiterung der Marke«.

- Orangensaft ist nicht mehr nur fürs Frühstück. Der Obstanbieter Florida Citrus Commission.
- Wir sind nicht mehr nur ein Orangensafthersteller. Neben Orangensaft bietet Tropicana jetzt auch Grapefruitsaft, Apfelsaft, Traubensaft, Preiselbeersaft, Früchtepunsch, Limonade und die Fruchtgetränke Twister.
- Wir sind nicht mehr nur für Kinder da. »Komm und sei wieder Kind«, lautet das Motto einer Kampagne der Walt Disney World, die ältere Menschen auffordert, einen Freizeitpark zu besuchen. Weshalb sollte jemand, der keine Kinder hat, zu Walt Disney World fahren?
- Wir sind nicht länger ausschließlich für die jüngere Generation. »Gotta have it«, lautete das Motto eines kurzlebigen Programms von Pepsi-Cola, in dem alte Sportsgrößen wie Yogi Berra, Jimmy Connors und der Filmkomiker Dr. Joyce Brothers auftraten.

»Der einzige Nachteil der Pepsi-Werbung in der Vergangenheit bestand darin, dass sie zu stark auf Jugendliche ausgerichtet war«, sagte der leitende Angestellte der Werbeagentur, der für das Programm zuständig war. »Wir hätten einen größeren Zuwachs erzielen können, wenn wir unseren Horizont erweitert hätten, sodass die Kampagne weitere Kreise zieht und mehr Menschen erreicht als nur die Kids.«

In dieser Situation stellt sich die Frage: »Wer soll der Katze die Schelle umhängen?« Die Strategie macht durchaus Sinn, aber sie wird keinen Erfolg haben, weil sie sich auf Werbung stützt und den Werbeleuten eine Aufgabe stellt, die ihren Mut und ihre Fähigkeiten übersteigt.

Werbung kann nicht die Einstellungen verändern. Werbung kann nicht Marken von einer Position im Kopf an eine andere verschieben. Werbung kann eine bereits im Bewusstsein verankerte Marke nicht durch eine neue ersetzen. Alle diese Aufgaben übersteigen die Möglichkeiten einer Werbekampagne.

Werbung kann sich lediglich einer bestehenden Wahrnehmung annehmen. Sie kann diese Wahrnehmung vertiefen, aber nicht ändern oder modifizieren oder erweitern. Geschickt eingesetzt kann diese Vertiefungsstrategie jedoch gute Früchte tragen.

Akzeptieren, was man bereits besetzt hat

Die erste Grundregel für ein erfolgreiches Werbeprogramm lautet: Akzeptanz. Akzeptieren Sie, welche Positionen Ihre Marke bereits besetzt hat, und gehen Sie von dort aus.

Darüber hinaus werden Sie oft feststellen können, dass Ihre Marke zum gegenwärtigen Zeitpunkt nur einen Bruchteil des potenziellen Marktanteils einnimmt.

Da Volvo die Position Sicherheit besetzt hat, gilt die Marke in Amerika gemeinhin als »das Auto der Fußballermütter«. Wie viele Mütter von Fußballspielern fahren in Amerika Auto? Schätzungsweise 5 Millionen. Zurzeit verkauft Volvo jedoch nur knapp über 100.000 Autos im Jahr, folglich liegt es auf der Hand, dass die Marke den Markt für Fußballermütter längst nicht dominiert.

Damit wollen wir keineswegs sagen, dass Volvo buchstäblich Anzeigen für die Mütter von Fußballspielern schalten sollte, auch wenn das vielleicht zu überlegen wäre. Vielmehr sollte Volvo seine Werbung auf die Position »Sicherheit« konzentrieren, die es bereits besetzt hat. Das hat vier Vorteile: 1) Es erinnert potenzielle Kunden an die wichtigsten Vorteile des Kaufes eines Volvo. 2) Es schult Käufer, die womöglich neu auf dem Markt sind. Mit den Jahren werden Menschen erwachsen. 3) Es vertieft den Markt, indem die Bedeutung von Sicherheit für den Kauf eines Autos intensiviert wird. Im Laufe der Zeit könnte mehr Menschen bewusst werden, welches Blutbad Jahr für Jahr allein auf amerikanischen Highways veranstaltet wird. Mehr als 100 Menschen sterben jeden Tag. 4) Es schützt die Marke vor Mitbewerbern, die sonst versuchen könnten, selbst die Position Sicherheit zu besetzen.

Erinnern, Schulen, Vertiefen und Schützen sind vier gute Gründe, ein Werbeprogramm zu schalten, das eine bestehende Wahrnehmung verstärkt. Insbesondere wenn man sie mit der Alternative vergleicht, ein Werbeprogramm zu schalten, das bestehende Wahrnehmungen verändern soll. Die Geschichte zeigt, dass dieser Ansatz schlichtweg nicht funktioniert, weil es der Werbung an Glaubwürdigkeit fehlt.

Nehmen wir die Steuerberatungsfirma H&R Block, die gegenwärtig versucht, in der Finanzplanung, im Hypothekengeschäft, bei Maklerdiensten und sogar in der Vermögensberatung Fuß zu fassen. Werden irgendwelche Kunden von Merrill Lynch, Charles Schwab oder der Citibank beschließen, sich in finanziellen Dingen künftig an H&R Block zu wenden, weil sie eine entsprechende Fernsehwerbung gesehen haben? Das halten wir für unwahrscheinlich.

Auf der anderen Seite bietet die Steuerberatung in Amerika immer noch einen weit gehend unerschlossenen Markt. H&R Block arbeitet nur bei 14 Prozent der alljährlich eingereichten 132 Millionen Steuererklärungen mit. (Darin sind die eigenen Dienststellen, die Vertragspartner sowie die Online- und Softwareprodukte enthalten.)

H&R Block könnte von einer »Vertiefung« der Marke profitieren und sich einen ansehnlichen Anteil der noch fehlenden 114 Millionen Steuererklärungen sichern.

Nehmen wir das holländische Bier Heineken. Die Marke nannte sich stets das »meistverkaufte Importbier in Amerika«. Nicht mehr. Diese Position belegt mittlerweile sein mexikanischer Konkurrent Corona Extra. Während Heineken der jungen, trendbewussten Generation hinterherlief, verlor es seine Führungsstellung. Wofür steht Heineken heute? Die Marke läuft Gefahr, nur »ein Bier unter vielen« zu werden.

Eine Führungsstellung ausbauen

Werbung eignet sich besonders gut, wenn man eine Führungsstellung ausbauen will. Und jedes Unternehmen, das eine Führungsstellung inne hat, will diese in der Regel ausbauen.

Die Stellung des Marktführers anzustreben, zählt zu den Hauptzielen jedes Marketingprogramms. Das ist zugleich der Grund, weshalb Sie eine neue Kategorie schaffen sollten (damit Sie vom ersten Tag an die Marke als Führer präsentieren können). Und aus dem gleichen Grund wollen Sie als erste Marke die neue Kategorie belegen (damit Sie Ihren Mitbewerbern einen Schritt voraus sind). Und aus diesem Grund wollen Sie auch, dass Ihre Führungsstellung bekannt gemacht wird (damit Kunden annehmen, dass Ihre Marke die beste sein muss, weil doch jedes Kind weiß, dass die besten Produkte in der Marktwirtschaft den Sieg davontragen).

Für Werbeanzeigen bietet eine Führungsstellung den Vorteil, dass sie glaubwürdig ist. Angenommen, ein Produkt hat eine Reihe von Attributen, mit denen man es anpreisen könnte: Leistung, Haltbarkeit, Bedienungsfreundlichkeit und Führungsstellung. Leistung, Haltbarkeit und Bedienungsfreundlichkeit sind Ansichtssache. Die Mitbewerber könnten gerade bei diesen Punkten in die Offensive gehen. Eine Führungsstellung hingegen ist unumstritten. Es gibt nur einen Marktführer bei Bier, Autoreifen, Internetzugang oder Ketchup: Budweiser, Goodyear, AOL und Heinz. Jede dieser Marken hat, bis zu einem gewissen Grad, Anzeigen geschaltet, die sich die Führungsstellung zu Nutze machten.

Führung ist glaubwürdig. Führung impliziert zugleich »bessere Qualität«. AOL muss doch den besten Internetzugang anbieten, weil es der Marktführer unter den Providern ist.

Noch besser ist es, die Führungsstellung mit einem bestimmten Vorteil zu kombinieren, der sich bereits über Public Relations eingeprägt hat. America Online ist allgemein bekannt als der Internetzugang für Anfänger. »Das Internet mit Stützrädchen« lästern die Computerfreaks über AOL.

Also macht AOLs Werbung sich seine Führungsstellung in diesem Bereich und die angeblich negative Wahrnehmung zu Nutze: »So leicht zu bedienen, kein Wunder, dass es die Nr. 1 ist.«

Coca-Colas logischer Werbeslogan (»the real thing«) kombiniert die Andeutung einer Führungsstellung mit dem Attribut »das Original«. Alle anderen sind nur eine Nachahmung von Coke.

Die Frage der Kreativität

Weshalb zieht Coca-Cola nicht den Slogan »the real thing« wieder aus der Schublade? Werbeleute wehren sich immer energisch gegen derartige Programme, weil sie »nicht kreativ sind«.

Gerade die Kreativität steht der Etablierung einer neuen Rolle für die Werbung am meisten im Wege. Buchstäblich jede Werbestrategie, die wir jemals für unsere Kunden entwickelt haben (und das waren Hunderte), ist bei irgendwelchen Werbefritzen auf Widerstand gestoßen, weil die Strategie »nicht kreativ« war.

Vor Jahren arbeiteten wir für die Hamburgerkette Rally's mit zwei Autozufahrten, die gegen die Drive-In-Restaurants von McDonald's und Burger King mit einer Zufahrt antrat. Nach unserer Strategie hätte sich die Kette auf Geschwindigkeit konzentrieren sollen: der 60-Sekunden-Hamburger oder so ähnlich.

Der berühmte Werbetexter, der als Werbeberater unseres Kunden tätig war, lehnte die Strategie ab: Das ist nicht kreativ. Das ist zu nahe liegend. Wir sollten uns gefälligst bemühen, den Auftrag wunschgemäß auszuführen.

Wo bleibt dann die Glaubwürdigkeit?, erwiderten wir. Jeder kann nachvollziehen, warum die Filialen des Kunden einen so schnell bedienen. Sie sind klein und konzentrieren sich ganz auf Mitnahmeprodukte. Außerdem hat Rally's zwei Ausgabeschalter statt nur einen. Wenn Geschwindigkeit nicht der Hauptvorteil war, weshalb wählten sie dann Rally's als Markennamen?

Wir verloren diese Auseinandersetzung und viele andere. Unsere Widersacher beriefen sich stets auf die *Kreativität*, um ihre abweichende Meinung zu verteidigen.

Kreativität ist überflüssig

Ein Markenmanager, der sich über ein Werbeprogramm Gedanken macht, braucht keine »kreative« Werbung. Und wenn die Marke etwas Vergleichbares nötig hat, dann sollte stattdessen die PR-Abteilung zum Zuge kommen.

Mit PR »kreiert« man Marken. Mit Werbung pflegt man Marken.

Werbung schuf nicht die Marke Goodyear, aber sie eignet sich hervorragend dafür, die Marke zu pflegen.

Werbung ist der Cheerleader, der Wörter und Vorstellungen wiederholt, die sich bereits in den Köpfen festgesetzt haben. Ein Werbeprogramm soll diese Wörter und Vorstellungen wieder aus der Versenkung holen und dem Bewusstsein in Erinnerung rufen.

Der Kreativdirektor einer Werbeagentur, der einen originellen Schlachtruf ins Spiel bringt, wird von der Reaktion des Publikums enttäuscht sein.

»Worum, zum Teufel, ging es da eigentlich?«, ist eine typische Reaktion auf die Mehrzahl der Fernsehwerbungen. Kreativität steht der eigentlichen Funktion der Werbung im Wege, die weder informieren noch Informationen vermitteln soll. Die eigentliche Funktion der Werbung besteht darin, eine bestehende Wahrnehmung zu verstärken.

»In Krankenhäusern wird am häufigsten das Schmerzmittel Tylenol verwendet.« Es muss besser sein als Aspirin oder Advil, denkt der potenzielle Käufer, sonst würden Krankenhäuser, die wohl am besten informierten Institutionen in der Welt der Medizin, doch nicht so oft Tylenol nehmen. Kreativ? Nein. Effektiv? Ja. Heute ist Tylenol die meistverkaufte Marke in den Apotheken.

Nehmen wir die Filmplakate. Wer als Werbetexter bei einer Werbeagentur an einem bestimmten Filmplakat arbeitet, hat so gut wie nichts zu tun. Der gesamte Text für Filmwerbung wird ausnahmslos direkt den Rezensionen entnommen. Woran das wohl liegt? Das Filmstudio selbst gilt in der Öffentlichkeit als unglaubwürdig und die Leute glauben nur, was die Rezensenten über einen Film sagen.

Ein Weintrinker, der alles in den Medien über australische Weine gelesen hat, wird positiv auf eine Werbeanzeige des Weinguts Rosemount reagieren, in der es heißt: »Der meistverkaufte Shiraz in Amerika«. Vergessen Sie alle Kängurus und Koalabären. Rosemount bringt Anzeigen, um seine Stellung zu festigen, nicht um seine Kreativität unter Beweis zu stellen.

Stellen wir Rosemount und Budweiser gegenüber. Hunde, Frösche, Echsen und Frettchen folgten Budweiser-Bier bei seinem unaufhaltsamen Rückgang in der Beliebtheit. Der Bierabsatz mag zwar nach unten gehen, aber bei den Kreativpreisen geht die Tendenz nach oben, weil Anzeigen für Budweiser eine Trophäe nach der anderen abräumen.

Welche legitimen, glaubwürdigen Vorstellungen verbinden Biertrinker mit dem Namen Budweiser? Das einzige Tier, das einem in den Sinn kommt, sind die Clydesdale-Pferde, die früher die Bierwägen von Budweiser gezogen haben. Und die einzige motivierende Idee, die mit Budweiser verknüpft wird, ist »der König der Biere«.

(Der Konkurrent Miller Brewing hat in den vergangenen Jahren eine Fernsehwerbung gebracht, in der ein Paar auf einem von Pferden gezogenen Schlitten zu sehen ist. Bis zur Schlussszene, wenn das Logo von Miller auftaucht, glauben viele, das sei ein Spot für Budweiser.)

Budweiser sollte Anzeigen schalten mit dem Motto: »Der König der Biere«. Und die Brauerei sollte Bierwägen mit Clydesdale-Pferden verwenden, um ihr Vermächtnis als älteste, bekannteste und meistgeliebte Brauerei des Landes zu verstärken. Hin und wieder bringt Anheuser-Busch tatsächlich einen Spot mit

Clydesdale-Pferden, neulich sogar während der Super Bowl. Laut einer Umfrage der Zeitschrift *Adweek* unter 5.260 Menschen war der Spot die mit Abstand beliebteste Fernsehwerbung während der Super Bowl 2002.

Man könnte denken, dass Biertrinker Budweiser mit Fröschen, Echsen und dem neuesten Modewort »Whassup?« in Verbindung bringen. Aber das stimmt nicht. Sie bringen »Whassup?« sowie die Frösche und die Echsen mit Budweiser-*Werbung* in Verbindung. Das ist ein Unterschied.

Das Dilemma kreativer Werbung

Vor mehr als 40 Jahren wies der berühmte Medienforscher Alfred Politz auf die Fallstricke hin, wenn Kunden eine kreative Werbung verlangen. In dem Artikel »Das Dilemma kreativer Werbung« schreibt Politz: »Es ist leider – nicht überraschend – so, dass der kreative Mensch nunmehr seine Bemühungen nicht darauf richtet, das Produkt interessant zu machen, sondern darauf, die Werbeanzeige interessant zu machen. Am Ende verkauft er nicht mehr das Produkt an den Verbraucher, sondern die Anzeige an seinen Kunden.«

Solange Werbeagenturen ihre Anzeigen den Kunden verkaufen, statt die Produkte den Verbrauchern, wird der Trend zu »kreativer Werbung« anhalten. Sie muss neu, anders und originell sein. Genau die Merkmale, die eine Anzeige vom Produkt selbst trennt.

In Wirklichkeit muss das Produkt neu, anders und originell sein, nicht die Werbung. Diese Merkmale werden bei den Medien Beachtung finden.

Halt, wir müssen uns korrigieren: Die Wahrnehmung des Produktes muss neu, anders und originell sein. Und genau das ist die Aufgabe des PR-Beraters. Wie schaffen wir es mit einem beliebigen Produkt, die Marke so geschickt zu positionieren, dass sie als etwas Neues, Anderes und Originelles wahrgenommen wird?

Mit anderen Worten, Kreativität gehört in die PR-Abteilung, nicht in die Werbung. Die Aufgabe der Werbung, wenn man sie schon einsetzt, besteht darin, Vorstellungen zu verstärken, die über Publicity bereits Einzug in die Köpfe gehalten haben.

Keine Kapitalrentabilität

Wenn das Beharren auf Kreativität der größte Fehler ist, den man im Zusammenhang mit Werbung machen kann, so liegt der zweitgrößte Fehler darin, nach dem Ertrag für Werbeinvestitionen, dem Return on Advertising Investment, kurz ROAI, zu fragen.

Die Tage sind längst vorüber, als man 1 Million Dollar für Werbung ausgeben und im selben Jahr den Gewinn um 1 Million Dollar erhöhen konnte. Einige Fürsprecher der Werbung halten dennoch an diesem Ansatz fest. Sie betrachten Werbung inzwischen jedoch als eine Investition, die sich irgendwann in der Zukunft auszahlen wird, und nicht im laufenden Geschäftsjahr. Wenn wir dieses Jahr 1 Million ausgeben, so zahlt sich das vielleicht in den nächsten fünf Jahren aus.

Einige Fürsprecher gehen sogar so weit, dass sie empfehlen, Werbung als Investitionsaufwand zu behandeln, so wie das einige Unternehmen mit ihren Ausgaben für Forschung und Entwicklung handhaben. Sie raten, die Werbeinvestitionen in der Jahresbilanz geltend zu machen.

Ganz gleich, wie geschickt man mit den Zahlen jongliert, es wird schwer fallen, nachzuweisen, dass die investierten Werbegelder einen Ertrag eingebracht haben. Werbung macht sich im Allgemeinen nicht von allein bezahlt. Heutzutage verlassen sich die meisten Werbeagenturen stärker auf den »Glaubensansatz«. Wer noch an Werbung glaubt, sollte ein entsprechendes Werbebudget vorsehen. Der Himmel helfe den Ketzern in der Geschäftswelt Amerikas, die heutzutage nicht mehr an Werbung glauben.

Nach unserem Schema ist Werbung keine Investition, die aller Wahrscheinlichkeit nach Rendite bringen wird. Werbung ist eine Versicherung. Das heißt, Werbung schützt eine Marke gegen Angriffe der Konkurrenz. Werbung ist der Preis, den man zahlt, um die Markenstellung zu bewahren. Eher Markenpflege als Aufbau.

In der Jahresbilanz fällt Werbung eher unter Instandhaltungskosten als unter Forschung und Entwicklung. Ohne die Werbeausgaben würde der Wert der Marke abnehmen. Werbung macht sich nicht erst in der Zukunft bezahlt. Werbung schützt die Marke heute.

Die besten Werbeprogramme lassen sich in die Kategorie: »Das habe ich schon gewusst, aber gut, dass ich daran erinnert werde« einordnen. »Diamanten sind für die Ewigkeit«, die langfristige Kampagne des Diamantenkonzerns De-Beers gehört in diese Kategorie. Die besten Werbeprogramme sind in der Regel emotionsgeladen (vergleichbar mit den Cheerleadern) und nicht mit Informationen überladen.

Wenn Werbung eine Versicherung ist, welche Rendite hat eine Versicherung? Wenn Sie dieses Jahr 1.000 Dollar für eine Risikolebensversicherung ausgegeben haben, was haben Sie dann für Ihr Geld bekommen? Nichts, natürlich, außer wenn Sie gestorben sind. Versicherungen sind eine akzeptierte Geschäftsausgabe, auch wenn sie keine Rendite bringen. Warum nicht auch Werbung?

Die Anhänger des ROAI-Ansatzes versuchen nicht zuletzt damit Werbeinvestitionen zu rechtfertigen, dass die Gelder für Linienerweiterungen ausgegeben wurden. In manchen Produktkategorien, allen voran bei den Lebensmitteln, findet man in den seltensten Fällen Werbung, die die Basismarke anpreist.

Stattdessen findet man eine Unzahl von Linienerweiterungen: neue Geschmacksrichtungen, neue Größen, neue Zutaten, neue Kategorien: Blend-a-Med-Zahnpasta, Blend-a-Med-Zahnbürsten, Blend-a-Med-Munddusche und zu guter Letzt Blend-a-Med-Whitestrips.

Wie viel für Werbung ausgegeben werden sollte, sobald eine Marke sich etabliert hat, ist eine schwierige Frage. Ein Unternehmen sollte so viel ausgeben, dass die Marke gegen Angriffe der Konkurrenz geschützt wird, auch wenn das bedeuten kann, dass der eigene Marktanteil nicht steigt.

In manchen Fällen ist es am besten, überhaupt kein Geld auszugeben und die Marke eines »natürlichen Todes sterben« zu lassen. Das gilt insbesondere für Kategorien, deren Absatz insgesamt zurückgeht und die wenig Zukunft haben.

Wie viel Geld hätte der Schreibmaschinenhersteller Smith-Corona in den ersten Tagen des Personal Computer für Schreibmaschinenwerbung ausgeben sollen? Keinen Cent.

Machtlos gegen einen Trend

Gegen einen Trend kann Werbung nichts ausrichten.

Wenn die Strömung in die andere Richtung weist, dann ist es am besten, die eigene Marke untergehen zu lassen und eine neue Marke zu starten, die sich die nächste Welle zu Nutze macht. Smith-Corona hätte unter einem neuen Markennamen einen eigenen Personal Computer anbieten müssen.

Als der Markt für Bluejeans einbrach, brachte Levi Strauss die Marke Dockers für Freizeithosen auf den Markt. Heute ist Dockers eine weltweit bekannte Marke mit einem Wert von Milliarden Dollar. Um die Marke bekannt zu machen und den Trend zu mehr Freizeitkleidung im Büroalltag zu beschleunigen, erfand Levi Strauss den so genannten »Dress Down Friday«, also den Freitag mit legerer Kleidung. Der Jeanshersteller verschickte sogar entsprechende Presseverlautbarungen an die Personalchefs von Unternehmen.

Wer einen neuen Namen für seine zweite Marke wählt, sollte sich vor Marktstudien hüten. Die Macht einer zweiten Marke lässt sich nicht beurteilen, solange sie nicht existiert. Raten Sie mal, welche Marke mit großem Abstand gewonnen hätte, wenn man vor dem Start der Automarke Lexus die Menschen gefragt hätte, ob sie lieber einen Toyota Ultra oder einen Lexus kaufen würden? Natürlich der Toyota Ultra.

Die Menschen ziehen bekannte Namen immer den unbekannten vor. Erst durch den Einfluss der Öffentlichkeitsarbeit wurde Lexus zu dem Markennamen, der er heute ist.

Sold only in the West, Coors beer
is smuggled to the East. Henry Kissinger drinks it.
So does Paul Newman,
though he would abhor the Coors family's politics.

By Grace Lichtenstein

Equal Employment Opportunity Commission charging the company with race and sex discrimination.

In many ways, Coors is the perfect product of the American free-enterprise system to which its top officials regularly pay homage. Since Adolph Coors began bottling the brew in 1873, the operation has expanded into a $585 million business, employing some 7,500, most of them in the brewery and related facilities sprawled on 3,100 acres in Golden. It has climbed from 12th in national sales in 1965 to fourth (behind Budweiser, Schlitz and Pabst), even though it is distributed in only 11 Western states while its competitors are selling throughout the country. It is the leader in all but one of these areas, the exception being Texas (where it is not distributed in all areas). Moreover, it has captured the No. 4 spot with a bare minimum of paid advertising. Over the years, the company has acquired its own barley fields, rice-milling facilities, construction crew, aluminum-can-manufacturing plant, and trucks, so that it relies on the outside world for as little help as possible. Coors even owns some natural-gas reserves to supply its plants with fuel.

But it is not so much the product as the mystique surrounding it that is fascinating. It seems to have won a reputation as the elixir of beers, the brew of Presidents, a prize to be smuggled into the East the way Americans abroad used to smuggle in contraband copies of Henry Miller's novels. Paul Newman, the king of beer-drinking actors, is said to require Coors on ice at all his movie sets. Henry Kissinger regularly brought cases back to Washington each time he made a trip to California. Secret Service agents were forbidden to bring extra crates aboard Federal planes after one agent was discovered to have loaded 38 cases onto a recent flight from the West Coast.

Bootleggers from New Jersey to Tennessee regularly sell cases of Coors for as much as $15—about three times the Colorado retail price. (And three times what a New Yorker may pay for that favorite of Met fans, Schaefer.) Obviously, Coors must be a magic potion, not simply a fermented blend of barley malt, rice, hops and "Pure Rocky Mountain Spring Water." What accounts for the magic?

"I frankly can't explain it," says Ernest Pyler, editor of Brewers Digest. "Coors by brewing standards is a good beer, but so are many others. I think it's mostly because of its unavailability." Joe Nazzaro, a bartender from Connecticut who works at the Ute City Banque restaurant in Aspen, remarks: "It's funny. I go home to Connecticut; it's a big deal to bring my father a couple of cases of Coors. But out here I don't think twice about it."

Neither do many Westerners. Even though they chug-a-lug gallons of the stuff, it is probably because Coors is cheap and plentiful. I've never seen any of the local folks fuss when a bar is out of Coors; they simply order something else. Montanans, who are outside the Coors territory, would no more pay $15 for a case of Coors than they would for a case of Dr. Pepper. "Are you kidding?" laughed a friend from Billings. "For $15 I could buy me a nice big bottle of Haig & Haig Pinch."

Another explanation has been offered by William K. Coors, chairman of the board and second-oldest son of Adolph Coors 2d, who followed his father as head of the company. (The oldest son, Adolph 3d, was murdered in 1960 after being kidnapped, apparently for ransom.) "There's no mystique about Coors's popularity," Bill Coors told one interviewer. "It tastes better than other beers, that's all."

Taste, of course, is a subjective thing. Some Coors detractors who like to make fun of Easterners' silly addiction say that what makes Coors distinctive is its lack of taste. I think they may be right, although I'm hardly a beer connoisseur. I had never drunk beer until a few years ago, when a skiing companion in Utah invited me to join in his ritual of burying a can of Coors in snow before hitting the slopes, then digging it out at the end of the day for a cold pick-me-up. The very blandness of Coors (and my thirst after a day of skiing) made it easy for a nondrinker like me to acquire the taste.

Coors is a light-bodied beer, meaning it is brewed with less malt, fewer hops and more rice than beers with a tangy taste. Compared with Heineken's or other more full-bodied foreign beers, Coors does seem almost flavorless and it is this quality that could account for its popularity among young people just starting to get acquainted with the pleasures of beer drinking. A few locals scoff at Coors, calling it "Colorado Kool-Aid." But the fact is that, according to Ernest Pyler, "if you conducted a blindfold test of the four leading beers, the chances of picking out Coors would be minimal." Indeed, one national newspaper conducted an informal test among eight beer

Dieser sehr positive Artikel im New York Times Magazine war wie ein magischer Moment für die Brauerei Coors. Dann kam Coors mit Erweiterungen der Produktlinie und der Brauereilinie vom Kurs ab.

22. Auf Kurs bleiben

Viele Marken werden mit einer Flut von Publicity auf den Markt gebracht, die den potenziellen Kunden Vorstellungen und Konzepte zu der Marke vermittelt. Dann kommt die Werbeabteilung daher und startet bewusst eine Werbekampagne, die eindeutig dem widerspricht, wofür die Marke eigentlich steht.

Mit freundlicher Hilfe der Werbeabteilung vom Kurs abzukommen ist ein weit häufigerer Fehler, als viele glauben möchten.

Wie Coors vom Kurs abkam

Zum Beispiel hat keine Biermarke jemals so viel Publicity erhalten wie Coors. »Rocky Mountain High« stand 1975 in großen Lettern in der Schlagzeile eines Beitrags im *New York Times Magazine*. »Das geschmackvollste Bier im Land. Henry Kissinger trinkt es. Paul Newman trinkt es«, meldete die Zeitschrift. Das war der magische Moment, der Coors eigentlich an die Spitze der Bierhierarchie hätte katapultieren müssen. Doch der Sprung blieb aus.

Angespornt von dem Publicity-Segen wollte Coors die Marke mit Hilfe der Werbung landesweit anbieten. Leider schnitten die Werbeleute das Merkmal »geschmackvoll« aus der Marke heraus. Sie versäumten es, das zu erwähnen, was unübersehbar auf dem Etikett zu lesen war: »American's Fine Light Beer«. Tatsächlich war Coors das erste Light-Bier des Landes. (Das reguläre Bier von Coors hat weniger Kalorien als etwa Michelob Light.)

Danach untergrub Coors das Image Light-Bier, indem die Brauerei das Kernprodukt mit einer Marke namens Coors Light verwässerte. (Würde die Jack Daniel's Distillery jemals einen Jack Daniel's Light auf den Markt bringen?)

Und schließlich untergrub Coors den Aktivposten Quellwasser aus den Rocky Mountains, indem es in Virginia eine zweite Brauerei eröffnete. Coors hatte mehr als 100 Jahre lang den Biertrinkern erklärt, dass Quellwasser aus den Rocky Mountains die besondere Zutat sei, die dem Bier seinen einzigartigen Geschmack verleihe. Um Transportkosten zu sparen, beschloss Coors, Quellwasser aus Elkton in Virginia für sein Bier zu verwenden.

Wie speziell konnte das Quellwasser aus den Rocky Mountains sein, wenn es Coors bei dem Bier für die Trinker an der Ostküste gar nicht mehr einsetzte?

Wie Coca-Cola vom Kurs abkam

Coca-Cola machte es Coors nach. Genau wie Coors hat die Coca-Cola Company immer wieder ihre Geschichte, ihr Erbe und ihren Mythos ignoriert und sich stattdessen auf clevere, kreative Werbung verlassen. Im Folgenden ein kurzer Überblick über die wichtigsten Werbeslogans der Coca-Cola-Werbung:

1886	Drink Coca-Cola. (1936 in Deutschland: Trink Coca-Cola.)
1893	The ideal brain tonic. (Das ideale Hirntonikum.)
1905	Coca-Cola revives and sustains. (Coca-Cola wiederbelebt und erhält.)
1922	Thirst knows no season. (Durst kennt keine Saison.)
1929	The pause that refreshes. (1933 Die Erfrischung.)
1941	Everything your thirst could ask for. (Alles, was dein Durst sich wünschen kann.)
1956	Coca-Cola, making good things taste better. (Coca-Cola, damit Gutes besser schmeckt.)
1960	Coke refreshes you best. (Coke erfrischt am besten.)
1970	It's the real thing.
1971	I'd like to buy the world a Coke.
1982	Coke is it.
1985	New Coke.

1989 Can't beat the feeling.
1990 You can't beat the real thing.
1993 Always.
1998 Enjoy.
2001 Life tastes good.
2002 All the world loves a Coke.

Einige Slogans sind abgedroschen, trivial und dumm. Coca-Cola setzte »Enjoy« zur selben Zeit ein, als Pepsi mit »The Joy of Cola« warb. Gemeinsam gaben die beiden führenden Cola-Marken 382 Millionen Dollar im Jahr aus, um den Verbrauchern mitzuteilen, dass sie Cola genießen sollen.

Nur zwei Mal, im Jahr 1970 und dann wieder 1990, kehrte Coca-Cola zu seinen Anfängen zurück und brachte die Art von Werbung, die das Unternehmen eigentlich hätte bringen müssen – Werbung, die das Erbe verstärkt.

Im Jahr 1970 schaltete Coca-Cola eine Fernsehwerbung, die mit einer Aufnahme des Grand Canyon begann. »Es gibt mehr als 3.000 Canyons auf der ganzen Welt, aber nur einen nennt man Grand. Wenn man das Wahre ... auf der Straße, in einem Museum oder im Kühlschrank entdeckt ..., dann weiß man es einfach.«

Neben der Anfangsszene mit dem Grand Canyon wurden Bilder von Symbolen wie der Freiheitsstatue, dem Empire State Building, den Niagarafällen und der Golden Gate Bridge gezeigt. Dazu ein Rolls-Royce, eine Harley-Davidson, die Mona Lisa, ein Verlobungsring mit einem Diamanten, ein Stück Apfelkuchen, eine Eiswaffel und natürlich eine Flasche eiskalte Coca-Cola – »the real thing«.

Wenn Coca-Cola ein Football-Team wäre, dann würden die Fans auf den Tribünen »We're the real thing!« skandieren. Sie würden bestimmt nicht »Enjoy« oder »Always« oder »Life tastes good« oder »All the world loves a Coke« brüllen.

Eine altbekannte Idee, noch dazu eine emotionsgeladene, hallt im Kopf nach. Eine neue Idee, insbesondere eine originelle, wird in der Regel mit Skepsis aufgenommen.

Die Wahrnehmung von Coca-Cola als das Wahre ist auch der Grund dafür, dass New Coke ein solcher Reinfall war. Es untergrub die Referenzen der Marke, genau denselben Fehler beging Coors mit Coors Light und der Brauerei in Elkton.

Wie Callaway vom Kurs abkam

Der Markenname Callaway wurde mit dem Treiber Big Bertha berühmt. Aber Callaway wollte sich nicht mit Golfschlägern zufrieden geben.

Callaway Golf gab 170 Millionen Dollar aus, um für die Herstellung eines neuen Golfballes eine Fabrik und die nötige Infrastruktur aufzubauen. Den Ball nannten sie Callaway Rule 35. Dann gaben sie noch einmal ein Vermögen aus und gewannen die Golflegende Arnold Palmer dafür, dass er für den Ball warb.

Der Umsatz des Golfballes Rule 35 lag im ersten Jahr bei kümmerlichen 3 Millionen Dollar.

Gegen den Marktführer (Titleist) mit einer Linienerweiterung anzutreten, ist schon schlimm genug. Doch der Versuch, diese schier unlösbare Aufgabe mit einem Werbeprogramm zu bewältigen, ist der Gipfel der Dummheit.

(Gute Markennamen wie St. Charles Consulting enthalten meistens den Keim für eine gute Story. Weshalb nannten Sie Ihren neuen Golfschläger denn Big Bertha, Mister Callaway? Weil der Schläger mich an die gigantischen Mörser erinnerte, die die Deutschen im Ersten Weltkrieg einsetzten. Mit einer Weiterentwicklung der Dicken Bertha beschossen sie Paris aus einer Entfernung von 100 Kilometern mit Granaten.)

Was hatte denn Rule 35 zu bedeuten? Nichts besonderes. Der Ball wurde so genannt, um auf die 34 Vorschriften hinzuweisen, die für Größe, Merkmale und Flugeigenschaften von Golfbällen gelten.

Wenn Unternehmen älter werden, vergessen sie häufig, was sie berühmt gemacht hat. Die Callaway Big Bertha wurde wegen der neuen Kategorie, des neuen Namens und einer wirkungsvollen PR-Kampagne ein durchschlagender Erfolg. Werbung spielte dabei nur eine untergeordnete Rolle. Wenn Unternehmen groß und erfolgreich werden (Callaway ist der mit Abstand führende Hersteller von Golfschlägern), denken sie, sie könnten den Prozess abkürzen, indem sie ein Produkt direkt über Werbung auf dem Markt einführen.

Mittlerweile hat Callaway die Werbung nicht mehr nötig, um Golfbälle einzuführen, sondern um seine Führungsstellung bei Golfschlägern zu behaupten.

Bei unserer Beratertätigkeit haben wir mit vielen Unternehmen wie Callaway Golf zusammengearbeitet. Die Unternehmens- und Marketingchefs wissen, dass Linienerweiterungen in der Regel wenig Erfolg haben, aber wenn sie nur eine Ausnahme von der Regel finden, dann ist das schon Berechtigung genug für sie.

- Weil General Electric erfolgreich den Markennamen erweitert hat, können sie es auch.
- Weil es Nike gelang, einen sinnlosen Slogan (»Just do it«) im Bewusstsein zu verankern, können sie es auch.
- Weil Wal-Mart in seinen Filialen alles zum Verkauf anbieten kann, können sie es auch.
- Weil es Microsoft gelang, eine zweitbeste Marke (seinen Browser) zum Marktführer in seiner Kategorie zu machen, können sie es auch.

Das ist ungefähr so, wie wenn man sagt: Wenn jemand 100 Millionen Euro im Lotto gewonnen hat, dann können Sie das auch. Natürlich, aber die Chancen stehen ziemlich schlecht. Außerdem ist die Stellung Ihres Unternehmens höchstwahrscheinlich nicht mit den genannten Beispielen vergleichbar. In den allermeisten Fällen ist Ihr Unternehmen nicht Nike, nicht Microsoft, nicht Wal-Mart und nicht General Electric.

Glauben Sie uns. Sie werden immer mindestens eine Ausnahme von der Regel finden. Sie haben die Wahl. Sie können sich entweder an der Regel orientieren und sich damit abfinden, dass Sie eventuell eine große Chance verpassen, weil Sie nicht gegen die Regel verstoßen haben. Oder Sie können ein Leben in Anarchie führen.

Wie Xerox vom Kurs abkam

Zu den größten Fehlern im Marketing zählt der Versuch, eine Marke mit Hilfe von Werbung zu erweitern.
- Nike Turnschuhe, Nike Golfschläger
- Tanqueray Gin, Tanqueray Wodka
- Heinz Ketchup, Heinz Salsa

Eine Produktlinienerweiterung ist besonders gefährlich, wenn das betreffende Produkt oder die Dienstleistung über Werbung vermittelt werden soll. Xerox, eines der technologisch fortschrittlichsten Unternehmen der Welt, versuchte, eine Linie mit Xerox-Großrechnern anzubieten. Danach versuchte es, eine Linie mit Xerox-Personal-Computern anzubieten. Beide Produkte scheiterten.

In beiden Fällen versuchte Xerox, mit Hilfe von Werbeanzeigen die Botschaft Xerox-Computer zu vermitteln. Aber der Werbung schenken Käufer keinen Glauben. »Xerox-Computer? Das ergibt doch keinen Sinn. Xerox ist ein Kopiergerätehersteller.«

Xerox hat Referenzen bei Kopiergeräten vorzuweisen. Xerox hat keine Referenzen bei Computern. Und Werbung schafft mit Sicherheit weder für Großrechner noch für PCs Referenzen. Diese Referenzen müssen aus PR-Bemühungen stammen. So einfach ist das.

Der »Ich auch«-Charakter dieser Produkte schadete ebenfalls dem Versuch, die Marke Xerox zu erweitern. Xerox war nicht der Erste bei Computern. Er erweckte nicht gerade den Eindruck, ein besonders konkurrenzfähiges Produkt anzubieten. Als Folge war die Publicity bestenfalls neutral. Erfolg oder Niederlage hingen ganz von der Werbung ab.

Wenn der Erfolg einer Marke allein von der Werbung abhängt, dann steckt die Marke in großen Schwierigkeiten.

Wie Amazon.com vom Kurs abkam

Amazon.com ist ein Markenname, der über Publicity aufgebaut wurde. Es gab eine Zeit, da wurde Amazon in mehr Beiträgen erwähnt als Bill Clinton. Aber diese Tage sind längst vorbei.

Heute ist Amazon auf Werbung angewiesen, um seine Marke zu bewahren und zu stärken, allerdings als Buchmarke, nicht als Tante-Emma-Laden, in dem es buchstäblich alles zu kaufen gibt. Das gilt umso mehr, weil der Buchabsatz bei Amazon in letzter Zeit eher stagnierte.

Amazon sollte sämtliche Hebel in Bewegung setzen, um sein Buchgeschäft wieder auf Vordermann zu bringen, etwa Buchmessen, Büchermobile, von Amazon gesponserte Seminare mit berühmten Autoren, Amazon-Terminals in Büchereien und natürlich Werbung für Amazon. Der Buchversand sollte sich zum Ziel setzen, seinen Anteil von 7 Prozent am Buchgeschäft auf 25 Prozent zu steigern.

Statt über Werbung sein Buchgeschäft auszubauen, versucht Amazon jedoch, über Werbung in andere Kategorien vorzustoßen.

Die Ergebnisse waren bislang katastrophal. Wenn Amazon ein Supermarkt, ein Kaufhaus oder irgendein Einzelhändler wäre, dann hätten die Investoren längst den Kopf von Jeff Bezos gefordert. (Zugegeben, mit einer schier übermenschlichen Anstrengung gelang es Amazon.com noch, im letzten Quartal von 2001 einen winzigen Gewinn auszuweisen. Aber wird Amazon.com seinen Siegeszug fortsetzen? Das bezweifeln wir. Ein Vierteldollar macht noch längst keinen ganzen Dollar.)

Bei Amazon.com, dem Aushängeschild der New Economy, sieht man das offenbar anders. Zerbrecht euch darüber nicht den Kopf, scheint Jeff Bezos' Haltung zu sein, wir haben genug Geld, um uns so lange über Wasser zu halten, bis wir kostendeckend arbeiten und in die Gewinnzone eintreten.

Es spielt keine Rolle, wie viel Geld man hat – wenn man lange genug Verluste macht, geht man irgendwann Bankrott. Da sollte man sich nicht täuschen lassen. Amazon droht, zum alten Eisen der Geschichte zu werden, wenn das Unternehmen nicht seine Strategie ändert. Aber Amazon verschwendet immer noch

Werbegelder für das Problem und denkt nicht daran, einen Rückzieher zu machen und die Strategie neu auszurichten.

Werbung eignet sich nicht dafür, eine Marke aufzubauen, und Werbung eignet sich nicht dafür, eine Marke zu verändern, wenn sie aufgebaut ist.

Die Kampagne »Das ist doch nicht der Oldsmobile Ihres Vaters« senkte nicht das durchschnittliche Alter eines Oldsmobile-Käufers.

Eine Kampagne nach dem Motto »Das ist nicht nur eine Website für Buchkäufer« ist eine Werbeidee, die ebenso große Aussichten auf Erfolg hat wie das Programm von Oldsmobile.

Die einzige Hoffnung für Amazon wäre ein PR-Programm, doch selbst das könnte schwierig werden. Weshalb verzichtet Amazon nicht auf die Werbung und setzt Public Relations ein, um seine Position zu erweitern?

Die Antwort darauf ist immer die Gleiche: »Wir können nicht warten, bis eine Publicity-Kampagne greift. Wir müssen schnell handeln, bevor uns ein anderer zur Schnecke macht.«

Das ist ein echtes Dilemma. Auf der einen Seite ist langfristig in der Regel die Marke Sieger, die als Erste in den Köpfen Einzug hält. Auf der anderen Seite dauert es eine gewisse Zeit, bis ein Publicity-Programm Früchte trägt.

Folglich versuchen Unternehmen den Prozess abzukürzen, indem sie über Werbung den Zugang in die Köpfe erzwingen wollen. Für diese Argumentation haben wir Verständnis. Allerdings haben wir kein Verständnis für die Bereitschaft, eine Strategie einzuschlagen, die zum Scheitern verurteilt ist. Man kann nicht die Werbebranche darum bitten, die Aufgabe der PR-Abteilung zu übernehmen.

Laut Angaben der Analysten macht Amazon mit seinem Kerngeschäft Gewinn – mit Büchern, Musik und Videos. Verluste fährt es hingegen mit den übrigen Produkten und Dienstleistungen ein, die es an den Mann zu bringen versucht. Und das ist eine beeindruckende Liste: Auktionen, Babyzubehör, Kamera- und Fotozubehör, Autos, Mobiltelefone und die zugehörigen Dienste, Computer, Software, Elektronik, Gesundheits- und Kosmetikartikel, Küchen- und Haushaltswaren, Zeitschriftenabonnements, Outdoorausrüstung, Werkzeuge und Metallwaren, Spielzeug und Spiele sowie Reisen.

Das Kerngeschäft von Amazon macht 58 Prozent seines Umsatzes aus. Was wäre, wenn Amazon den eigenen Geschäftsbereich auf Bücher, Musik und Videos reduzieren würde? Wenn Sie der Buchhalter wären, dann würden Sie eine derartige Entscheidung lieber heute als morgen treffen. Wenn man aber, wie Jeff Bezos, der Mensch des Jahres 1999 der Zeitschrift *Time* ist, dann hält man diese Pille, die man hier schlucken müsste, vermutlich für zu bitter.

Das Gute an der Verengung des Fokus und der Rückkehr zu den Anfängen ist, dass man auf kein einziges Produkt verzichten muss. Man muss lediglich so viele Markennamen einführen, wie man braucht, damit jede Marke eine bestimmte Position besetzt.

Denken Sie daran, dass Marken über Öffentlichkeitsarbeit aufgebaut werden. Ein neuer Markenname hat ein viel größeres Potenzial für Publicity als die Linienerweiterung eines alten Markennamens. Neue Markennamen wie Lexus, Dockers, DeWalt, Palm und BlackBerry zogen eine Flut von Publicity nach sich.

POLAROID, XEROX UND KODAK

Amazon kann sich jederzeit auf sein Kerngeschäft zurückziehen, aber andere Unternehmen verfügen nicht über die Sicherheit, die ein profitables Kerngeschäft bietet. Nehmen wir drei aktuelle Beispiele: Polaroid, Xerox und Kodak.

Alle drei Marken werden mit Produktkategorien in Verbindung gebracht, die ihren Zenit längst überschritten haben. Polaroid mit Sofortbildkameras, Xerox mit Normalblattkopierern und Kodak mit der Fotografie auf Film. Alle drei Unternehmen versuchen dasselbe wie Amazon: den Markennamen auf andere Produktreihen auszudehnen.

Die Geschichte zeigt jedoch, dass diese Lösung nicht funktioniert. Je einprägsamer der Markenname ist, desto schwieriger ist es, das zu verändern, wofür der Markenname steht.

Western Union stand für Telegramme, doch der Markt brach weg. Also versuchte Western Union, im Geschäft mit Ferngesprächen Fuß zu fassen. Obwohl Western Union ein bekannterer Name war als Sprint oder MCI, hatte das Unternehmen im Telefongeschäft nie Erfolg. Nach einem Verlust von 600 Millionen Dollar zog sich Western Union aus dem Telefongeschäft zurück und beschränkte sich auf den Geldtransfer.

Frei nach F. Scott Fitzgerald: Bei der Markenpolitik gibt es keinen zweiten Akt. Wenn eine Marke einmal im Kopf verankert ist, dann ist es sehr schwer, die Wahrnehmung der Marke zu ändern. Was sollte ein Unternehmen, dem eine historische Marke gehört, denn sonst tun? Eine zweite Marke einführen.

Für Polaroid, Xerox und Kodak könnte es bereits zu spät sein. Sie setzen schon so lange auf ein Pferd, dass sie nicht die Vorteile einer zweiten Marke erkennen. Aber Amazon hat noch die Chance. Amazon ist ein junges Unternehmen, das in seinem Verhalten noch nicht so eingefahren ist wie das alteingesessene Team bei Polaroid, Xerox und Kodak. Warten wir's ab.

Smirnoff gegen Absolut

Doch die Geschäftsführung vieler großer Unternehmen sitzt hinter ihren mit hohen Werbebudgets errichteten Palisaden und sonnt sich in dem Wissen, dass kein Emporkömmling jemals ihre Domäne gefährden kann. Dabei lassen sie den Einfluss von Public Relations außer Acht. Werbung ist keine Verteidigung gegen ein PR-Programm, das eine neue Marke in einer neuen Kategorie gestartet hat.

Heublein, der Besitzer des Wodkas Smirnoff, der zweitgrößten Spirituosenmarke in Amerika, lehnte es gleich fünf Mal ab, den Vertrieb des Wodkas Absolut zu übernehmen.

Ein leitender Angestellter von Heublein erklärte: »Wenn diese Schweden hierherkommen und versuchen, einen dieser supernoblen Wodkas einzuführen, und unserem Smirnoff gefährlich werden, dann werde ich den allerteuersten Wodka der Welt einführen, einen »Smirnoff der Zar«, und sie das Fürchten lehren.«

Als der Absatz von Absolut in die Höhe schnellte, brachte Heublein tatsächlich einen Nobelwodka namens Smirnoff Black auf den Markt. Doch Smirnoff Black lehrte Absolut keineswegs das Fürchten, sondern Absolut setzte seinen

Aufstieg fort. (Smirnoff gehört mittlerweile Diageo, dem weltgrößten Spirituosenkonzern.)

Mit Linienerweiterungen vom Kurs abkommen

Eine Linienerweiterung wird in den seltensten Fällen eine neue Marke überholen, die bereits für Publicity gesorgt hat.

- Überholte der Hewlett-Packard Jornada etwa den Handheldcomputer Palm? Nein.
- Überholte Heinz Salsa etwa das Salsa von Pace? Nein.
- Überholte Bayer Acetaminophen etwa Tylenol? Nein.
- Überholte der IBM PC etwa Dell? Nein.
- Überholte das Motorola Mobiltelefon etwa Nokia? Nein.

Warum bringen Unternehmen Linienerweiterungen auf den Markt statt neuer Marken? In der Regel ist es nur eine Frage des Geldes. Wir können es uns nicht leisten, eine neue Marke einzuführen.

Wenn man allerdings genauer hinsieht, stellt man fest, dass die Werbung der Knackpunkt ist. In erster Linie sind die Werbekosten für eine neue Marke daran schuld, dass Unternehmen unverändert an dem Konzept Linienerweiterung festhalten.

Neue Marken gegen alte Marken

Das ist seltsam. Neue Marken sollten über Öffentlichkeitsarbeit eingeführt werden, nicht über Werbung. Gerade die alten Marken haben Werbung nötig wie wir Menschen die Luft zum Atmen. Neue Marken hingegen brauchen die Glaubwürdigkeit, die sie nur über PR-Arbeit erhalten können.

Neue Marken brauchen PR-Arbeit. Alte Marken brauchen Werbung. Dabei spielt das Alter selbst im Grunde keine Rolle. Wenn die Marke keine Position im Bewusstsein der Käufer besetzt hat, dann ist sie zumindest für den Käufer eine »neue« Marke, auch wenn sie vielleicht schon seit Jahrzehnten auf dem Markt angeboten wird.

Wenn Sie versuchen, die Position einer alten Marke zu ändern, dann könnte sie aus Sicht des Marketing genau wie eine »neue« Marke behandelt werden. Eine Veränderung muss über PR-Arbeit erfolgen, nicht über Werbung.

Werbung und Public Relations können glücklich und zufrieden wie eh und je nebeneinander existieren, aber nur wenn jede Disziplin die ihr angestammte Rolle in der Marketingwelt akzeptiert.

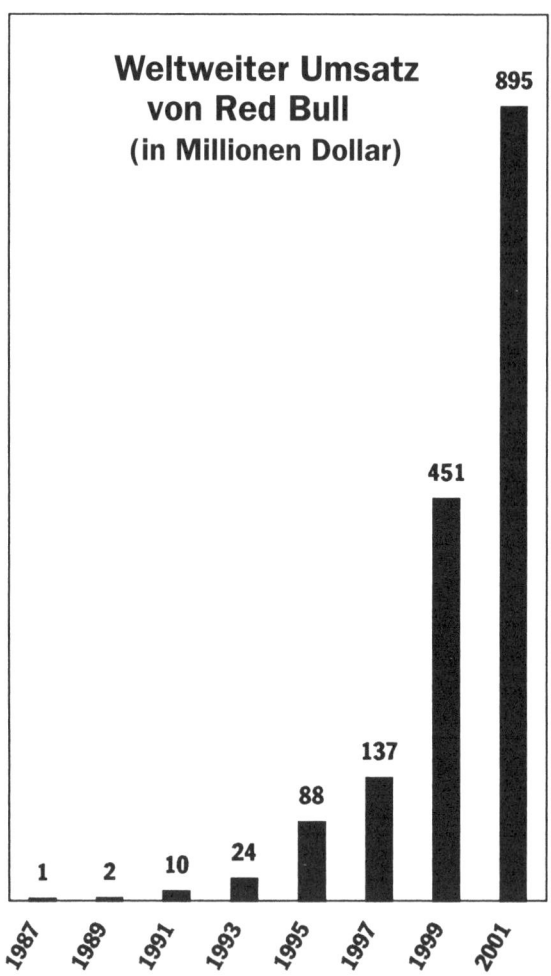

Große Marken fangen unweigerlich klein an. Es dauerte vier Jahre, bis der Energydrink Red Bull einen Umsatz von 10 Millionen Dollar erreichte, und noch einmal fünf Jahre, bis er 100 Millionen erreichte. Im Jahr 2002 dürfte Red Bull ohne weiteres 1 Milliarde erreichen.

23. Aus allen Rohren feuern

Der Aufbau einer Marke erfolgt langsam und erfordert Geduld sowie ein methodisches Vorgehen. Es dauert Jahrzehnte, heißt es in einer Redewendung, bis man über Nacht ein Erfolg wird. Natürlich gibt es einige Ausnahmen, die wir Shooting Stars nennen. (Microsoft zählt dazu.) Aber diese Ausnahmen treten in der Regel in Branchen auf, die rasant expandieren und die führenden Marken dann mit sich ziehen. In der Mehrzahl der Fälle dauert es viele Jahre (oder gar Jahrzehnte), bis eine Marke sich etabliert hat.

Nehmen wir den Energydrink Red Bull. Die Marke wurde in Österreich zuerst über PR-Arbeit und Methoden des Merchandising eingeführt. Erst nachdem sie eine gewisse Stoßkraft erlangt hatte, ging man zu Werbung über.

Es dauerte vier Jahre, bis Red Bull einen Umsatz von 10 Millionen Dollar erreichte. Im Jahr 2001 hatte Red Bull einen Jahresumsatz von fast 895 Millionen Dollar, und mittlerweile zählt es zu den großen Inserenten. Wenn man versucht, den Aufbau einer Marke über Werbung zu beschleunigen, gerät man in Schwierigkeiten.

Eine Handelsmarke aufbauen

Nehmen wir Wal-Mart, ein Unternehmen, das 1945 sein Handelsgeschäft aufnahm. (Den Namen Wal-Mart nahm es erst im Jahr 1962 an.) 15 Jahre nach der Gründung hatte Wal-Mart neun Filialen mit einem Umsatz von 1,4 Millionen Dollar. Ein Jahrzehnt später erreichte Wal-Mart 31 Millionen, noch ein Jahrzehnt später 1,2 Milliarden, noch ein Jahrzehnt später 26 Milliarden, noch ein Jahrzehnt später 193 Milliarden Dollar.

Mittlerweile dürfte Wal-Mart, gemessen am Umsatz, das größte Unternehmen der Welt sein.

Es dauert seine Zeit, könnten Sie jetzt denken, eine Organisation aufzubauen. Es dauert seine Zeit, die richtigen Leute zu finden. Und es dauert seine Zeit, die Finanzierung sicherzustellen. Bis zu einem gewissen Grad trifft das alles zu, aber es ist kein echtes Hindernis dafür, eine Marke aufzubauen.

Das eigentliche Hindernis ist der menschliche Verstand. Im Normalfall dauert es Jahrzehnte, eine Marke aufzubauen, weil es Jahrzehnte dauert, bis ein Name in die Gehirnmasse in unserem Schädel eindringt.

Aus dem gleichen Grund sind die mächtigsten, heutigen Markennamen bereits seit einiger Zeit im Geschäft. General Electric, der weltweit erste Markenname für Elektrizität, reicht bis in das Jahr 1892 zurück. Mercedes-Benz, die erste Automarke, bis 1885. Keramik von Wedgwood bis 1759. Champagner von Moët & Chandon bis 1743. Cognac von Rémy Martin bis 1724.

Die Marke Wal-Mart fing klein an und setzte traditionelle Publicity-Techniken ein, wie sie in einer Kleinstadt üblich sind: Paraden mit Blasmusikumzügen, Cheerleader, Tanzgruppen, Festwagen. Wal-Mart organisierte auch fleißig Wettbewerbe, und zwar alles Mögliche, von Gedichte vortragen bis hin zu Babys etwas vorsingen. An Tagen mit einem bestimmten Motto trugen alle Mitarbeiter im Supermarkt ein Kostüm.

Heute gibt Wal-Mart natürlich eine halbe Milliarde Dollar für Werbung aus, aber nicht um die Marke aufzubauen. (Die Marke ist bereits über Public Relations aufgebaut worden.) Das Geld dient dazu, die Marke gegen Kmart, Target und Konsorten zu verteidigen.

Eine Marke breitet sich über den zwischenmenschlichen Kontakt aus, ganz ähnlich wie ein Schnupfen. Man braucht Publicity oder ein PR-Ereignis, um den Prozess in Gang zu setzen (und in Gang zu halten), aber wenn er einmal begonnen hat, dann sollte man der »Mund-zu-Mund-Werbung« genügend Zeit lassen, die Aufgabe zu Ende zu führen.

Die Meinung ändern

Es gibt einen weiteren Grund dafür, dass der Aufbau einer Marke sich in die Länge ziehen kann. Um eine neue Marke aufzubauen, muss man häufig die Meinung der Kunden zu einer alten Marke ändern.

Wann haben Sie zum letzten Mal Ihre Meinung geändert? Letzte Woche? Letztes Jahr? Oder erinnern Sie sich gar nicht mehr daran? Viele Menschen können sich nicht daran erinnern, jemals ihre Meinung geändert zu haben, weil sie glauben, ihre Meinung basiere auf nichts als der »reinen Wahrheit«. Die Meinung ändern bedeutet, sich selbst einzugestehen, dass eine der »Wahrheiten« sich als Unwahrheit entpuppt hat. Das fällt den meisten Menschen schwer.

Wenn sich im Laufe von Monaten oder sogar Jahren Beweise für das Gegenteil anhäufen, kann eine Person allmählich eine neue Wahrheit akzeptieren und vergessen, dass sie jemals den entgegengesetzten Standpunkt vertreten hat.

Das ist die Hauptsache. Erst dieses »Vergessen« der alten Wahrheit gestattet es einem Menschen, eine neue Wahrheit zu akzeptieren. Man muss den Menschen Zeit lassen, damit dieses Vergessen auch eintritt.

Redakteure sind auch nur Menschen. Sie nehmen revolutionäre PR-Konzepte genauso wahr wie die potenziellen Kunden Ihres Unternehmens. Etwas ist neu, etwas ist anders, und es wird sofort misstrauisch beäugt. Man muss genügend Zeit verstreichen lassen, damit diese Einwände verblassen.

Man muss genügend Zeit verstreichen lassen, damit die Redakteure von dem beeinflusst werden, was sie in anderen Medien sehen, lesen oder hören.

Der Aufbau einer Marke für Sportgetränke

Gatorade ist eine Marke mit einem Wert von 2 Milliarden Dollar und einem Anteil von 79 Prozent am Markt für Sportgetränke. Gatorade war die Hauptmarke von Quaker Oats, als das Unternehmen für 14 Milliarden Dollar von PepsiCo gekauft wurde.

Wer wenig über die Geschichte der Softdrinks weiß, könnte vielleicht annehmen, dass Quaker Oats die Marke Gatorade mit einem Millionen Dollar schweren Werbeprogramm einführte. Aber weit gefehlt.

In den Sechzigerjahren entwickelte ein Forscherteam an der University of Florida unter Führung von Dr. Robert Cade ein Getränk, das Körperflüssigkeiten und Salze ersetzte. Sie testeten das Getränk an dem Footballteam der Universität, den Florida Gators. Nach einer siegreichen Saison von 1965 wurden die Gators bekannt dafür, dass sie in der zweiten Halbzeit wegen ihrer Ausdauer erst richtig Dampf machten. Als sie ihren Gegner bei der Orange Bowl schlugen, sagte der Coach der Verlierer: »Wir hatten kein Gatorade. Das machte den Unterschied aus«, ein Spruch, der sogar in der Zeitschrift *Sports Illustrated* zitiert wurde.

Das war der magische Moment, der Publicity-Coup, der die Kampagne für Gatorade ins Rollen brachte. Später wurde Gatorade das offizielle Getränk der National Football League, der National Basketball Association, der Professional Golf Association und unzähliger Sportverbände und Ereignisse.

Jahrelang hat Gatorade die richtige Balance zwischen Publicity und Werbung gehalten, dazu gehörte nicht zuletzt das traditionelle Ausschütten eines Eimers mit Gatorade über dem Footballcoach des Siegerteams.

Genau wie seine Schwestermarken, Pepsi-Cola und Mountain Dew, ist Gatorade heute eine massiv beworbene, auf das Fernsehen orientierte Softdrinkmarke. Eine Zeit lang war Michael Jordan der Fürsprecher für Gatorade. »Be like Mike«, lautete das Motto.

Was ist hier Ursache und was Wirkung? Machte Michael Jordan Gatorade zu einer erfolgreichen Marke? Oder brachte der Erfolg der Marke Gatorade so viel Geld ein, dass das Unternehmen sich »Air Jordan« als Fürsprecher der Marke leisten konnte?

Werbung, insbesondere Fernsehwerbung, ist das Kennzeichen für Erfolg in der Geschäftswelt. Werbung ist vergleichbar mit einem Privatflugzeug für ein Unternehmen. Der Erfolg eines Unternehmens macht es möglich, einen Jet von Gulfstream zu kaufen, nicht umgekehrt. Genauso ist es mit der Werbung.

Ist Werbung (oder ein Privatjet in diesem Fall) deshalb eine schlechte Investition? Keineswegs. Werbung ist eine schlechte Investition für eine Marke, die erst vor kurzem eingeführt wurde. Aber Werbung ist eine großartige Investition für einen Marktführer.

Sie würden vermutlich staunen, wenn Sie wüssten, wie viel es Gatorade kostet, seine Verbindung zur NFL aufrechtzuerhalten. Aber gerade Marketinginvestitionen wie diese machen es den Konkurrenten Powerade oder All-Sport so gut wie unmöglich, jemals den Gipfel des Sportgetränkemarktes zu erklimmen.

Ungeeignet für die Änderung von Meinungen

Werbung weist noch ein weiteres Merkmal auf, weswegen sie nicht dafür in Frage kommt, Meinungen zu ändern. Dabei muss man genau das erreichen, wenn man eine neue Marke auf den Markt bringt. Um es mit der Wirkung pro Dollar auszudrücken: Eine kleine Dosis Werbung ist nie so effektiv wie eine große Dosis.

Heutzutage ist in Amerika nichts leichter, als Fernsehwerbung im Wert von 1 Million Dollar zu verstecken. Niemand wird eine so kleine Dosis auch nur zur Kenntnis nehmen. Wenn man nicht so viel Geld ausgibt, dass der übliche Geräuschpegel übertönt wird, ist die ganze Werbeinvestition reine Geldverschwendung.

Aus diesem Grund legen Werbeagenturen so großen Wert auf Verkaufsstarts mit »großem Knalleffekt«. Ihre einzige Hoffnung, Wirkung zu erzielen, besteht darin, so viel Geld auszugeben, dass es ihnen gelingt, die Apathie der Kunden gegenüber Werbung zu durchbrechen. (In der Werbung gilt die Faustregel, dass ein Zuschauer mindestens drei Mal einem Werbespot ausgesetzt sein muss, bis er die Botschaft versteht und sich an sie erinnert.)

Der Knalleffekt mag eine gute Idee für eine Werbekampagne sein, aber er taugt nicht als Strategie für den Einzug ins Bewusstsein der Verbraucher. Man kann den Menschen nicht eine Vorstellung eintrichtern, man lässt sie einsickern.

Erfolgreiche Marken halten langsam im Bewusstsein Einzug. Ein Lob in einer

Zeitschrift, eine Erwähnung in einer Zeitung, ein Kommentar eines Freundes, eine Anzeige im Einzelhandel. Nach einem langsamen Aufbau über PR-Arbeit gewinnen die Menschen die Überzeugung, dass sie die Marke schon immer gekannt haben. (Wann haben Sie zum ersten Mal von Gatorade gehört? Wer erinnert sich noch daran?)

Der Aufbau einer Whiskymarke

Die erste eingetragene Brennerei in Amerika ist die Jack Daniel's Distillery. Das Unternehmen mit Sitz in Lynchburg, Tennessee, hat seit seiner Gründung im Jahr 1868 eine Flut von Publicity erfahren. Jedes Jahr strömen rund 250.000 Besucher in die Brennerei und besichtigen die Filterbottiche mit Holzkohle sowie das eisenfreie Wasser, das mit einer konstanten Temperatur von 138 Celsius aus einer unterirdischen Quelle stammt.

Klugerweise greifen Werbeanzeigen für Jack Daniel's die Wahrnehmungen, die von der Öffentlichkeitsarbeit geschaffen wurden, auf und verstärken sie. Auf einer typischen Reklametafel heißt es: »134 Jahre. Sieben Generationen. Ein Rezept.«

Wer die Brennerei in Lynchburg einmal aufsucht, dem wird sofort der Gedanke kommen: »Das sieht ja genauso aus wie in der Werbung!« Wie kreativ ist das? Trotz eines langjährigen Trends in Richtung Wodka, Gin und Tequila ist Jack Daniel's zur weltweit siebtgrößten Spirituosenmarke geworden.

Jack Daniel's ist ein gutes Beispiel für eine Marke, die allmählich von PR-Arbeit zu Werbung übergegangen ist. Vor allen Dingen spiegelte die Werbung Vorstellungen wider, die zuerst von PR-Kampagnen eingeführt wurden, und verstärkte sie noch. Die Werbung mochte zwar nicht kreativ sein, aber sie war effektiv und effizient zugleich.

Die erste registrierte Brauerei in Amerika hieß Yuengling. Yuengling? Mit einem derartigen Namen konnte man sicher sein, dass Gentleman Jack in die Ruhmeshalle des Whisky einziehen würde, während Mister Yuengling sich in den Korridoren der Hopfengeschichte verlieren würde.

Der Aufbau einer Kleinwagenmarke

Im Jahr 1999 wählte die Zeitschrift *Advertising Age* die besten hundert Werbekampagnen aller Zeiten. Auf Platz 1 landete das Programm der Sechzigerjahre für Volkswagen. Der Legende nach übernahm die Agentur Doyle Dane Bernbach eine unbekannte Automarke und verhalf ihr zu einem enormen Erfolg. Dabei war Volkswagen alles andere als eine unbekannte Marke, bevor DDB den Käfer zu dem Werbehöhenflug seines Lebens führte.

Der Volkswagen kam schon 1949 in die Vereinigten Staaten, im selben Jahr wurde Doyle Dane Bernbach gegründet. Im folgenden Jahrzehnt zog Volkswagen unzählige günstige Presseberichte auf sich, darunter einen glänzenden Fahrbericht in der Testzeitschrift *Consumer Reports*. Im Jahr 1959 war der Käfer bereits das meistverkaufte Importauto in Amerika. In diesem Jahr verkaufte Volkswagen 120.442 Autos in den Vereinigten Staaten, das entsprach einem Marktanteil von 20 Prozent unter den Importautos.

Ein Jahr später erschien die erste Anzeige von DDB unter dem Motto »Think small«, und der Rest ist Marketinggeschichte.

So wirkungsvoll die Werbung auch war, Doyle Dane Bernbach fingen nicht ganz unten an. Das sollten sie ja auch nicht. Werbung braucht die Glaubwürdigkeit, die zuvor über Öffentlichkeitsarbeit geschaffen wurde. Die Werbung für Volkswagen tat das, was Werbung am besten kann. Eine erfolgreiche Marke nehmen und noch erfolgreicher machen.

Was wäre passiert, wenn Anzeigen wie »Think small« und »Lemon« bereits 1949 erschienen wären, nicht 1959? Vermutlich nichts. Das Motto »klein, hässlich, zuverlässig« wurde zuerst von der Publicity geschaffen und dann in der Werbung eingesetzt, um »das Feuer zu schüren«.

Werbung ist wie ein Witz, der auf bestehende Wahrnehmungen anspielt. Wenn man einen Witz über Helmut Kohls Gewicht macht (»Kohl hat eine schwere Last zu tragen«), dann ist der Witz nicht lustig, wenn die Zuhörer denken: »Wer ist denn Helmut Kohl?«

Volkswagens Anzeige mit der Zitrone (»Lemon«) zog die Aufmerksamkeit des Lesers auf sich, weil er genau das Gegenteil glaubte. Wieso nennen sie das zuverlässigste Auto auf der Straße eine Zitrone?« »Dieser Volkswagen hat das Schiff verpasst«, steht im Text. »Der Chromstreifen am Handschuhfach hat einen Fleck und muss ausgetauscht werden. Sie hätten es vermutlich gar nicht bemerkt; Inspektor Kurt Kroner hingegen fiel es auf.«

»Jetzt habe ich verstanden«, denkt der Leser. »Ein Grund dafür, dass Volkswagen so zuverlässig ist, sind die gründlichen Inspektionen eines jeden Autos.«

Darüber hinaus war allgemein bekannt, dass jeder, der einen Käfer wollte, sich auf die Warteliste schreiben, den vollen Preis zahlen und den alten Wagen selbst verkaufen musste, weil VW-Händler in der Regel kein Auto in Zahlung nahmen. Die Glaubwürdigkeit der Werbung wurde dadurch nur noch verstärkt.

Erst durch diese Wahrnehmungen (Zuverlässigkeit, Warteliste, voller Preis, keine Inzahlungnahme) wurde die Volkswagen-Werbung so wirkungsvoll.

Angenommen jedoch, das wäre eine Anzeige für einen Yugo, der umgekehrt für seine Mängel bekannt ist. Gleiches Layout, gleiches Bild, gleiche Schlagzeile, gleicher Text, gleiche Kreativität. Würde der Leser denken: »Mann! Ich wusste ja gar nicht, dass Yugos so zuverlässig sind«?

Ganz bestimmt nicht. Der Leser würde aller Wahrscheinlichkeit nach denken: »Wollen die mich verarschen? Der Yugo ist eine einzige Katastrophe.«

Werbung baut nicht Marken auf. Werbung vermittelt nicht einmal neue Vorstellungen. Werbung greift alte Vorstellungen auf, die bereits in den Köpfen bestehen, und verstärkt sie oder verknüpft sie miteinander oder spielt mit ihnen. Cheerleading hat nichts mit Kommunikation zu tun.

Waren die Anzeigen für Volkswagen kreativ? Gemessen an dem heutigen Standard vermutlich nicht. In zwei Jahrzehnten Werbung verwendete Volkswagen kein einziges Mal ein Tier, den Prüfstein für Kreativität.

Sehen Sie sich insbesondere die preisgekrönten Anzeigen an. Diese Anzeigen sind vermutlich das Beste, was die Branche zu bieten hat. Würde auch nur eine dieser Anzeigen Erfolg haben, wenn die grundlegende Vorstellung in der Anzeige nicht bereits im Kopf des Lesers oder Zuschauers vorhanden wäre?

Der Aufbau einer Marke für sichere Autos

Im Jahr 1996 gewann eine Volvo-Anzeige den Großen Preis beim International Advertising Festival in Cannes, dem angesehensten Werbewettbewerb der Welt. Es war eine gedruckte Anzeige ganz ohne Text, nur das Bild einer Sicherheitsnadel, die wie ein Volvo geformt war.

Sagten die Leser etwa: »Was in aller Welt hat eine Sicherheitsnadel in einer Automobilwerbung verloren?« Nein, sie wussten genau, warum die Sicherheitsnadel dort war. »Ist das nicht raffiniert! Eine Sicherheitsnadel, gebogen in die Form eines sicheren Autos.«

Wenn Sie eine Sicherheitsnadel in die Form eines Chevrolets biegen würden (vorausgesetzt, Sie finden heraus, welche Form ein Chevrolet hat), wäre das eine wirkungsvolle Illustration für eine Chevrolet-Anzeige?

Volvo führte 1959 den ersten Sicherheitsgurt für Autos ein, fast fünf Jahrzehnte später profitiert die Volvo-Werbung immer noch von dem Publicity-Erfolg der Marke.

Der langsame Aufbau bei Volkswagen

Alle Marken, sogar die riesigen, fangen klein an. Volkswagen war hier keine Ausnahme. Sechs Jahre nach dem Verkaufsstart setzte Volkswagen weniger als 30.000 Autos in den Vereinigten Staaten ab.

Erst 19 Jahre später, im Jahr 1968, erreichte Volkswagen den Gipfel der Markenwahrnehmung. In diesem Jahr verkaufte Volkswagen 564.000 Autos in den Vereinigten Staaten, ein Anteil von 56 Prozent an den Importautos.

Mit anderen Worten, es dauerte 19 Jahre, bis Volkswagen sich einen Markennamen geschaffen hatte. Die ersten zehn Jahre waren Jahre der Öffentlichkeitsarbeit, die nächsten neun Jahre waren Jahre der Werbung. Zuerst Public Relations und dann Werbung ist immer die beste markenpolitische Strategie.

Gerade wegen der Kombination langsamer Aufbau und anfänglicher Bedarf an Öffentlichkeitsarbeit statt Werbung scheuen manche große Agenturen sich, eine neue Marke zu betreuen. Werbung mag zwar das Mittel sein, das große Marken erst zu großen Marken macht, aber gehen Sie doch einmal mit einem neuen Produkt und einem kleinen Budget zu einer bekannten Werbeagentur. Fordern Sie den Geschäftsführer auf: »Helfen Sie mir eine große Marke aufbauen.«

Die großen Agenturen, für die wir gearbeitet haben, rieten ihren Auftraggebern dringend ab, sich um neue Markennamen zu bemühen. Viel lieber wollten sie bereits etablierte Marken, am besten mit einem riesigen Werbebudget. Es ist eine Tatsache, dass die meisten Monstermarken bei kleinen Agenturen anfingen und dann zu großen wechselten, als die Marke genügend Erfolg hatte.

Der langsame Aufbau von Absolut

Absolut ist so eine Monstermarke und zählt zu den 100 wertvollsten Markennamen der Welt. Die erste Werbeagentur von Absolut war jedoch Martin Landey, Arlow ein kleines Büro in New York. Nach zwei Jahren harter Arbeit verkaufte der schwedische Wodkahersteller weniger als 25.000 Kisten im Jahr.

Dann wurde Martin Landey, Arlow von der Agentur Geer, Gross gekauft, die prompt den Absolut-Auftrag kündigte, weil sie bereits einen Spirituosenauftrag hatte, Brown-Forman. (Ein großer Fehler.)

Nachdem Arnie Arlow die Agentur verlassen hatte und Kreativdirektor bei TBWA geworden war, ebenfalls eine kleine Agentur, half er TBWA, den Auftrag Absolut an Land zu ziehen, und führte die Marke an die Spitze. Später wurde TBWA an Omnicom verkauft, den drittgrößten Werbekonzern der Welt mit jährlichen Einnahmen von mehr als 6 Milliarden Dollar.

Baute Omnicom die Marke Absolut auf? Oder kaufte Omnicom sich nur das Recht, mit der Marke Absolut prahlen zu können?

Große Unternehmen schaffen nicht zuletzt deshalb keine großen Marken, weil sie nicht die Geduld haben, den langen Reifeprozess abzuwarten, der für den Aufbau einer Marke in der Regel nötig ist. Nach unserer Erfahrung fingen die meisten großen Marken bei kleinen Firmen an, die später von großen Unternehmen aufgekauft wurden. Und ebenso wurden die meisten großen Marken anfangs von kleinen Agenturen betreut, die entweder den Auftrag an eine größere Agentur verloren oder aufgekauft wurden.

Wir sind keineswegs gegen Werbung. Ihr kommt eine wichtige Rolle zu, die wir Cheerleading oder die Verstärkung der Wahrnehmung einer Marke bei den Kunden nennen.

Geduld und innere Stärke

Im Grunde sind für den Aufbau einer mächtigen, weltweit bekannten Marke, die eine Kategorie dominiert, nur zwei Dinge nötig: Geduld und Stärke.

Man braucht Geduld und muss den PR-Leuten Zeit lassen, die Marke über Öffentlichkeitsarbeit oder günstige Kommentare seitens Dritter aufzubauen. In manchen Fällen hat man Glück, weil die eigene Marke zu einer brandheißen, neuen Kategorie gehört. Die explosionsartige Expansion der Computerbranche baute die Marke Microsoft auf, nicht umgekehrt.

In den meisten Fällen spielt sich das jedoch viel langsamer ab. Nehmen wir die Spirituosen. Es dauerte Jahrzehnte, bis Gin den Whisky als beliebtesten Drink ablöste. Es dauerte wiederum Jahrzehnte, bis Wodka Gin ablöste. Und es wird Jahrzehnte dauern, bis Tequila Wodka ablöst.

Man braucht Geduld, damit man den Fehler vermeidet, den Prozess über Werbung beschleunigen zu wollen. Zum Beispiel haben TiVo und Replay, die digitalen Videorecorderhersteller, Millionen verschwendet, als sie versuchten, sich den Zutritt zu dem exklusiven Klub der Fernsehsender zu erkaufen. Das Geld hätten sie besser für Public Relations und Produktentwicklung ausgegeben. Die Leute der Satellitenrundfunksender XM und Sirius begehen den gleichen Fehler.

Und man braucht innere Stärke, um die eigene Marke auf einen engen Bereich zu beschränken. Der größte Fehler, den ein Unternehmen machen kann, ist der Versuch, die Zugkraft einer Marke auszudehnen, wo es eigentlich diese Zugkraft »vertiefen« müsste. Es ist besser, auf einem Feld stark zu sein als überall schwach.

Flexibilität und Wagemut

Niemand kann den Verlauf einer PR-Kampagne vorhersagen. Der Zielmarkt für Ihre neue Marke könnte sich verändern. Das Hauptmerkmal Ihrer neuen Marke könnte sich ändern. Der Vertrieb könnte sich ändern. Auf diese und unzählige andere Punkte müssen Sie flexibel reagieren.

Volvo dachte, die Haltbarkeit wäre der größte Vorteil seiner Marke. Durch Publicity wurde Volvo jedoch zu der Marke für »sichere Autos«. Klugerweise änderte Volvo sein Marketingprogramm dahingehend, dass Sicherheit betont, Haltbarkeit hingegen weniger hervorgehoben wurde.

Wenn Sie Ihren Glückstreffer landen (und jeder landet einmal einen Glückstreffer in seinen sprichwörtlichen 15 Minuten des Ruhmes), seien Sie bereit.

Seien Sie bereit, die Gunst des Augenblicks zu nutzen. Bauen Sie Ihr Markenbanner auf der Vorstellung auf, die Sie bereits etabliert haben, und trauen Sie sich dann, ein Werbeprogramm zu starten, das diese Position in absehbarer Zukunft absichert.

Anita Roddick war eine menschliche Publicity-Maschine, die mit viel Eigeneinsatz den Body Shop zu einer weltweit bekannten Marke aufbaute. Aber sie hatte nicht das Stehvermögen, Millionen Dollar für Werbung auszugeben, um die Position »natürliche« Kosmetik zu verteidigen, die sie zuvor besetzt hatte.

Deshalb gerät der Body Shop heute unter den Angriffen der Wettbewerber Origins, Bath & Body Works und Aveda ins Straucheln und steht kurz vor dem Verkauf. Erst vor kurzem traten Anita und ihr Mann, Gordon Roddick, von der Geschäftsleitung zurück, und das Unternehmen brach sämtliche Verkaufsdiskussionen ab, weil potenzielle Käufer wenig Interesse zeigten.

Man hat es nicht leicht. Gestern noch war Werbung schlecht für die Marke. Heute ist Werbung gut für die Marke. Wie soll ein Mensch sich da noch zurechtfinden?

Nur Mut. Wenn Sie Marketingmanager sind, dann werden Sie genau dafür so gut bezahlt.

TEIL 4

DER UNTERSCHIED ZWISCHEN WERBUNG UND PUBLIC RELATIONS

1. Werbung ist der Wind. PR ist die Sonne.

In einer Fabel von Äsop streiten sich der Wind und die Sonne darum, wer von den beiden der Stärkere sei.

Da sehen sie einen Reisenden auf der Straße gehen und einigen sich darauf, dass derjenige der Stärkere ist, der den Reisenden dazu bringt, den Mantel auszuziehen. Der Wind fängt an, aber je stärker er bläst, desto fester wickelt der Reisende den Mantel um sich.

Dann kommt die Sonne heraus und beginnt zu scheinen. Schon bald spürt der Reisende die Wärme der Sonne und zieht den Mantel aus. Die Sonne hat gewonnen.

Wahrnehmungen lassen sich nicht erzwingen. Werbung wird als Belästigung empfunden, als unwillkommener Eindringling, gegen den man sich wehren muss. Je aufdringlicher das Kaufangebot, je stärker der Wind bläst, desto stärker wehrt sich der Kunde gegen die Kaufbotschaft.

Werbeleute sprechen von Anstoßwirkung: Bei gedruckten Anzeigen soll sie über ganzseitige, vierfarbige Inserate oder Seiten zum Ausklappen erreicht werden. Bei Fernsehwerbungen über temporeiche Action, verrückte Kameraeinstellungen und rasante Schnitte. Bei Radiospots über das Aufdrehen der Lautstärke. Aber das sind genau die Merkmale, die dem potenziellen Käufer sagen: Schenk mir keine Beachtung, ich bin nur eine Werbeanzeige.

Je stärker eine Anzeige versucht, den Einzug ins Bewusstsein zu erzwingen, desto geringer ist die Wahrscheinlichkeit, dass sie ihr Ziel erreicht. Hier und da wird ein Kunde nicht aufpassen und der Wind wird gewinnen, aber selten.

Öffentlichkeitsarbeit ist die Sonne. Sie können die Medien nicht zwingen, die eigene Botschaft in einen Beitrag aufzunehmen. Das liegt ganz in deren Händen. Sie können lediglich freundlich lächeln und dafür sorgen, dass Ihr PR-Material so hilfreich wie möglich ist.

Der potenzielle Kunde empfindet eine redaktionelle Botschaft auch nicht als Zwang. Im Gegenteil. Kunden denken, die Medien wollen ihnen helfen, indem sie sie auf ein wunderbares neues Produkt oder eine Dienstleistung aufmerksam machen.

2. Werbung ist räumlich. PR ist linear.

Werbefeldzüge sind insofern mit militärischen Feldzügen vergleichbar, als beide in der Regel um einen bestimmten Starttermin geplant werden. (D-Day, der 6. Juni 1944, der Tag, an dem die Alliierten im Zweiten Weltkrieg in der Normandie landeten.)

Werbe- und militärische Feldzüge starten für gewöhnlich an einem bestimmten Tag, aber auf unterschiedlichen Ebenen oder sagen wir »Räumen«. Bei einem militärischen Feldzug könnten das Luft, Wasser, Strände, Schützengräben etc. sein. Bei einem Werbefeldzug kämen Rundfunk, Printmedien, Postwurfsendungen, Reklametafeln, eine Provision für den Außendienst etc. in Frage.

Das verstehen wir unter einem »räumlichen« Programm, einem der Schlüsselelemente in der gegenwärtigen Denkweise der Werbebranche.

Aber wenn die Rauchschwaden sich verziehen, wenn die Aufregung über den Start abgeklungen ist, dann hat sich in der Regel nicht viel verändert. Die Haltung der Kunden ist die Gleiche wie vor dem Start. Es ist schwer, einen heftig verteidigten Strand zu erobern. Es ist fast unmöglich, den Einzug in das Bewusstsein zu erzwingen.

PR-Programme sind zwangsläufig linear. Eines greift ins andere. Bei einem linearen Programm kommen die Elemente erst im Laufe der Zeit zum Tragen. Das hat selbstverständlich den Vorteil, dass man sie so gestalten kann, dass sie zusammenwirken und sich gegenseitig verstärken.

Das Problem an den meisten Werbeprogrammen besteht darin, dass sie kein Ziel haben. Es gibt keine Entfaltung der Elemente, keinen Aufbau, keine Steigerung, keine dramatische Zuspitzung, keine Spannung: »Was mag als Nächstes kommen?«

Genau aus diesem Grund ist der Jahreswechsel meist mit dem Start eines neuen, räumlichen Werbeprogramms verbunden – mit einem neuen Ziel, einer neuen Strategie, einem neuen Werbeslogan.

Dieser alljährliche Austausch der Werbung ist genau das Gegenteil einer guten Markenstrategie.

3. Werbung setzt auf den Knalleffekt. PR setzt auf langsamen Aufbau.

Unter Werbeleuten gilt mittlerweile der Glaubensgrundsatz, dass ein Werbeprogramm mit einem »Knalleffekt« gestartet werden muss, gerade bei einer neuen Marke.

Wer eine neue Marke aufbauen will, muss auf einen Schlag eine Unzahl von Dingen erreichen: Aufmerksamkeit erregen, den Namen der neuen Marke bekannt machen, positive Attribute mit der Marke in Verbindung bringen.

Für diese schwere Aufgabe ist die Werbung jedoch ungeeignet. PR-Arbeit ist die viel klügere Wahl.

In Wirklichkeit haben Sie, wenn Sie eine neue Marke über ein PR-Programm einführen, gar keine andere Wahl. Sie müssen einen schrittweisen Aufbau in die Wege leiten, weil Sie keine Möglichkeit haben, die Berichterstattung in den Medien zu steuern. Sie fangen klein an, häufig mit einer Erwähnung der Marke in einem kleinen Provinzblatt. Dann breiten Sie das Programm über die wichtigeren Medien, wie überregionale Tageszeitungen, aus. Wenn Sie Glück haben, steigen Sie bis in eine Fernsehsendung auf, in *WISO* oder sogar in die *Tagesschau.*

Wer sich die Geschichte der erfolgreichsten Marken der Welt näher ansieht, wird sich darüber wundern, wie klein sie angefangen haben. Im ersten Jahr seines Bestehens nahm Coca-Cola nur 50 Dollar ein. Viele Jahrzehnte lang blieb Coca-Cola in erster Linie eine Marke, die man im Geschäft »zapfte«.

Heute halten wir die Colaflasche für den Inbegriff der Marke, aber es dauerte volle 42 Jahre, bis der Absatz von Coca-Cola in Flaschen den Absatz an »Zapfsäulen« übertraf.

Das erfolgreichste Einzelmodell eines Personal Computers (was die Stückzahlen angeht) war der Apple II, der später Millionen Mal verkauft wurde. Doch in den ersten beiden Jahren auf dem Markt wurden nur 43.000 Apple II verkauft.

4. Werbung ist visuell. PR ist verbal.

Der größte Werbeguru ist schon seit 2.500 Jahren tot, aber sein Mantra hat sich in die Köpfe aller kreativen Menschen an der Madison Avenue eingeprägt.

Werbeleute beten andächtig vor einem Schrein von Konfuzius und wiederholen sein Mantra: »Ein Bild sagt mehr als tausend Wörter.«

Als Folge ist Werbung heute fast ausschließlich visuell. Die Wörter dienen nur dazu, den visuellen Eindruck zu verstärken. Wie die Frösche, die »Budweiser« quaken.

Wörter in einer Werbeanzeige sind nicht glaubwürdig. Ein Unternehmen, das »Wir sind die Besten« ausruft, überzeugt niemanden. »Das sagen doch alle«, ist die typische Reaktion des Verbrauchers.

Werbung hat sich in die visuelle Ecke zurückgezogen. Wörter kann man bestreiten, aber ein Bild kann man nicht abstreiten. Niemand wird denken: »Das ist kein Frosch.«

Motivation ist jedoch etwas ganz anderes. Der Verstand denkt in Wörtern, nicht in Bildern. Potenzielle Kunden entscheiden auf Grund von verbalen Vergleichen, welche Marken sie kaufen. Das ist die Beste oder die Billigste, die Größte, die Leichteste, die Sicherste, die Aktuellste etc.

Otto Normalverbraucher bestellt beim Barkeeper nicht das »Bier, das Elmar die Echse trinkt«. Nein, Otto Normalverbraucher bestellt ein Bud und denkt: »Der König der Biere, das meistverkaufte Bier in Amerika, das Bier, das alle meine Kumpels auch trinken.«

Bei Public Relations geht es in erster Linie darum, die Marke verbal so zu vermitteln, dass sich die Medien dazu veranlasst fühlen, eine Story über das Produkt oder die Dienstleistung zu bringen. Wenn Bilder überhaupt zum Einsatz kommen, so unterstützen sie die Wörter. Sie verleihen der Botschaft Referenzen.

Die Presseverlautbarung anlässlich des neuen, 85 Millionen Dollar teuren Sicherheitszentrums von Volvo im schwedischen Gothenburg enthielt zum Beispiel eine Aufnahme von einem Crashtest. Das Bild unterstützt die Position Sicherheit der Marke.

Wie kann Werbung sich stärker verbal ausrichten und folglich effektiver werden? Nur indem sie sich auf Wörter und Vorstellungen konzentriert, die zuvor bereits über PR-Techniken in den Köpfen Einzug gehalten haben.

5. Werbung erreicht alle. PR erreicht einige.

Ein unumstößlicher Grundsatz der Werbebranche lautet, dass man alle erreichen muss. Reichweite und Häufigkeit sind die beiden Gradmesser für den Werbeerfolg. (Wie viele Kunden erreichen wir und wie häufig erreichen wir sie?)

Unzählige Werbeprogramme sind mathematisch gesehen Erfolge, aus der Sicht des Marketings jedoch Fehlschläge. Der Auftraggeber mag zwar mit einer ausreichenden Häufigkeit, die gähnende Langeweile schafft, alle erreichen, die er erreichen möchte, kann aber dennoch auf seiner Ware sitzen bleiben. Man kann niemanden zum Kauf motivieren, wenn die Botschaft nicht glaubwürdig ist.

Bei der PR-Arbeit verzichten Sie auf den Luxus, alle zu erreichen, zu Gunsten des Vorteils, jemanden zu erreichen, der wirklich zählt. Jemanden, der Ihre Botschaft an Freunde, Verwandte, Nachbarn weitergeben wird. (Die meisten Marken werden immer noch auf persönliche Empfehlungen hin zum ersten Mal gekauft, nicht auf Grund von Werbeanzeigen, nicht einmal wegen positiver Publicity.)

Das Augenmerk der PR-Arbeit liegt nicht auf der Reichweite und schon gar nicht auf der Häufigkeit. Das Augenmerk der PR-Arbeit liegt auf den Referenzen des Mediums und auf der Qualität des Hinweises. Sie brauchen beides. (Eine günstige Erwähnung im *Wall Street Journal* ist viel mehr wert als ein überschwänglicher Tipp in einem Provinzblatt.)

Vor kurzem beendete der Mini Cooper seine 41-jährige Laufzeit, als der Wagen Nr. 5.387.862 vom Fließband rollte – ein bemerkenswerter Rekord für ein einziges Automodell.

Dabei hatte sich der Mini Cooper zunächst miserabel verkauft – bis Peter Sellers sich einen kaufte und ihn im Innenraum mit Weidenholz ausstaffieren ließ. Auf einen Schlag war der Mini Cooper *das* Modeauto. Steve McQueen, Twiggy, Gracia Patricia von Monaco, Prinzessin Diana und viele andere Berühmtheiten fuhren Minis.

Man muss ein Produkt nicht an alle verkaufen, man muss es nur an einen Sellers, gewissermaßen einen Verkäufer, verkaufen. Diese Strategie wird in einer erfolgreichen PR-Kampagne umgesetzt.

6. Werbung ist selbst gesteuert. PR wird von anderen gesteuert.

Ein Unternehmen, das eine Werbekampagne startet, hat zuvor beschlossen, wofür es gehalten werden will, was es verkaufen will und wem es das Produkt verkaufen will.

Ein Unternehmen, das eine PR-Kampagne in die Wege leitet, legt buchstäblich seine Zukunft in die Hände anderer. Die Medien werden einem sagen, was man ist, was man verkaufen und welche Verkaufsstrategie man anwenden sollte. Wer diese Anweisungen ignoriert, tut dies auf eigene Gefahr.

Die Medien steckten Volvo in die Schublade »Sicherheit«. Jahrelang konzentrierte sich Volvo ganz auf Haltbarkeit. Eine typische Schlagzeile einer Volvo-Anzeige lautete: »Fahren Sie ihn so, wie Sie ihn hassen.« Im Text wurde behauptet, dass Volvos selbst auf den holprigen Straßen Schwedens im Durchschnitt 13 Jahre lang halten würden. Dieser Anspruch auf Haltbarkeit wurde von der Tatsache bestätigt, dass neun von zehn jemals in den Vereinigten Staaten verkauften Volvos immer noch fuhren.

Doch Volvos Erfindung des Drei-Punkt-Sicherheitsgurtes zog so viel Publicity auf sich, dass Volvo sich allmählich auf das Marketingthema »Sicherheit« verlegte. Ein kluger Schachzug. Dank der Sicherheit verkauft Volvo allein auf dem US-Markt noch immer weit über 100.000 Autos.

Sich von den Medien die eigene Marketingstrategie vorschreiben zu lassen, mag auf den ersten Blick wie der Gipfel der Dummheit erscheinen. Aber was bleibt einem Unternehmen denn anderes übrig? Man kommt gegen die Presse nicht an. Die Reporter gewinnen am Ende immer.

Beim Umgang mit den Medien muss man flexibel sein. »Wenn du zunächst keinen Erfolg hast, dann versuch es nochmal, immer wieder«, ist kein guter Wahlspruch für ein PR-Programm. Hartnäckigkeit schlägt am Ende in Feindseligkeit um, zumindest was die Medien angeht. (Al wurde einmal von einem Werbekolumnisten der *New York Times* als »kommunistischer Spinner« bezeichnet, weil er den Mut hatte, eine These anzuzweifeln. Das war schlimm genug, aber er wurde außerdem zwei Jahre lang von der Kolumne verbannt. Bei einem Streit mit dem eigenen Mann oder der Frau hat man bessere Chancen, zu gewinnen, als bei einem Streit mit den Medien.)

Der Wahlspruch für ein PR-Programm sollte vielmehr lauten: »Wenn du beim ersten Mal keinen Erfolg hattest, versuche etwas anderes.«

7. Werbung stirbt.
PR lebt.

Nichts ist so nutzlos wie eine Anzeige von gestern. Sie könnte noch an der Wand einer Werbeagentur zur Schau gestellt oder in ein Buch mit preisgekrönten Werbungen aufgenommen werden. Was den durchschnittlichen Verbraucher angeht, so ist eine Anzeige wie ein Schmetterling. Sie lebt eine kurze Zeit lang und stirbt dann ab.

Das gilt nicht für Publicity. Eine gute Story wird ewig weiterleben. Nach der elementaren PR-Strategie wird ein Bericht in einer Publikation herausgegriffen und dann in der Hierarchie in ein anderes Blatt hochgepusht. Oder von einem Medium (Druck) in ein anderes Medium (Radio oder Fernsehen).

Man kann eine Story auch umgekehrt, die Hierarchieleiter hinunter führen. Das *Wall Street Journal* ist ein gutes Beispiel dafür. Eine Story im *Journal* wird häufig in der einen oder anderen Form auch in Dutzenden kleineren Blättern auftauchen.

Computer und Internet haben diesen Prozess enorm beschleunigt. Bevor ein Reporter eine Story über ein neues Produkt oder ein Unternehmen schreibt, wird er häufig nachprüfen, was andere Publikationen zu dem Thema geschrieben haben. Eine lobende Erwähnung in einer Publikation könnte in den folgenden Jahren in vielen anderen aufgegriffen werden. (Kein Reporter, sollten wir noch hinzufügen, sieht sich jemals alte Anzeigen an.)

Bei der heutigen PR-Arbeit ist es außerordentlich wichtig, dass die erste Story stimmt. Es liegt in der Natur des Menschen, dass alle folgenden Beiträge vermutlich stark von dieser ersten Platzierung beeinflusst werden.

Die Medien funktionieren wie der menschliche Verstand. Sobald eine Wendung in den Medien etabliert ist, wird es enorm schwierig, sie zu ändern. Als »Milliardär Ron Perlman« bezeichneten die Medien den Unternehmer, der dem Kosmetikkonzern Revlon vorsteht. Da Revlon auf dem absteigenden Ast ist und seine anderen Investitionen stagnieren, ist es mittlerweile Jahre her, seit Herr Perlman tatsächlich Milliardär war.

In den Medien wird er jedoch immer noch »Milliardär Ron« genannt.

8. Werbung ist teuer.
PR ist billig.

Viele Unternehmen geben erheblich mehr Geld für Werbung aus als für PR-Arbeit. Das Werbebudget beträgt häufig ein Vielfaches des PR-Budgets.

Das muss nicht unbedingt heißen, dass das Geld für Public Relations als eine gute Investition angesehen wird. Manche Menschen, die keine 100 Dollar für eine Timex zahlen würden, blättern ohne weiteres 5.000 Dollar für eine Rolex hin. Wert und Preis sind in vielen Fällen im Bewusstsein eng miteinander verknüpft: je höher der Preis, desto größer der Wert.

Neulich aßen wir mit dem Markenmanager eines viel versprechenden Unternehmens zu Mittag. Er wollte uns unbedingt anstellen ... nur konnte er sich unseren Preis nicht leisten. Er flehte uns an, doch ein wenig runterzugehen. Natürlich lehnten wir ab.

Eine Woche später lasen wir in der Zeitung *Atlanta Journal-Constitution*, dass dasselbe Unternehmen einer Werbeagentur den Auftrag für eine 50 Millionen Dollar teure Werbekampagne erteilt hatte. Die Werbung war dem Kunden offenbar 50 Millionen wert, doch die Beratung war ihm nicht einmal die 50.000 Dollar wert, die wir in Rechnung gestellt hätten.

Wie der Zufall es will, hätte unser Rat gelautet, das Werbeprogramm abzublasen und stattdessen zuerst eine PR-Position aufzubauen.

Im Allgemeinen geben Kunden viel zu viel für Werbung aus und zu wenig für Public Relations. Vor allen Dingen müssen die Kunden mehr Zeit und Geld für die Entwicklung und Ausformulierung einer PR-Strategie aufwenden.

Ein PR-Programm sollte ferner über einen längeren Zeitraum laufen. Ein PR-

Programm wird nicht einfach gestartet. Es muss sich über mehrere Schritte und einen längeren Zeitraum hinweg entfalten.

9. Werbung bevorzugt Linienerweiterungen. PR bevorzugt neue Marken.

Das größte Thema im heutigen Marketing ist jedoch weder Werbung noch Public Relations. Es heißt »Linienerweiterung«, sprich: den Firmen- oder Markennamen einem neuen Produkt in einer anderen Kategorie anhängen.

Amazon-Bücher. Amazon-Elektronik.

Kodak-Filmkameras. Kodak-Digitalkameras.

AT&T-Ferngespräche. AT&T-Kabeldienstleistung.

Sehen wir uns ein neues Produkt aus der Sicht eines Unternehmens an. Kodak erkennt den bevorstehenden Niedergang der Filmfotografie und beschließt, in den digitalen Bereich vorzustoßen. Welchen Markennamen sollen wir nehmen?

Die Werbeleute haben rasch eine Antwort parat: »Wir haben letztes Jahr 116 Millionen Dollar an Werbung für die Marke Kodak ausgegeben. Es würde noch einmal 100 Millionen Dollar kosten, eine neue Marke einzuführen. Sparen wir uns lieber das Geld und bleiben wir bei der Marke Kodak.«

Bei unserer Beratertätigkeit hatten wir mit Dutzenden Firmen wie Kodak zu tun. Die Einstellung ist immer genau dieselbe: Es kostet viel zu viel, eine neue Marke einzuführen. (Damit ist natürlich gemeint, die Werbung für den Start einer neuen Marke würde viel zu viel kosten.)

Werbeagenturen plädieren in der Regel ebenfalls für Linienerweiterungen, weil das bedeutet, dass sie den Auftrag behalten. Eine neue Marke bedeutet häufig auch eine neue Agentur. Honda stellte eine neue Agentur an, um die Marke Acura einzuführen. Das Gleiche gilt für Toyota und Lexus, Nissan und Infiniti.

Neue Marke oder Linienerweiterung? Die Kosten der Werbung sollten nicht den Ausschlag für eine Linienerweiterung geben, denn neue Marken sollten ohnehin nicht über Werbung eingeführt werden.

Über alles andere hinaus (Produkt, Merkmale, Vorzüge) braucht eine neue Marke Referenzen. Diesen Job kann nur die PR-Abteilung übernehmen.

10. Werbung bevorzugt alte Namen. PR bevorzugt neue Namen.

Während ein neuer Markenname für ein Werbeprogramm eine Belastung ist, kann er als Aktivposten in einem PR-Programm gelten. Ein neuer Markenname sagt den Medien, dass das Produkt oder die Dienstleistung neu und anders ist. Genau das, worüber die Medien schreiben oder sprechen wollen.

Als Apple Computer den Macintosh einführte, hätte das Unternehmen das neue Produkt auch Apple IV nennen können. Doch unter dem Namen Apple wäre die revolutionäre Machart des neuen Produktes Macintosh untergegangen.

Ein neuer Name ist Wasser auf den Mühlen eines PR-Programms. Er impliziert, dass das Produkt oder die Dienstleistung so anders ist, dass ein völlig neuer Markenname gebraucht wird. Eine Linienerweiterung impliziert hingegen eher etwas Gleichartiges.

Als Sony in den Markt für Videospiele vorstoßen wollte, nannte der Konzern die Marke nicht die Sony VGP. Nein, Sony brachte die PlayStation auf den Markt, die in den Medien auf begeisterte Resonanz stieß und schon bald zur führenden Marke bei Videospielen wurde.

Entgegen der herkömmlichen Ansicht hängt der Erfolg einer zweiten Marke häufig davon ab, wie streng ein Unternehmen die zweite Marke von der ersten trennen kann. Tischler und Installateure kaufen Werkzeuge von DeWalt nicht, weil sie von Black & Decker hergestellt werden. Vielmehr kaufen sie Werkzeuge von DeWalt trotz der Tatsache, dass sie von Black & Decker hergestellt werden.

Ein neuer Markenname haucht einem PR-Programm erst Leben ein.

11. Werbung ist komisch.
PR ist ernst.

Werbung hat ein Problem. Es handelt sich um eine Kommunikationstechnik, der es an Referenzen fehlt und die vom Zielpublikum weit gehend ignoriert wird. Wie zieht man die Aufmerksamkeit des potenziellen Käufers mit einer Werbebotschaft auf sich?

Erzählen Sie einen Witz. Seien Sie komisch, amüsant. Also versucht Electronic Data Systems, Millionen Dollar teure IT-Aufträge zu verkaufen, indem das Unternehmen während der Super Bowl Katzen hüten lässt, gefolgt von einer Werbesendung über den Wettlauf von Eichhörnchen in Pamplona.

Werbung hat ein großes Problem. Der gewollt witzige Klugscheißer-Ansatz ist schon immer auf taube Ohren gestoßen. Während die Werbebranche sich auf die Schulter klopft und die Pointe des letzten gefeierten Spots wiederholt, ignorieren die Verbraucher schlichtweg die Botschaften. Wann hat irgendjemand zum letzten Mal wirklich zu Ihnen gesagt: »Ich werde mir ein Produkt kaufen, für das gestern Abend in der Hauptsendezeit Werbung gemacht wurde.«?

Merkwürdigerweise kaufen Verbraucher tatsächlich Produkte, für die im Fernsehen geworben wird, aber meist handelt es sich dabei um Informationssendungen, die ausschließlich ernst sind. Außerdem sind auch Postwurfsendungen, die ganz auf den Erfolg angewiesen sind, selten humoristisch.

Der Aufbau einer Marke ist eine ernste Arbeit, die eine gut durchdachte Vorgehensweise erfordert. Wie definieren wir die Kategorie, damit wir als erste Marke eine neue Kategorie belegen können? Welcher Markenname weist auf die Kategorie hin, ist aber dennoch ein eigenständiger Name? Wie treten wir an die Medien heran, damit sie Storys über eine neue Marke veröffentlichen, die auf den Markt gebracht wird? Wer tritt als Fürsprecher für die Marke auf? Welcher gezielte Coup löst den Funken aus, der dem Markennamen zum Durchbruch verhilft?

Diese und andere Fragen sind ernst. Und Katzen hüten oder Eichhörnchen um die Wette laufen lassen beantwortet keine einzige davon.

Sicher kann PR-Arbeit auch locker und selbstironisch sein oder Spaß machen, aber sie darf nie komisch sein. Überlassen Sie die Witze den Werbefritzen, die sie brauchen, um den nächsten Preis zu gewinnen.

12. Werbung ist nicht kreativ. PR ist kreativ.

Man könnte vielleicht meinen, dass wir die Überschriften verwechselt haben. Immerhin rühmt die Werbebranche sich doch ihrer Kreativität.

Aber was heißt Kreativität? Im eigentlichen Wortsinn bedeutet Kreativität, »originell« zu sein. Werbung sollte aber nicht originell sein. Sie hat nicht die Funktion, neue Vorstellungen in den Köpfen zu verankern, sondern mit bestehenden Vorstellungen zu arbeiten, die über PR-Techniken ins Bewusstsein vorgedrungen sind. Vor allen Dingen soll Werbung diese Vorstellungen verstärken. (Das ist die Essenz des Positionierungskonzeptes, das wir vor 30 Jahren einführten.)

»Nicht originell« heißt keineswegs anspruchslos, ungeschliffen oder unprofessionell. Ebenso wenig heißt es unklug. Werbung muss lediglich Folgendes tun: die eigene Kreativität zügeln und zum Cheerleading zurückkehren.

Im Gegensatz zur allgemeinen Meinung ist Kreativität nicht immer eine positive Eigenschaft. Kreative Rechnungsführung ist beispielsweise genau der Grund dafür, dass Unternehmen wie Enron in Schwierigkeiten gerieten.

Kreativität hat in der Werbeabteilung nichts verloren; Kreativität gehört in die PR-Abteilung. Die PR-Arbeit muss in dem Sinn originell sein, dass sie Produkte oder Dienstleistungen als neu- und andersartig positionieren muss. »Alle Nachrichten, die es wert sind, gedruckt zu werden«, nimmt die *New York Times* für sich in Anspruch.

Die *Times* möchte, genau wie andere Medienvertreter, nicht über bessere Produkte oder Dienstleistungen schreiben. Sie will über »etwas Neues« schreiben. Das heißt, etwas Originelles, etwas Anderes, etwas Kreatives.

PR-Arbeit hat die Aufgabe, aus der letzten Produktverbesserung mit einer gehörigen Dosis Kreativität etwas wirklich Neues und Anderes zu machen.

13. Werbung ist unglaubwürdig. PR ist glaubwürdig.

Auf dem Höhepunkt der Siegfried & Roy Show im Varieté Mirage in Las Vegas verwandeln die Meisterzauberer einen Tiger in ein Showgirl. Unglaublich, denkt das Publikum, absolut unglaublich.

Werbung erweckt denselben Eindruck. Wenn der Eisbär Coca-Cola trinkt, denkt der Betrachter: Was für ein netter, cleverer, unglaublicher Werbespot.

Werbung ist – genau wie die Siegfried & Roy Show – unglaublich im Sinne der Definition im Wörterbuch: »nicht glaubwürdig, so beschaffen, dass man es nicht glauben kann«. Ganz gleich, wie hübsch man eine Anzeige zur Tarnung mit Kreativität ausschmückt, in ihrem Kern bleibt sie doch eine Aussage mit geringer Glaubwürdigkeit.

Auch Public Relations hat ein Problem mit der Glaubwürdigkeit. Glauben die Menschen alles, was sie in den Medien lesen, hören oder sehen? Natürlich nicht. Aber hier besteht ein wichtiger Unterschied. Sie lehnen nur Informationen ab, die im Widerspruch zu Vorstellungen stehen, die bereits in ihrem Bewusstsein verankert sind. Beispielsweise werden Anhänger der Demokraten Informationen ablehnen, die republikanische Standpunkte unterstützen, und umgekehrt.

Betrachten wir die Situation, wenn eine neue Marke auf den Markt gebracht wird, insbesondere eine neue Marke in einer neuen Kategorie. Hier gibt es keine Widersprüche im Bewusstsein des Käufers, weil es noch keine konkurrierenden Marken gibt. Es handelt sich um eine neue Kategorie.

Aus diesem Grund ist PR-Arbeit auch ein so wirkungsvolles Mittel für die

Einführung einer neuen Marke. Die Vorstellungen können aus den Medien in das Bewusstsein des potenziellen Käufers übernommen werden; die Aussichten, dass sie auf Widerspruch stoßen, sind eher gering. (Wenn man noch gar nichts über ein neues Produkt oder eine neue Kategorie weiß, weshalb sollte man dann Informationen zu dem Thema ablehnen? Wenn man noch gar nichts über Afghanistan weiß, wird man alles glauben, was man über das Land liest.)

Vor allem wird man dann alles glauben, wenn die Informationen aus einer glaubwürdigen Quelle stammen, nicht aus einer unglaubwürdigen.

Genau deshalb ist der Aufbau von Marken über Public Relations so effektiv.

14. Werbung ist Markenpflege. PR ist Markenaufbau.

Abschließend kommen wir noch einmal zum Kern der Angelegenheit. Die Werbebranche hat noch eine glänzende Zukunft vor sich, wenn sie die ihr eigentlich zustehende Rolle im Lebenszyklus einer Marke akzeptiert. Nachdem ein Markenname über PR-Techniken aufgebaut wurde, braucht er Werbung, um seine Stellung zu halten.

Die Menschen sind vergesslich. Man muss sie ständig daran erinnern, wie die Marke in das allgemeine Schema passt: »Der König der Biere.« »Die Nr. 1 bei Reifen.« »The real thing.« »So leicht zu bedienen, kein Wunder, dass es die Nr. 1 ist.« »Amerikas beliebtestes Ketchup.« »Italiens führende Pasta.«

Auf der anderen Seite muss PR-Arbeit bei der markenpolitischen Strategie höher eingestuft werden. Sie muss die Verantwortung für ihre eigentliche Rolle und Funktion beim Marketing übernehmen: den Aufbau einer Marke.

Marken kommen und gehen. Keine Marke lebt ewig. Und früher oder später steht jedes Unternehmen vor demselben Problem: Wie baue ich eine neue Marke als Ersatz für eine alte auf, weil die alte Marke das Ende ihres Lebenszyklus erreicht hat?

Palm, BlackBerry, Starbucks, Red Bull, PlayStation, Nokia, Zara, Viagra, Amazon, eBay. Diese und viele andere neuen Markennamen wurden nicht über Werbung geschaffen, sondern über Öffentlichkeitsarbeit.

Das ist keine Frage des Alters. Einige Marken sind bereits seit Jahrzehnten auf dem Markt, haben sich jedoch nie im Bewusstsein der Käufer festgesetzt. Aus Marketingsicht handelt es sich dabei also um neue Marken, die eine gehörige Dosis PR-Arbeit nötig haben, bevor man zur Werbung übergehen kann, um sie zu stützen.

Zuerst Public Relations, dann Werbung. Das ist der Schlüssel zum Erfolg in der heutigen Marketingarena.

Teil 5

POSTSKRIPTUM

P.S. für das Management

Normalerweise entwickelt sich eine Disziplin wie die Werbung mit der Zeit so weiter, dass sie ihre Funktion behält. Eine Weiterentwicklung hätte verhindert, dass Werbung in die höheren Sphären der Kunst aufsteigt.

Diese Entwicklung blieb jedoch aus. Was hielt die Werbung davon ab, ihre Funktion an eine sich verändernde Welt anzupassen? Zwei Faktoren spielen hier eine Rolle:

Nr. 1: Der Herr-im-Haus-Faktor.

Die Vorstellung, dass Werbung in der Welt des Marketing der Herr im Haus ist. Viele Manager betrachten Werbung und Marketing als Synonyme. In den Medien ist meist von der »Werbe- und Marketingbranche« die Rede. *Advertising Age* nennt sich selbst »Crain's internationale Zeitung des Marketing«.

Eine PR-Agentur ist nichts anderes als eine PR-Agentur, aber eine Marketingagentur ist immer eine Werbeagentur mit einem besseren Namen.

Wenn man über 100 Jahre lang in der Marketingbranche der Herr im Haus war, dann wehrt man sich gegen jeden Versuch, die eigene Qualifikation auf die Hinterbänke zu verdammen.

Die Werbegemeinde wird ihre dominierende Rolle beim Aufbau von Marken nicht kampflos aufgeben. Darauf können Sie wetten.

Nr. 2: Der Kreativitätsfaktor.

Die Vorstellung, dass die kreativste Werbung zugleich die beste Werbung ist.

Nachdem jahrelang die Trommel für Kreativität gerührt wurde, ist die Werbebranche nun ebenso wie ihre Auftraggeber davon überzeugt, dass Werbung unbedingt kreativ sein muss, damit sie eine Wirkung erzielt. (Werbetexter und Artdirektoren arbeiten nicht in der Text- oder Kunstabteilung, sie arbeiten in der Kreativabteilung.)

Kreativität ist nicht nur ein Steckenpferd der Artdirektoren und Werbetexter, die erpicht darauf sind, Preise zu gewinnen; selbst die Kunden legen großen Wert darauf. (Auf keinen Fall darf man die Werbung eines Unternehmens kritisieren, wenn eine Reihe Goldener Löwen hinter dem Schreibtisch des Werbechefs steht.)

Wenn Werbung wieder zu einer effizienten Disziplin des Marketing werden soll, dann müssen diese beiden Positionen aus den Köpfen des Managements gestrichen werden. Sehen wir uns beide näher an:

Es ist allgemein bekannt, dass Werbeleute Probleme mit ihrem Ego haben. Am häufigsten ist die Klage zu hören, dass Werbeleute »arrogant« sind. Sie gehen wie selbstverständlich davon aus, dass die Werbung bei einem Marketingprogramm »den Ton angibt«. Bevor ein Unternehmen ein Marketingprogramm startet, wendet es sich an seine Werbeleute, um die Strategie und die Positionierung auszuarbeiten, die in der Kampagne angewandt werden soll. Oder, wie man an der Madison Avenue sagt, die »große Idee« zu präsentieren.

Die große Idee in diesem Buch ist der Rollentausch. Die Idee, dass Öffentlichkeitsarbeit zuerst und Werbung als Zweites kommen sollte. Die Idee, dass Public Relations in der Marketingwelt der Herr im Haus ist und die Strategie vorgeben sollte. Und dass Werbung dieser Strategie folgen sollte, nachdem sie sich über die Medien in das Bewusstsein der Käufer eingeprägt hat.

Wie bitte? PR-Leute sollen die Marketingstrategie vorgeben, an die sich die Werbeleute später halten sollen? Das werden wir niemals erleben, dürften viele Leser jetzt denken.

Sie könnten Recht haben, das wird nur die Zeit lehren. Aber möglicherweise irren Sie sich auch. Der Aufbau von Marken spielt sich im Kopf des Käufers ab. Und nur die Medien haben die Glaubwürdigkeit, die es braucht, um eine neue Vorstellung im Bewusstsein zu verankern. Wenn man eine Marke von Null aufbauen will, dann können nur die Medien diese Aufgabe übernehmen.

Keine Marke beginnt von einer Position der Stärke aus. Alle Marken begannen bei Null. Die Kunst des Aufbaus einer Marke besteht darin, das Material zu beschaffen, das es den Medien ermöglicht, die Marke aufzubauen. Genau das ist heute die Essenz des PR-Geschäfts.

Früher oder später kommt dann der Zeitpunkt, an dem einer Marke das Publicity-Potenzial ausgeht. Beim Verkaufsstart war eine Marke vermutlich neu, aufregend und anders. (Denken Sie zum Beispiel an Red Bull.)

Marken werden erwachsen, genau wie Menschen. Sie werden alt, langweilig und bekannt. Sie brauchen Werbung, damit der Markenname im Bewusstsein lebendig bleibt.

Aber was für eine Werbung brauchen sie? Hier kommt der zweite Faktor, Kreativität, ins Spiel. Marken brauchen keine »kreative« Werbung (die Marke ist bereits über Öffentlichkeitsarbeit »kreiert« worden), sondern eine »erinnernde« Werbung.

Werbung zur Erinnerung muss keineswegs langweilig und stupide sein. Wenn sie das wäre, würde sie ihre Aufgabe schlecht erfüllen.

Werbung zur Erinnerung kann – und sollte wohl – clever, interessant, provokativ, unterhaltsam, aufregend, spannend, gut geschrieben, gut gespielt und gut produziert sein. Kurz, alles, was man sich von einer Werbebotschaft nur wünschen kann *außer* Kreativität.

P.S. für die Werbebranche

Wenn PR-Arbeit der Werbung beim Aufbau von Marken tatsächlich überlegen ist, warum ist dann bislang so wenig über dieses Thema geschrieben worden? Das ist eine berechtigte Frage.

Die Schlagzeile »PR löst Werbung als wichtigstes Mittel für den Aufbau von Marken ab« haben wir noch in keiner bedeutenden Publikation lesen können. Aus einer ganzen Reihe von Gründen wird dem Niedergang der Werbung und dem Aufstieg von Public Relations bislang in den Medien kaum Beachtung geschenkt.

Der erste und wichtigste Grund ...

... ist die Stärke und das Ansehen des Werbeestablishments. Werbung im engeren Sinn macht 2,5 Prozent des amerikanischen Bruttoinlandsprodukts aus. Außerdem hat Werbung seine Fühler überall, in den Zeitungen, Zeitschriften, im Radio, Fernsehen, Internet, in unserer Umgebung und im Briefkasten. Werbung ist genau so typisch amerikanisch wie Baseball, Hotdog, Hamburger und Chevrolet.

Hinzu kommen etliche Organisationen, die dem Werbeestablishment den Rücken stärken. Allein in Amerika sind das die American Advertising Foundation mit 210 Verbänden und 50.000 Mitgliedern sowie die American Association of Advertising Agencies, der 494 Agenturen mit 1.279 Filialen angehören, die Vereinigung der erfolgreichsten Werbeagenturen des Landes. Die Association of National Advertisers wiederum repräsentiert 300 Unternehmen mit 8.000 Markennamen, die jedes Jahr über 100 Milliarden Dollar für Werbung ausgeben.

Die größte amerikanische Organisation im Bereich PR ist die Public Relations Society of America mit 100 Ortsgruppen und 20.000 Mitgliedern. Es gibt keine National Association of Publicizers, also ein Pendant zum Verband der Inserenten, offenbar weil Public Relations und Publicity für nicht so wichtig gehalten werden. Einige große PR-Firmen gehören dem Council of Public Relations Firms an, aber die Organisation hat längst nicht so viel Macht wie die American Association of Advertising Agencies.

Zweitens ...

... neigen die Menschen dazu, den Wert einer Disziplin an den Zahlen zu messen. Und Werbung nimmt einen weit größeren Anteil am üblichen Budget eines Unternehmens ein als PR-Arbeit. Nehmen wir zum Beispiel Dell Computer. Im letzten Jahr gab Dell 430 Millionen Dollar für Werbung aus und nur 2 Millionen für Public Relations. Mit anderen Worten, Dell gab 215 Mal so viel für Werbung aus wie für PR. Michael Dell dürfte es schwer fallen zu glauben, dass PR wichtiger ist als Werbung.

Dabei ist Dell ein gutes Beispiel für den Aufbau einer Marke über PR-Arbeit, nicht über Werbung. Schon früh sorgte Dell dafür, dass Computeranalysten aller Fachblätter Dell-Rechner zum Testen erhielten. Der begeisterte Testbericht von *PC Week* über den Turbo, den ersten IBM-kompatiblen Rechner, erschien, kurz nachdem das Produkt 1985 auf den Markt gebracht wurde. Fast auf einen Schlag verkaufte das Unternehmen von da an mehr als tausend Turbo-Rechner im Monat. Der Rest ist Geschichte.

Drittens ...

... profitiert Werbung von ausführlicher redaktioneller Berichterstattung. Täglich erscheinen in der *New York Times*, dem *Wall Street Journal* und der *Chicago Tribune* Werbekolumnen. Wöchentlich erscheinen Werbekolumnen in

USA Today. Keine einzige landesweite Tageszeitung hat eine regelmäßig erscheinende PR-Kolumne.

Viertens ...

... dominieren Werbung und die Werbeleute die nationale Bühne. Wen suchte Außenminister Colin Powell aus, als er einen zuständigen Sprecher für den »Public-Relations-Krieg« im Nahen Osten benötigte? Charlotte Beers, eine Werbefachfrau, die früher die Werbeagenturen J. Walter Thompson und Ogilvy & Mather leitete. Die Schlagzeile in der Zeitschrift *PR Week:* »Die Mutter der Anzeigen leitet die Mutter der PR-Kampagnen«.

Was signalisiert es der Geschäftswelt, wenn man eine Werbeexpertin für einen PR-Krieg einstellt? (Kleiner Tipp: Public Relations ist eine untergeordnete Funktion der Werbung.)

Fünftens ...

... dominiert Werbung das Bildungswesen. Eine aktuelle Umfrage des Council of Public Relations Firms unter 74 Dekanen von wirtschaftswissenschaftlichen Fakultäten ergab, dass mehr als die Hälfte der Lehrpläne zum Master of Business Administration Kurse in Werbung anboten, aber nur zwölf boten Kurse in PR-Arbeit an – das Schlusslicht unter sämtlichen Marketingdisziplinen, einschließlich Absatzförderung und Direktmarketing.

Was sechstens ...

... dem Status von Public Relations erheblich schadet, ist der Umstand, dass die meisten großen PR-Firmen wiederum Werbekonglomeraten gehören. Neun von zehn großen, amerikanischen PR-Firmen sind in den Händen von nur drei Werbekonglomeraten: von Interpublic, Omnicom und der WPP Group.

Die einzige unabhängige PR-Firma unter den Top Ten ist Edelman Public Relations Worldwide, erst die Nr. 5 auf der Liste. Dennoch ist Edelman mehr als doppelt so groß wie die nächste, unabhängige PR-Firma: Ruder Finn.

Zwei Drittel aller PR-Ausgaben entfallen auf PR-Firmen, die wiederum von Werbeagenturen kontrolliert werden. Das ist ein Hauptgrund dafür, dass bislang kaum jemand die Forderung aufstellte, die Werbebranche solle sich beim Aufbau von Marken endlich zurücknehmen. Wie viele PR-Mitarbeiter gehen schon das Risiko ein, ihre Werbebosse zu verärgern, indem sie den Niedergang der Werbung und den Aufstieg von Public Relations fordern?

Laut Jack O'Dwyer, dem Herausgeber und Redakteur von *Jack O'Dwyer's Newsletter*, »wird PR immer ein Bürger zweiter Klasse bleiben, solange die großen PR-Firmen unter dem Pantoffel von Werbeagenturen stehen.«

Wenn man in der Hand des eigenen Feindes ist, lernt man, sich zu ducken und im Hintergrund zu bleiben. Richard W. Edelman, der CEO von Edelman PR, ist die einzige, bekannte und unabhängige PR-Stimme in einem Meer von PR-Experten, die sich an der Werbung orientieren.

Sehen wir uns doch die Zahlen an: Die Werbebranche erzielte letztes Jahr allein in den USA einen Umsatz von 243,7 Milliarden Dollar, gegenüber 4,2 Milliarden für Public Relations, ein Verhältnis von 58:1. (Werbung ist der Hund, PR ist der Schwanz.) Und zwei Drittel dieser 4,2 Milliarden Dollar wurden wiederum an PR-Firmen gezahlt, die einem Werbekonglomerat angehören.

Dieses Buch ist der Versuch, »den Hund mit dem Schwanz zu wedeln«.

P.S. für PR-Experten

Wir übernehmen die Beratung des Topmanagements. Die meisten Ideen und Konzepte in diesem Buch wurden als Ergebnis der Beratungsgespräche entwickelt, die wir mit dem Management großer amerikanischer und internationaler Unternehmen führten.

Eine Sache beunruhigte uns jedoch bei der Mehrzahl dieser Gespräche.

Wenn wir uns im Konferenzsaal umsahen, dann erblickten wir fast nur Werbeleute bei den Sitzungen. Und wenn PR-Mitarbeiter am Tisch saßen, so blieben sie in der Regel stumm, wenn über Marketingstrategien diskutiert wurde.

Wir wundern uns: Ist der Wechsel von auf Werbung orientiertem Marketing hin zu PR-orientiertem Marketing von der PR-Branche denn überhaupt begrüßt worden? Vermutlich nicht. Allzu viele PR-Experten sprechen davon, dass sie eine Art Ombudsmann oder Stimme der Verbraucher innerhalb des Unternehmens wären, statt die Stimme des Unternehmens selbst.

Allzu viele PR-Experten wollen lieber nur den CEO beraten, als gemeinsam mit den Marketingleuten an vorderster Front zu kämpfen. Allzu viele PR-Experten beklagen sich darüber, dass die PR-Branche an das Marketing »verkauft« worden sei.

Verkauft? Wie kann man Öffentlichkeitsarbeit an die wichtigste Funktion eines Unternehmens verkaufen, an das Marketing? Alle anderen Geschäftsbereiche des Unternehmens sind nur dazu da, der Funktion Marketing zu dienen.

Marketing existiert beispielsweise nicht, um die Herstellung zu unterstützen. Es ist genau umgekehrt. Die Herstellung ist dazu da, das Marketing zu unterstützen. Beim Aufbau einer Marke können Geschäftsbereiche wie Herstellung und Vertrieb stets an andere vergeben, also »outgesourct« werden.

(Von malaysischen Ausbeuterbetrieben könnte man auch behaupten, sie hätten ihre Marketingfunktion an Nike und Reebok abgegeben. Aber wo liegt denn in Wirklichkeit das Machtzentrum? In Kuala Lumpur oder in Beaverton, Oregon? Bei der Herstellung oder beim Marketing?)

Wenn die Marketingbemühungen eines Unternehmens vergeblich sind, dann steckt es in großen Schwierigkeiten, ganz gleich, wie gut die PR-Ratschläge sein mögen, die man ihm erteilt. Wären Sie lieber ein erfolgreicher Schweinehund oder ein erfolgloser Prachtkerl von einem Mitmensch? Die Topmanager, die ich kenne, ziehen ausnahmslos Ersteres dem Letzteren vor.

Nehmen wir Microsoft. Manche PR-Experten betrachten das Unternehmen als eine totale Katastrophe im Bereich Public Relations. Schöne Katastrophe! Microsoft zählt zu den wertvollsten Unternehmen der Welt, mit einem Marktwert von 364 Milliarden Dollar. Unabhängig davon, was sich im Gerichtssaal abspielt, wird Microsoft auf dem Markt ein enormer Erfolg bleiben, oder sogar mehrere enorme Erfolge erzielen. (Nebenbei bemerkt, ein Unternehmen, das über Publicity aufgebaut wurde, nicht über Werbung.)

Unternehmensmanager erkennen allmählich die Macht von Public Relations beim Aufbau von Markennamen. Sie sollten sich einen Ruck geben. Sie sollten ihr ganzes Denken von einer auf Werbung ausgerichteten Vorgangsweise hin zu einem auf Public Relations ausgerichteten Modus verlagern.

Vor allem bietet sich PR-Experten die einzigartige Gelegenheit, beim Marketing ihrer Kunden die Zügel in die Hand zu nehmen, die führende Informationsquelle für externe Marketingratschläge zu werden, die treibende Kraft beim Aufbau von Marken zu sein. Jetzt ist nicht die Zeit, sich verschämt in die Ecke zu verkriechen. Jetzt ist nicht die Zeit, das Ja-Wort zu verweigern.

Public Relations ist auf dem Vormarsch. Mit dem Start von *PR Week* im Jahr 1998, dem ersten anspruchsvollen Blatt für Public Relations, hat die Branche mittlerweile eine Fachzeitschrift, die in der Reichweite, der Aufmachung und den Beiträgen vergleichbar ist mit der 69 Jahre alten Zeitschrift *Advertising Age*, der Bibel der Werbebranche. Der Chefredakteur Jonah Bloom sagt: »Die rasante Expansion von *PR Week* in den Vereinigten Staaten und ihre zunehmend weltweite Präsenz, mit fünf Außenstellen in vier Kontinenten, ist der Beweis für das Wachstum von Public Relations, sowohl als strategisches Geschäftswerkzeug als auch als vitaler Bestandteil jeder Marketingkampagne.«

Es wird nicht leicht. Die geringe Größe und die Zersplitterung des PR-Geschäftes sind nicht zu unterschätzende Hindernisse bei diesem Bestreben. Darüber hinaus ist die PR-Branche heillos zerstritten wegen der Rolle und Funktion von PR-Arbeit. Das ist nichts Neues. Im Jahr 1975 setzten sich gut 65 führende PR-Berater zusammen und schrieben eine von allen anerkannte Definition von Public Relations:

»Public Relations ist eine eigene Managementfunktion, die dazu beiträgt, wechselseitige Kommunikationslinien, Verständnis, Akzeptanz und Kooperation zwischen einem Unternehmen und seiner Öffentlichkeit zu etablieren und zu erhalten; es umfasst den Umgang mit Problemen oder Fragen; es hilft dem Management, über die öffentliche Meinung auf dem Laufenden zu bleiben und auf sie zu reagieren; es definiert und betont die Verantwortung des Managements, dem öffentlichen Interesse zu dienen; es hilft dem Management, mit Veränderungen Schritt zu halten und sie sich effektiv zu Nutze zu machen, wobei es als ein Frühwarnsystem dient, das Trends erkennen hilft; und es setzt als wichtigste Werkzeuge Forschung sowie verlässliche und ethische Kommunikationstechniken ein.«

Einhundertundfünf Wörter, und kein einziges Mal wird das erwähnt, was wir für die wichtigste Rolle von Public Relations halten: den Aufbau einer Marke.

Im Jahr 2001 wählte die Public Relations Society of America »Die Macht von PR« zum Thema für die Jahresversammlung. Laut PRSA ist Public Relations aus folgendem Grund so wirkungsvoll:

»Das Thema ›Die Macht von PR‹ spricht Public Relations als einen Prozess an, der den Austausch von Wertvorstellungen in unserer Welt erleichtert: von Mensch zu Mensch, von Organisationen zur Öffentlichkeit und von Gesellschaft zu Gesellschaft. Die positive Kraft der Public Relations fördert das Verständnis, arbeitet auf eine Einigung hin und sucht nach beiderseitigen Gewinnen. Experten für Public Relations sind dazu im Stande, soziale Agenden voranzutreiben, den Kunden beim Erreichen ihrer Ziele zu helfen und Konflikte zu managen, zu entschärfen oder vermittelnd einzugreifen.«

Wiederum kein Wort zum Aufbau von Marken.

Lesen wir noch einmal den Slogan der Werbekampagne der American Advertising Federation: »Werbung. Das Mittel, das große Marken erst zu großen Marken macht.« Und die AAF meint das mit Sicherheit ernst, weil sie den Slogan »große Marken« als Warenzeichen hat eintragen lassen.

Alles ist eine Marke. Coca-Cola ist eine Marke. Die Vereinigten Staaten sind eine Marke. Public Relations ist eine Marke. Und wie baut man eine Marke auf? Man versucht, ein Wort, ein Attribut im Bewusstsein zu belegen. Coca-Cola ist »the real thing«. Die USA sind das größte freie Land der Erde. (Deshalb auch der Deckname der Afghanistan-Operation: Enduring Freedom.) Aber was ist PR?

Laut einem bekannten PR-Befürworter ist »Public Relations die Kunst, das Vertrauen der wichtigsten Interessengruppen einer Organisation zu erwerben und geschickt einzusetzen«.

Nun hört mal her, Leute, ihr werdet doch nicht ernsthaft den Part des internen Gurus im Unternehmen spielen wollen. Auf euch wartet Arbeit, die vielleicht wichtigste Arbeit in einem Unternehmen: den Markennamen aufzubauen.

Langfristig müsst ihr auch die Marke Public Relations aufbauen. Ihr müsst genau das tun, was die AAF versucht. Ihr müsst einen Begriff im Bewusstsein belegen. Leider ist es genau derselbe Begriff, den die Werbefritzen für sich in Anspruch nehmen wollen: den Markenaufbau.

Was kommt als Nächstes? Als Erstes muss die Funktion der Werbung neu positioniert werden, bevor die Funktion von Public Relations positioniert werden kann. (In Teil drei, »Die neue Rolle der Werbung«, gehen wir darauf ein.)

Was ist denn mit den vielen anderen PR-Funktionen innerhalb eines Unternehmens: Ansehen des Unternehmens, Krisenmanagement, Beziehung zu Investoren etc.? Wenn es nicht gelingt, eine große Marke aufzubauen, dann werden alle diese Funktionen einem Unternehmen nicht zum Erfolg verhelfen, gleich, wie geschickt man mit ihnen umgeht.

Jeder PR-Experte, der für ein Unternehmen arbeitet, muss gewissermaßen ein Hansdampf in allen Gassen sein. Möglicherweise muss er die Planung, die Budgetierung, das Schreiben von Berichten und ein Dutzend andere Aufgaben übernehmen. Aber keine dieser Aufgaben sollte die Aufmerksamkeit von dem Kernziel der eigenen Qualifikation ablenken.

Im Falle von Public Relations ist das der Aufbau von Marken.

Stichwortverzeichnis

A

Absatz 60, 70, 167
Absolut 42, 183, 246, 260
Adidas 107
Alka-Seltzer 63
Alkoholmarken 183
Altoids 119
Amazon 16, 87, 243
Ambient-Medien 108
Amnesty International 125
Andersen Consulting 19
Anstoßwirkung 265
Apple 117, 199, 270, 283
Artdirectors Award 55
Arzneimarken 132
Aufbau einer Marke 45
Aufbau eines persönlichen Markennamens 194
Autowerbung 47, 50, 165, 257

B

Bacardi 148
Beanie Babies 17
Bekanntheitsgrad 65, 67, 198
Bell Atlantic 19
Benetton 118
Biermarken 213, 231, 237

Bildhauerei 38
BlackBerry 16
Blend-a-Med 139
BMW 46, 86
Body Shop 16, 262
Botox 16
Buchmarken 131, 159
Budweiser 46, 58, 231

C

Chevrolet 62, 74, 204
Cisco 17
Clio Award 71
Clow, Lee 48
Coca-Cola 27, 46, 80, 107, 117, 122, 130, 142, 198, 269
Coors 237

D

Datastream 154
Dell 300
Dot.com-Unternehmen 84
Duracell 62, 130

E

eBay 16
Effektivität 97

Effie Awards 59
Einführung einer neuen Marke 18
Eins-Zwei-Drei-Ansatz 136
Elmo 17
Energizer 46, 61, 130
Erweiterung einer Produktlinie 139, 197, 242

F

Fastfood-Ketten 191
Fenske, Mark 39
Fernsehwerbung 31
Firestone 98
Ford 74, 98, 165
Fotografie 38
Führungsstellung 152, 228, 241
Fürsprecher 189

G

Gates, Bill 125, 190
Gatorade 253
General Electric 79
General Motors 74, 75, 79, 204
Gesprächswert 60
Glaubwürdigkeit 19, 25, 27, 53, 97, 114, 156, 203, 227, 230, 258, 289
Goldener Löwe 55
Google 16
Greenpeace 125
Guatemala 175

H

Harry Potter 16
Heineken 62, 224
Honda 49

I

IBM 115, 138, 199, 201, 203
Intel 16
Internetfirmen 85
Isuzu 71

J

Jack Daniel's 256

K

Kategoriename 140
Knalleffekt-Strategie 163, 255, 269
Kodak 245
Konnotationen 100
Konvergenzkonzept 138
Kreativität 15, 45, 68, 86, 156, 229, 230, 287, 296
Kunstform 13, 37, 39, 57

L

Lauren, Ralph 211
Linienerweiterung 198, 201, 247, 281
Linux 16, 125
Lois, George 39

M

Malerei 37, 42
Markenaufbau 123, 145, 163, 175, 183, 251, 291
Markenname 43, 87, 88, 94, 123, 125, 126, 140, 145, 169, 198, 201, 209, 281, 283, 285
Markenpflege 223, 291
Markenwert 102
Marktanteil 154

Marktdurchdringung 154
Marktführer 154, 171, 228
MasterCard 62, 216
Mateschitz, Dietrich 128
McDonald's 81
McLuhan, Marshall 39
Medienberichte 112
Microsoft 16, 115, 122, 162, 190, 241, 261, 304
Milchbart-Kampagne 56
Minimalismus 42

N
Name siehe Markenname
Namensänderung 216
Nike 39, 60, 241
Nissan 48

O
Oracle 17, 115

P
Palm 16
Pepsi-Cola 19, 117, 130
PETA 125
Pharmakonzerne 202
PlayStation 16
Pokémon 17
Polaroid 245
Pop Art 42
PR-Potenzial 141
Procter & Gamble 27, 107, 138
Produktionskosten 29
Prozac 17

R
Red Bull 16, 128, 153, 250

Reebok 61, 62
Reichweite 273
Renault 47
Return on Advertising Investment 233
Rothko, Mark 42

S
SAP 17
Schlüsselstory 160
Segway 126
Sensationskunst 42
Slogans 151
Smirnoff 246
Sony 283
Spielwarenmarken 133
Sport 106
Städtemarken 179
Starbucks 17, 155
Strauss, Levi 235
Surrealismus 42
Sydney 179

T
talk value 60
Tic Tac 119
Toyota 49, 200
Trends 134

U
Umsatz 81, 84
Umsatzsteigerungen 71
Universitäten 169

V
Verkaufszahlen 60, 71
Viagra 17, 132, 165, 223

Vioxx 17
Visa 216
Volkswagen 206, 257, 259
Volvo 86, 224, 226, 259, 262, 275

W

Wahrnehmung 77, 109, 226, 258
Wal-Mart 17, 90
Warhol, Andy 42
Weinmarkt 184
Werbeausgaben 30, 31, 77, 79, 81, 233, 279
Werbekosten 28, 75
Werbepreise 54
Werbevolumen 28, 30

Wert der Kreativität 15
Wert einer Werbeanzeige 14
Whitestrips 138
World Wildlife Fund 125

X

Xerox 242, 245

Y

Yahoo! 16, 46

Z

Zara 129
Zeppeline 105